開港以後 煙臺 貿易의 發展과 韓中交流 硏究

(1861~1910)

開港以後 煙臺 貿易의 發展과 韓中交流 研究
(1861~1910)

劉暢 지음

景仁文化社

목 차

I. 서론

근대 중국에는 새로운 도시 발전 유형인 개항장이 많이 나타났다. 쇄국(鎖國)정책 하에 있던 동아시아 나라들이 외국과 통상하고 외국인의 국내거주를 허용하기 시작한 것을 '개국(開國)'이라 하며 이 당시의 조약·협정 또는 황제선언·정부선언 등의 방식으로 특별히 외국인의 거주와 통상을 위해 개방하거나 개방하기로 약속한 항구(港)·도시(市)를 개항장·개시장이라고 한다.[1]

중국의 개항장은 통상부두(商埠)나 통상항구(通商口岸)라고 불리며 연해 또는 연강 개항장과 내륙 개항장의 두 종류의 유형이 있다. 개항장은 다시 약개항(約開港＝約開商埠)과 자개항(自開港＝自開商埠)[2]으로 구분할 수 있다. 약개항은 1842년에 체결된 남경조약에 의해 개방된 광주(廣州), 하문(廈門), 복주(福州), 영파(寧波), 상해(上海)를 시작으로 1922년까지 모두 79개가 개항되었다. 이는 영국, 러시아, 프랑스, 일본, 미국 등 5개국이 청(淸) 정부와 체결한 21개 조약에 근거해 개항한 것이다. 지리적 위치를 보면 연해지역에 19개, 연강(沿江-양자강지역)지역에 13개, 동북지역에 23개, 서남지역에 9개, 티베트지역에 3개, 서북지역에 12개였다. 그 중에서 연해·연강 지역의 개항장은 대부분 번영한 도시이다.[3] 자개항은 청 말부터 북양정부(北洋政府) 시기(1912~1928년)까지

1) 손정목, 『한국 개항기 도시변화과정연구』(一志社, 1982), 54쪽.
2) 약개항은 외국과의 조약에 근거하여 개방된 통상항구이고 자개항은 필요에 의해 스스로 개항한 항구이다. 중국 근대역사상 약개항은 외국의 강압과 불평등조약에 의해 세관·행정·세무·재정·조차 등의 방면에서 중국이 불리한 조건에서 개항하였던 반면, 자개항에서는 중국의 모든 주권이 행사되었다.
3) 隗瀛濤, 『中國近代不同類型城市綜合研究』(四川大學出版社, 1998), 211~216쪽.

모두 30여 개가 설립되었다. 청 말에 개항한 자개항은 대부분 연해·연강 지역에 분포하고 있어 지역사회의 발전에도 큰 영향을 미쳤다.[4] 그러나 이들 개항장 중에서 일부 도시만이 급성장하여 번영한 도시가 되었다. 이러한 도시들은 전통적인 발전 모델에서 벗어나 근대화 도시 발전 경로를 대표할 수 있기 때문에 연구 의의가 매우 크다.[5]

대부분의 개항장은 서구열강들의 경제적·군사적 필요에 의해 개항된 것이었지만, 개항된 이후에는 지역사회 발전에 중요한 동력을 제공하기도 하였다. 따라서 개항장의 성장은 지역사회 발전과 도시 근대화의 중요한 동인과 내용이 될 수 있다. 또한 중국 연해 지역 개항장은 대외무역이 활발하여 일본과 조선 및 서양 각국과의 교역의 중심지가 되었다. 따라서 중국 개항장에 대한 연구는 세계 무역사, 특히 동아시아 국제관계사에 대한 연구에서도 빠뜨릴 수 없는 중요한 고리라고 할 수 있다. 이 밖에 개항장의 특성을 규명하는 작업은 근대 중국의 발전을 이해하는 데도 중요한 단서를 제공해 준다.

아편전쟁 이후 중국개항장 연구의 경향을 보면 상해, 천진(天津), 중경(重慶), 무한(武漢) 등 대도시에 대한 연구가 가장 먼저 진행되었고, 지리적으로 보면 중국의 동남쪽 연해지역이 주요한 연구 대상 지역이었다.[6] 이러한 도시들은 사회경제적으로 이른바 선진지역이면서 영향력이 큰 지역이기 때문에 이런 연구 경향은 당연한 결과라고 볼 수 있다. 그 후 연구의 성과가 많아지고 연구영역이 확대됨에 따라 근대 연해·연강 도시도 자연스럽게 연구의 대상에 포함되었다. 최근 중국 개항장 연구는 대도시에서 점점 중소도시로 확대되고 있으며 그 대상은 소주(蘇州), 항주(杭州), 대련(大連), 구강(九江), 장사(長沙), 청도(靑島)와 연대에까지

---

4) 隗瀛濤, 위의 책, 239~241쪽.

5) 羅澍偉, 「關於開展近代中國城市研究的一些管見」(『歷史教學』2, 1991), 8쪽.

6) 張仲禮, 「關於中國近代城市發展問題研究的回顧」(『學術季刊』1, 1999), 7~9쪽.

확대되고 있다.

본 저서에서 연구대상으로 삼은 연대는 약개항 도시 중의 하나이며 산동 지역 도시들의 근대화 이행 과정에서 중요한 역할을 담당했다.

연대는 산동반도 동쪽에 자리 잡고 있으며, 동, 남, 북과 북서쪽은 발해(渤海)와 황해(黃海)에 인해 있고 동쪽으로 황해를 사이에 두고 한반도와 마주 보고 있다. 산동은 연대의 직접 배후지로서 중국에서 주요한 농작물의 생산지이며 지하자원이 풍부하게 매장되어 있는 지역이다. 1861년 연대가 개항된 후 봉건 유교적 전통이 강하고 폐쇄적이며 변방 지역이던 산동 내지(內地)의 경제에 변화의 바람이 불기 시작하였다. 우선 연대의 개항은 해금(海禁: 바다를 봉쇄함)에 의해 낙후되어 있던 산동 연해 항구도시가 부흥하게 되는 전기를 마련해 주었다. 또한 연대를 통해 서양 각국으로부터 수입상품(洋貨: 주로 서양의 상품)이 대량으로 수입되어 들어오면서 이것이 연대와 유현(濰縣)을 잇는 연대-유현상로(煙濰商路)를 통해 운반되어 산동의 내지로 공급되었으며, 내지의 화물도 이 경로를 거쳐 연대로 운반되어 수출되었다. 연대-유현상로가 서쪽으로 주촌(周村)과 제남(濟南)에 이르는 연장선을 갖추게 되면서 산동 내지의 대표적인 유통망으로서 기능하게 되었고 산동 내지의 도시와 농촌들은 근대화 바람을 서양 상품을 접하며 체감하게 되었고 경제구조 또한 이에 맞게 개편되기 시작하였다.[7] 이처럼 서양 제국주의 국가들과 중국사이의 개항조약, 특히 천진조약과 북경조약은 연대가 세계의 근대 자본주의 체제에 편입하는 직접적인 계기가 되었다. 1861년 등주(登州)를 대체하여 개항된 연대는 1898년까지 산동의 유일한 개항장으로서 산동 지역사회의 변화에 큰 역할을 하였다.

연대는 또한 중국의 국내 교역망과 국제 무역망에서도 중요한 위치를

---

7) 김형열, 「청도의 개항과 산동내지 경제구조의 변화」(『중국사연구』 44, 2006), 210쪽.

차지하게 되었다. 제2차 아편전쟁(1856~1860) 이후 등주를 대체하여 개
항된 연대는 천진, 우장(牛莊)과 함께 중국의 북방3항(北方三港)이 되었
다. 연대는 북양항선(北洋航線:상해-연대-천진)의 기항지였기에 개항 이
후 점차 중국내 남북 해상교역에서 항구로서의 중요성이 점점 커졌는데,
상해로 수입된 외국상품들이 북방으로 보급되고 산동 및 인근 지역의 화
물도 중국의 남방 지역으로 거래되는 중계항으로서의 기능이 점점 커졌
다. 또한 수에즈운하(the Suez Canal)의 개통과 외국 항운선박의 증가로
연대의 국제무역도 급성장하여 연대항을 이용하는 많은 국제항로가 개
통되어 1900년 전후에 이르기까지 연대의 국제무역량은 국내교역량과
비슷한 수준까지 도달하였다. 특히 인천개항 이후 연대와 조선간의 교역
량이 급성장하여 조청무역(朝淸貿易)에서 연대항을 이용하는 비중이 절
반 이상을 차지하기도 하였다. 조청무역에서 연대항을 이용하는 교역량
은 중국의 대부분 개항장을 초과했는데 상해와 홍콩 등 항구를 통해 수
입한 외국상품을 조선으로 재수출하는 중계항의 역할과 인삼 등의 조선
물품을 수입하는 수입항으로서의 역할을 하였다. 따라서 중국 국내의 남
북교역과 한·중 사이의 동서 무역 동선의 중간에 위치한 연대는 산동을
중국 및 세계 시장에 편입시키면서 국내교역망과 국제무역망에서의 중
요한 중계항 역할을 하였다. 본 저서에서 연대를 연구대상으로 삼은 주
된 이유는 연대가 이처럼 산동 근대사와 중국 근대사를 이해하는데 중요
한 지역이며 동아시아에서 중요한 개항장이기 때문이다.

개항 이후 연대에 대한 연구는 중국의 지역사회 경제사와 한중관계사
연구에 필수적인 과정이다. 연대가 가진 다양한 특성을 제대로 파악하고
재구성하기 위해서는 연대가 가진 중국의 국내 교역망과 국제 무역망 속
에서의 특성을 살펴 보아야 한다. 지금까지 개항을 전후한 시기 연대에
대한 연구가 미진한 실정을 고려하여 본 연구에서는 우선 중국 국내와
국제교역망 사이의 연대의 위상을 조명하고자 한다. 연대의 개항은 서양

제국주의 세력 수탈이라는 성격을 가지고 있지만 청 말 연대 지역과 산동 지역 발전의 계기가 되기도 하였다. 개항 이후 무역의 성장은 연대와 주변 지역의 발전과 국제 무역의 성장을 촉진시켰다. 따라서 본 연구에서는 개항 이후 무역과 연대 발전의 관계를 살펴보려고 한다. 이러한 작업과 함께 연대의 중국 국내항과 국세항, 그리고 중계항으로서의 성격을 탐구하려고 한다. 또한 연대는 역사적·지리적으로 한반도와 밀접한 관계를 가지고 있다. 특히 인천개항 이후 연대는 대조선 교류의 창구가 되었다. 따라서 본 연구에서는 연대 지역의 중요한 특성 중의 하나인 한반도와의 인적·물적 왕래와 교류에 관한 내용도 포함한다. 즉, 중국 북부 산동지방에 위치한 연대가 중국의 국내·외 교역망 속에서 어떤 역할을 담당하고 있었는지에 대한 분석을 통해 근대 개항장 중의 하나인 연대의 특성을 파악하는 것을 본서의 주제로 한다.

지금까지 연대 개항사에 대한 연구를 유형별로 분류하면 다음과 같다. 첫째, 연대항에 관한 연구이다. 개항으로부터 150년이 지난 현재까지 각 시기별 연대항의 건설을 집중적으로 살펴보고 연대 무역의 발전도 언급하였다. 이는 개괄적인 성격이 강하지만 연대항의 발전 과정을 이해하는 데 매우 유용하다.8) 둘째, 무역에 관한 연구이다. 무역에 대한 연구는 양적으로 보면 가장 많은 연구 성과가 있었지만 상당부분의 연구 내용이 중복되어 새롭게 규명한 점이 많지 않았다. 무역에 대한 연구는 연대 무역의 추이와 쇠퇴원인을 주로 연구했으나 무역성장과 변동의 요인을 시기별로 나누어 검토하지 않았고 연대 무역의 구조를 구체적으로 탐구하지 않았다. 가장 중요한 문제는 중국과 동아시아의 틀에서 연대 무역의 성격을 찾아내지 않았다는 것이 부족한 점으로 남아있다.9) 셋째,

---

8) 丁抒明, 『煙臺港史』(古代近部分)(人民交通出版社, 1988); 丁抒明, 『煙臺港史』(現近部分)(人民交通出版社, 2008).

동해관(東海關)에 대한 연구이다. 동해관에 대한 연구는 주로 동해관의
설립, 조직구조와 세금징수 등의 문제를 초보적으로 분석했는데 연대시
자료관(煙臺市檔案館)에 소장되어 있는 동해관당안(東海關檔案)을 공
개하지 않고 있어 이 주제를 깊이 있게 탐구하는 것은 어려운 연구과정
중의 하나이다.[10] 넷째, 도시에 관한 연구이다. 개항 이후 연대 도시를
주제로 삼은 연구는 연대 도시의 근대화 이행에 대해 초보적으로 검토했
지만, 사료의 부족으로 깊이 있게 분석하지 못했다.[11] 다섯째, 교회 및
교육에 관한 연구이다. 연대 선교사의 포교와 교육사업에 대한 연구 성
과는 상대적으로 풍부하다. 선교사의 활동을 연대의 교육 및 연대 도시
의 발전과 연결시킨 논문뿐만 아니라 서양학자의 연구 성과도 상당수 있
다. 이는 다른 주제에 비해 선교사에 관한 사료가 많기 때문이다.[12] 여

---

9) 莊維民,「近代山東通商口岸的貿易經濟」(『山東史志資料』第二輯, 1984); 劉素芬,『烟
   台貿易硏究(1867~1919)』(台灣商務印書館, 1990); 張思,「19世紀天津、煙臺的對外
   貿易與傳統市場網路」(『史林』04, 2004); 鄭博·郭偉亮,「煙臺開埠與西方列强對煙臺
   的侵略和掠奪」(『山東檔案』06, 2004); 索淑婉,「淺析近代煙臺對外貿易的興衰及其原
   因」(『聊城大學學報』(社會科學版)02, 2008); 徐雙華,「晚淸煙臺貿易的發展及其衰落
   原因分析(1863~1911年)」(廈門大學 碩士學位論文, 2009); 유창,「煙臺의 개항과 지
   역사회의 변화」(『한국학연구』21, 2009); 劉玫,「淺論煙臺的近代商業貿易」(『魯東大
   學學報』(哲社版)01, 2010).
10) 張河淸,「東海關史料札記」(『煙臺市文史資料』第一輯, 1982); 丁抒明,「東海關設關
    考略」(『近代史硏究』02, 1985); 邊佩全,『煙臺海關史槪要』(山東人民出版社, 2005);
    李軍,「晚淸煙臺東海關稅收及其結構分析(1861~1911)」(『魯東大學學報』(哲社版)03,
    2006); 李軍,「晚淸東海關初步硏究」(蘇州大學 碩士學位論文, 2007); 煙臺市檔案局,
    「煙臺東海關」(『山東檔案』02, 2008); 辛俊玲,「東海關1876」(『中國海關』Z1, 2008).
11) 趙彬,「近代煙臺城鄕關係硏究」(山東師範大學 碩士學位論文, 2002); 支軍,「開埠後
    煙臺城市空間形態變遷探析」(『煙臺職業學院學報』02, 2007); 葛曉茜,「煙臺城市近
    代化的歷史考察」(山東大學 碩士學位論文, 2008).
12) 鄧雲,「來華傳敎士與近代煙臺社會變遷」(華中師範大學 碩士學位論文, 2005); 趙海
    濤,「美國在煙臺的傳敎事業」(山東師範大學 碩士學位論文, 2008); 馬金智,「近代煙
    臺敎會敎育硏究」(山東大學 碩士學位論文, 2008); 鄧雲,「傳敎士對煙臺近代化發展
    的意義」(『魯東大學學報』(哲社版)03, 2007); 鄧雲,「近代煙臺的外國敎會與傳敎士的

섯째, 조청무역에 관한 연구이다. 조청무역과 한국 화교에 대한 연구는
학자들의 주목을 받았지만 개항 이후 연대와 조선 사이의 무역에 대한
연구는 매우 미미하다. 조청무역에서 연대가 가지고 있는 특성을 구체적
으로 탐구하지 않았기 때문으로 보인다.13) 일곱째, 연대와 다른 지역의
비교 연구이다. 연대의 비교 연구는 연대 연구를 기초로 한 작업인데 비
교 연구의 출현은 연대 연구가 심화되고 있다는 증거이기도 하다.14) 여
덟째, 산동지역사(地域史)와 도시사(都市史)를 연대 개항과 연관시켜 다
룬 연구이다. 연대는 근대도시의 하나인데 산동 지역사와 도시사에 대한
연구에 연대를 포함시켰다. 이러한 작업은 연대의 위상을 거시적으로 파
악하는 데 도움이 된다.15)

　이처럼 1980년대부터 연대 개항과 관련된 본격적인 연구가 시작되어
점차 깊이 있게 진행되었으나 상해, 홍콩, 천진과 청도 등의 연구에 비하
면 아직 깊이와 넓이에서 부진한 실정이다. 기존의 연구는 세 가지 측면
에서 보완할 필요가 있다. 첫째, 연구시각의 측면에서 일부의 연구는 제
국주의 침략과 수탈의 대상이었다는 시각과 틀에서 벗어나지 못하고 개

　　早期布教活動」(『赤峰學院學報(漢文哲學社會科學版)』02, 2010); Semple RA, "*The conversion and highest welfare of each pupil': The work of the China Inland Mission at Chefoo*", Journal of Imperial and Commonwealth History, 2003.

13) 김종원, 「조청상민수륙무역장정에 대하여」(『역사학보』32, 1966); 유승주, 『조선후기 중국과의 무역사』(경인문화사, 2002); 송규진, 『근대 중국 대외무역을 통해 본 동아시아』(동북아역사재단, 2008); 이용식, 「청일전쟁전 개항장 인천을 통한 조청무역의 발달」(『인천학연구』09, 2008); 김영신, 「개항기 인천항의 대외무역과 화교의 역할」(『인천학연구』02, 2003); 馬仲可, 『山東華僑研究』(新星出版社, 2005); 이옥련, 『인천화교사회의 형성과 전개』(인천문화재단, 2008), 유창, 앞의 논문(2009).

14) 劉慧, 「外力對近代濟南與煙臺發展影響之比較」(『泰安教育學院學報(宗學刊)』03, 2007); 劉慧, 「濟南與煙臺城市早期近代化比較研究」(山東師範大學 碩士學位論文, 2008).

15) 隗瀛濤, 『中國近代不同類型城市綜合研究』(四川大學出版社, 1998); 莊維民, 『近代山東市場經濟的變遷』(中華書局, 2000); 王守中, 郭大松, 『近代山東城市變遷史』(山東教育出版社, 2001); 王賽時, 『山東沿海開發史』(齊魯書社, 2005); 趙樹延, 『清代山東對外貿易研究』(山東大學 博士學位論文, 2006).

항의 긍정적인 측면을 충분히 인식하지 못하고 있다. 개항은 제국주의 세력의 수요에 의한 것으로서 외국정치와 경제의 영향을 받은 결과물이다. 이것은 명백한 역사적 사실이므로 필자 역시 인정하지 않을 수 없다. 그러나 개항의 긍정적인 성격을 무시하고 특정한 틀과 시각만을 고집하는 자세는 타당하지 않다. 개항은 도시의 지정학적 장점을 충분히 활용하여 주변 지역에서 중심적인 지위를 확보해 주었고 세계시장과 긴밀하게 연결되어 사회·경제의 진보를 촉진시켰다.[16] 예를 들어, 연대는 1861년 개항 이후 산동의 유일한 개항장으로서 무역이 발전함에 따라 산동지역의 중심이 되었으며 연대와 산동 내륙 배후지의 발전에 큰 영향을 미쳤다. 그뿐만 아니라 연대는 지리적 장점을 이용하여 점차 중국내 남북무역망에서 주요한 중계항의 역할을 담당하게 되어 조청무역의 발전에도 매우 큰 영향을 미쳤다. 연대의 개항은 서양 제국국주의 세력의 군사적·경제적인 필요에 의한 것이지만 결과적으로 지역사회를 발전시킨 것이 사실이다. 따라서 연대에 관한 연구는 개항의 양면성을 모두 객관적으로 분석해야만 연대항의 특성을 명확하게 이해할 수 있을 것이다.

둘째, 방법론과 자료이용의 측면에서 보면 1차 사료를 통한 계량경제사학적 연구가 부족하다. 즉 사료를 충분히 분석하지 않은 상태에서 잘못 인용하거나 지나치게 포괄적으로 평가하는 경우가 있다.[17] 일부 한국학자들의 기존연구 또한 가장 기본이 되는 해관사료(海關史料)를 인용하지 않고, 주로 1930년대 대외무역에 관한 저서를 이용한 한계에서 벗어나지 못하고 있다.[18] 또한 기존의 연구의 성과물 중 일부는 일본과 영국 등 외국 사료의 중요성을 인식하지 못하거나 활용하지 못하고 있다. 개항사를 연구하는 데서 해관사료는 필수적인 자료라 할 수 있다.

---

16) 隗瀛濤, 앞의 책, 23~26쪽.
17) 구체적인 사례는 제3장에서 언급할 것이다.
18) 박정현, 「1868-1913년 중국 대외무역의 구조와 특징」(『대구사학』87, 2007), 2쪽.

중국근대해관은 1859년 이후 일반 세관업무 이외에 항구건설, 항운, 기상, 검역 인수, 등대, 부표, 우정 등의 업무를 동시에 취급하였다. 그 결과 중국근대해관은 150여 년의 활동과정에서 많은 사료를 남겼는데 중국제2역사당안관(中國第二歷史檔案館)에 보관된 당안(檔案: 문서)만 해도 5만여 권에 달하니 그 내용은 정치, 경제, 군사, 외교, 문화, 교육, 종교 등의 다양한 영역을 포함하고 있다.[19] 통계에 따르면, 연대의 경제에 대한 조사에 참여한 일본의 정보조직은 모두 40여 개가 넘었다. 이러한 조직은 크게 세 가지로 나눌 수 있는데 일본 영사관을 비롯한 일본정부의 기구, 지부(芝罘: 연대의 옛이름)육군특무기관을 비롯한 일본군대의 조직, 그리고 남만철도주식회사(南滿鐵道株式會社)를 비롯한 일본의 기업이었다.[20] 일본이 연대를 조사한 목적은 침략을 위한 것이었지만 현재는 연대 개항사 연구에 중요한 자료로 활용되고 있다. 안타까운 것은 이러한 귀중한 사료들이 아직은 학술연구에 충분히 활용되지 않고 있는 것이다. 따라서 향후의 연구에서는 중국 측의 해관사료와 함께 외국 사료에 대한 검토와 활용도 충분하게 이루어질 것을 기대한다.

셋째, 연구대상에서 더 보완해야 할 내용이 많다. 우선, 기존의 연구

---

19) 中國第二歷史檔案館, 中國海關總署辦公廳編, 『中國舊海關史料』(1~170册)(京華出版社, 2001, 1권 Ⅳ쪽.) 중국제2역사당안관은 분산된 해관사료를 체계적으로 정리하기 위하여 『中國舊海關史料』를 편집하고 출판하였다. 이 사료는 1859~1948년 간행된 『貿易年刊』, 『十年報告』와 『滿洲國外國貿易統計』를 수록하였는데 근대 중국 각 개항장의 연구에 큰 도움이 된다. 출판이래로 중국학술계의 주목을 받았으나 사료의 많은 부분이 영어로 된 것이고 편집체제가 일관적이지 않기 때문에 이용에 어려움이 따른다. 『中國舊海關史料』에는 대략적으로 두 부분으로 구분하였는데 첫 번째 부분은 貿易統計이고 두 번째 부분은 貿易報告이다. 그 내용은 黑龍江, 吉林, 遼寧, 河北, 天津, 山東, 江蘇, 浙江, 福建, 廣東, 廣西, 雲南, 西藏, 湖南, 湖北, 江西, 安徽, 臺灣, 海南, 四川, 新疆, 甘肅 등 60여 개의 지역을 포함한다. 연대와 관련된 사료는 『東海關貿易年刊』, 『東海關十年報告』와 『烟台口華洋貿易情形論畧』 등을 들 수 있다.

20) 丁抒明, 앞의 책(1988), 192쪽.

들은 연대 개항 이후 중국내 개항장 체계 속의 위상을 명확히 규명하지 않았으며 연대의 발전과 무역성장의 관계를 충분히 분석하지 않았다. 다음으로, 연대 무역의 구조를 깊이 있게 탐구하지 않았는데 중국 국내항과 국제항으로서 연대항의 성격을 명확히 규명하지 않았다. 마지막으로, 연대를 한반도와 연계시켜 분석한 논문 역시 부족하다. 인천개항 이후 연대-조선 간 정기항로의 개통은 한반도와의 인적왕래를 촉진시켰을 뿐만 아니라 양국의 무역도 활성화시켰다. 1900년대 초엽에 연대와 조선의 무역은 조청무역 총액 중에서 평균 40% 이상의 절대적 비중을 차지하게 된다. 그 후 많은 산동인이 조선으로 건너가 청상(淸商)·화교(華僑) 집단 사회가 형성되었다. 인천개항 이후 연대와 조선의 무역에 대한 연구는 중국 근대사뿐만 아니라 한중관계사를 이해하는데 반드시 필요하다. 따라서 인천개항 이후 연대와 조선의 관계를 분석하는 것도 역시 빼놓을 수 없는 중요한 작업이다.

지금까지의 연구 성과는 연구 초창기에서 나온 성과라고 한다면 지금부터의 연구는 이러한 연구의 바탕 위에 기존 연구의 부족점을 채우는 방향으로 진행되어야 할 것이다.

이상의 세 가지 문제점을 고려하면서 연대 개항 이후 연대의 특성을 중국의 국내 교역망과 국제 무역망 속에서 찾는 것은 타당한 것이라고 생각한다. 본서의 문제의식을 구체화하기 위해서는 연구대상의 시간과 공간을 한정할 필요가 있다. 연구 대상 시기는 1861~1910년으로 한정한다. 1861년을 연구 상한으로 설정한 것은 연대의 개항을 기준으로 하기 때문이다. 단, 개항 이후 연대의 변화상을 이전의 모습과 비교하기 위해서는 연구시기의 상한을 그 이전시기로 연장할 수 있을 것이다. 하한을 1910년으로 설정한 이유는 이때까지 연대항이 산동에서의 가장 큰 항구였기 때문이다. 그 후 청도항의 공식적인 무역총액이 연대를 초과하여 청도항의 시대로 들어갔다. 또한 1910년 이후 조선이 일본의 식민지로 전락되어 무역상의 평등과 자주권을 상실해서 조청무역 외적의 요소들이 개입되었을 가능성도 높아졌다. 단, 무역변화의 추세를 전면적으로 규명하기 위해서는 1920~30년대로 연장할 수 있다. 또한 사료의 한계로 인해 특정 대상이나 일부분 연구의 시기를 단축하거나 연장할 수 있다.

　개항 이후 연대의 도시규모는 꾸준히 확대되었는데 현재까지 모두 1.89만 km²에 이르러 3개 구(區)와 13개 현(縣)을 포함하는 광대한 지역으로 전변하였다.[21] 그러나 개항 당시 연대는 각 지역 간의 차이가 뚜렷하여 전 지역을 동일한 관점에서 분석하기가 불가능하다. 따라서 본 연구에서는 1910년 이전 연대 도시, 즉, 현재의 연대시 지부구(芝罘區)에 위치한 연대산(煙臺山)을 중심으로 한 지역을 연구대상 지역으로 설정한다.

　이러한 문제의식과 시간적·공간적 설정을 바탕으로 개항 이후 연대항의 특성을 탐구할 때 핵심적인 요소는 ① 중국 국내·외 교역망 속의 연대의 위상, ② 무역과 연대 발전의 상호 관계, ③ 국내항과 국제항으로서 연대 교역의 성격, ④ 연대와 한반도 간의 왕래 등으로 요약할 수 있다. 이러한 요소들을 분석함으로써 개항과 연대항의 역사적 특징을 부각시킬 수 있을 뿐만 아니라 청 말 한중관계를 이해하는 데도 작으나마 도움을 줄 수 있을 것이라 생각된다.

　위와 같은 문제의식을 바탕으로 각 장의 연구 방향을 다음과 같이 설정한다.

　제1장에서는 중국 국내·외 교역망 속의 연대의 위상을 그리기 위해 제1절에서는 중국 개항장 체계 속의 연대의 위상을 분석할 것이다. 기존 연구를 바탕으로 하여 연대 개항의 역사를 재구성하고 국내 개항장에서

---

21) 煙臺市地方史志辦公室, 『煙臺市志』(科學普及出版社, 1994), 1쪽.

연대의 지위를 찾고자 한다. 개항장의 성쇠는 그의 내륙 배후지와 밀접한 관계를 가지기 때문에 제2절에서는 연대의 내륙 배후지를 살펴보고 연대와 배후지의 관계를 규명하기로 한다. 연대 개항장이 중국내 개항장으로서의 성격과 한반도 및 일본의 관계를 조명하기 위해 제3절에서는 화북, 화중, 화남, 조선 그리고 일본 경제권과 연대의 관계를 탐구할 것이다.

제2장에서는 개항 이후 무역과 연대의 발전관계를 탐구하고자 한다. 연대 무역의 발전은 동해관의 항구관리와 분리할 수 없기 때문에, 제1절에서는 동해관의 설립과 항구관리를 고찰하고자 한다. 이를 위해서 동해관의 제도와 규칙을 분석하고 연대항의 발전과 동해관의 관계를 검토할 것이다. 도시인구의 증가는 경제의 발전과 밀접한 연관성을 가지기에 제2절에서는 개항 이후 연대 인구의 변화 양상을 살펴보고 인구의 증가와 무역발전의 관계를 규명하고자 한다. 연대경제의 발전은 무역을 촉진시키는 동시에 무역량의 증감에 따라 역으로 영향을 받기도 한다. 따라서 제3절에서는 수공업, 금융업과 통신업 세 가지 측면에서 연대의 발전과 무역의 상호 관계와 영향을 조명할 것이다.

제3장에서는 개항 이후 연대항 무역의 성격을 구체적으로 분석할 것이다. 제1절에서는 무역량의 변화 추이를 조명할 것이다. 이 연구에서는 연대항 무역을 시기별로 나누어 그 무역의 변화 추이를 고찰하는 시도를 하고자 한다. 이를 통해서 산동에서 연대항 존재의 필요성과 항구로서 갖추어야 할 조건 중에서 단점을 찾아내려 한다. 연대항 무역의 구체적인 성격을 분석하기 위해 제2절에서는 해관사료에 근거하여 연대항의 무역구조를 살펴보고 연대 무역 중 각 부분의 성격을 탐구할 것이다. 연대의 상인집단을 살펴볼 것인데, 이를 위해 중국내 상인의 상호와 외국 상인의 양행(洋行: 서양 상품을 거래하는 상점)을 검토할 것이다.

제4장에서는 인천개항 이후 연대와 한반도의 관계를 살펴볼 것이다.

조선과의 밀접한 관계는 연대항의 특성중의 하나이기 때문에, 제1절에서는 연대와 조선 사이의 항운을 살펴보려고 한다. 이를 통해 연대와 조선 사이에 정기항로의 개설과 조청 항운업에서 연대항의 성격을 조명할 것이다. 이러한 작업 위에서 제2절에서는 연대와 조선 간의 무역을 분석할 것이다. 우선, 산농상인의 소선시장 진출 양상을 고찰하고자 한다. 다음, 연대와 조선의 무역을 분석하고 전통 조공체제 하의 한중관계와 비교를 시도하고 연대와 조선의 인삼무역에 대해 구체적으로 탐구하고자 한다. 이를 통해 한중무역에서 연대의 성격을 분석할 것이다.

이상의 고찰을 통해 기왕의 연구에서는 미처 밝혀지지 않았던 연대항의 중국내 교역망과 국제 교역망 상의 위치를 분명하게 제시할 수 있을 것으로 기대한다.

본 연구에서는 기본사료인 『중국구해관사료(中國舊海關史料)』, 『구한국외교문서(舊韓國外交文書)』와 『청계중일한관계사료(淸季中日韓關係史料)』 및 연대의 각종 지방지(地方誌), 그리고 그동안 학계에서 많이 인용하지 않았던 『영국국회문서(英國國會文書)』와 중앙연구원 근대사연구소에 소장된 청당안(淸檔案) 및 일본의 조사보고(調查報告)를 주로 이용할 것이다.

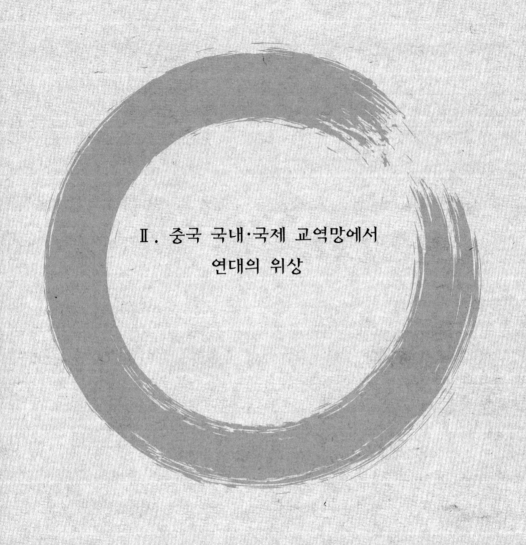

Ⅱ. 중국 국내·국제 교역망에서
연대의 위상

1. 중국 개항장 체계 속의 연대[1]

아편전쟁 이전 광주(廣州)는 청 시기의 유일한 대외무역 항구였다. 주요 수출상품은 차(茶), 비단, 도자기였고, 수입상품은 모직물이었다. 아편전쟁 이전 중국의 대외무역은 대체로 수출이 수입을 초과했다. 아편전쟁 이후 영국은 남경조약을 통해 홍콩을 점령하였을 뿐만 아니라 광주, 영파(寧波), 하문(廈門), 복주(福州), 상해 등 다섯 개 연해항구(沿海港口)를 개항하게 하였다. 이로써 1843년 11월에 상해와 영파가 개항되었고 1844년 6월에 하문과 복주도 개항되었다. 남경조약에 근거하여 광주는 1843년에 개항하기로 되어 있었으나 광주 민중들의 반대에 부딪쳐 제2차 아편전쟁 이후에 개항되었다.[2] 5구통상(五口通商: 5개 항구의 개항) 이후 중국의 동남쪽 연해지역이 개항되었는데, 이는 중국 개항의 시작이다.

오구통상 시기[3]에 들어간 이후 입지 조건이 월등한 상해는 중국 국내 교역의 중심과 세계무역의 중계항이 되었다. 상해를 거점으로 하는 무역량은 점차 광주를 초과하여 중국 대외무역의 중심적 위치를 차지하게 되었다. 이처럼 중국 대외무역의 중심지도 중국 남방의 광주에서 화중지역의 상해로 바뀌었다.

그러나 다른 개항장의 교역량은 상해와 달리 급성장하지 못했다. 특

---

1) 이 부분의 주요 내용은 「國內, 國際交易網속의 煙臺開港場의 位相(1861~1910)」(『한중인문학연구』34집, 2011)의 일부로 발표하였다.
2) 隗瀛濤, 『中國近代不同類型城市綜合硏究』(四川大學出版社, 1998), 188쪽.
3) 대략 제1차 아편전쟁(1840~1842)부터 제2차 아편전쟁(1856~1860)까지의 시기를 말한다.

히, 영국인은 복주와 영파가 개항된 이후 교역량에서 기대에 미치지 못
하자 매우 실망스러워했다. 1846년 복주영사관의 보고서에는 서양 상인
들이 광주와 상해 이외에 지점을 설립하는 것에 대해 적극적이지 않고
중국인도 서양의 상품을 선호하지 않는다고 지적하였다.[4] 무역 발전의
부진으로 영국은 복주를 포기하고 온주(溫州)로 대체하려는 생각을 하기
도 했다. 영파는 지리적으로 상해와 너무 가깝기 때문에 성장하는 데에
는 한계가 있었다. 또한, 광주는 현지 민중의 반대로 인해 발전속도가
매우 완만했고 하문의 무역량은 개항 초기에 많이 성장하였지만 무역총
액은 많지 않았다.[5] 따라서 남경조약을 체결한 이후 중국무역의 창구가
열렸지만 상해를 제외하면 다른 개항장은 서양인들의 요구를 만족시키
지 못하였다.

오구통상 이후, 면포(무명)와 아편 등의 서양 상품이 중국 시장으로
들어왔지만 차와 비단의 수출량은 수입보다 더욱 많이 증가했다. 차의
수출액은 1844년 7,000만 파운드에서 1858년 10,300만 파운드까지 증
가했으며 비단의 수출액은 1843년 1,787포에서 1858년 85,970포로 증
가했다.[6] 이렇게 중국의 대외무역은 빠른 시간에 수출초과 현상이 나타
났다. 중국의 수출초과는 영국으로서는 용납하기 어려웠다.

1856년 영국과 프랑스는 중국에서 남경조약보다 더 많은 특권을 획
득하기 위해 러시아와 미국의 도움을 받아 제2차 아편전쟁을 일으켰
다. 1858년 청은 이들과 천진조약을 체결했고 이 조약에 근거하여 등
주(登州) 등의 항구가 추가로 개항되었다. 개항과 관련된 내용은 아래

---

4) 姚賢鎬, 『中國近代對外貿易史資料』(中華書局, 1962), 596쪽. "主要的困難在於中國
   人一般都不願放棄他們貿易的老習慣(此項困難目前正在逐漸克服中), 以及外商不願
   在廣州和上海兩大市場以外的任何其他地方分設機構, 對在其他口岸增設代理店也有
   所猶豫."
5) 陳瀚濤, 앞의 책, 191쪽.
6) 姚賢鎬, 앞의 책, 509쪽.

와 같다.

> 중·영 천진조약(中英天津條約) 제10조 ……한구(漢口)부터 바다까지 세 곳
> 을 초과하지 않는 항구를 택하여 영상(英商: 영국상인)의 선박입출항 및 통상
> 지역으로 한다.
> 중·영 천진조약(中英天津條約) 제11조 ……우장(牛莊), 등주(登州), 대만
> (台灣), 조주(潮州), 경주(瓊州) 등의 항구에서 영상(英商)은 자유로이 매매하
> 고 선박 왕래를 할 수 있다. 거주, 주거임대, 주거구매, 토지임대, 예배당건설,
> 병원과 묘지 등에 대한 사항은 개항된 다섯 개항장와 동일하다.[7]
>
> 중·불 천진조약(中法天津條約) 제6조 ……광동(廣東)의 경주(瓊州)와 조주
> (潮州), 복건(福建)의 대만(台灣)과 담수(淡水), 산동(山東)의 등주(登州), 강
> 남(江南)의 강령(江寧) 여섯 항구를 이미 개항된 광주(廣州), 복주(福州), 하
> 문(廈門), 영파(寧波), 상해(上海) 다섯 개항장과 더불어 개항한다.……[8]

천진조약 제10조에 근거하여 청은 양자강 유역에서 세 개의 연강항구
를 개방해야 했다. 구강(九江)은 양자강 중하류지역의 중심점에 위치한
항구로서 강서북부지역의 중요한 거점시장이자 중국 3대 차시장(복주,
한구, 구강)과 4대 쌀 시장(구강, 무호, 진강, 무석) 중의 하나이다. 1861
년 1월 구강이 공식적으로 개항되었다. 진강(鎭江)은 양자강과 대운하의
교차점에 위치하며 정치적·경제적으로 중요한 위치에 있는 곳으로 1861
년 2월 개항되었다. 한구(漢口)는 양자강과 한수(漢水)의 교차점에 위치

---

7) 王鐵崖, 『中外舊約章彙編』第一冊(三聯書店, 1957), 97~98쪽. "中英天津條約 第
　十款: ……准將自漢口溯流至海各地, 選擇不逾三口, 准爲英船出進貨物通商之區;
　第十一款: 廣州, 福州, 廈門, 寧波, 上海五處, 已有江寧條約舊准通商外, 卽在牛莊,
　登州, 臺灣, 潮州, 瓊州等府城口, 嗣後皆准英商亦可任意與無論何人買賣, 船貨隨時
　往來. 至於聽便居住, 賃房, 買屋, 租地起造禮拜堂, 醫院, 墳塋等事, 並另有取益防
　損諸節, 悉照已通商五口無異."
8) 王鐵崖, 위의 책, 105쪽. "……將廣東之瓊州, 潮州, 福建之台灣, 淡水, 山東之登州,
　江南之江寧六口, 與通商之廣東, 福州, 廈門, 寧波, 上海五口准令通市無異……"

한 항구로서 양자강 중류지역의 경제 요충지로 1862년 1월 공식적으로 개항되었다.[9] 영국이 연해가 아닌 연강지역의 항구개항을 요구한 것은 이를 통해 중국의 내륙 깊숙이 침투하고자 하는 야심을 드러낸 것으로 이들 연강 항구가 개항된 후 영국은 양자강을 따라 중국 내륙의 요충지로 침투하기 시작했다.

중·영 천진조약 제11조와 중·불 천진조약 제6조에 근거하여 청은 양자강 지역의 개항장 이외에 화북지역에도 개항장을 개방해야 했다. 조약의 내용에 의해 요동반도(遼東半島)에 개방될 항구는 우장(牛莊)이었지만, 우장항의 입지조건이 통상항으로서의 조건을 만족시키지 못하자 영국은 새로운 요구를 하였고 청은 영국의 요구에 따라 우장을 대신하여 1861년 영구(營口)를 개방하였다.[10] 우장은 동북지역의 유일한 개항장으로서 개항 이후 동북지역의 무역과 지역사회의 발전에 크게 기여했다. 또한, 대만은 중국의 가장 큰 섬이며 물산이 풍부했다. 천진조약에 근거하여 대남(台南)과 담수(淡水)가 개항되어야 했다. 그러나 실제 항구 측량 결과 대남은 토사가 쌓여 항구로서의 기능을 할 수 없다는 것을 알게 되자 영국은 재차 교섭을 요구하였고 1862~1864년 사이에 대남, 담수, 기륭(基隆) 및 타구(打狗)가 개항되었다. 그 후 청은 북경조약을 체결하여 천진조약의 내용을 재확인하고 천진의 개항과 배상금 등의 내용을 추가하였다.[11] 북경의 관문인 천진의 개항으로 북경, 하북과 내몽골 등의 광범위한 지역이 세계시장에 편입되었다.

천진조약을 체결하기 전, 중국에는 광주, 복주, 하문, 영파와 상해 등 5개 개항장만이 개항되었는데 모두 화남지역에 위치한 항구들이었다.

---

9) 陶瀛濤, 앞의 책, 193쪽.
10) 영구가 우장을 대체하여 개항되었지만 일반적으로 영구를 계속 우장이라 불렀다. 본고에서는 당시 사료의 용법에 따라 우장이라는 용어를 사용할 것이다.
11) 王鐵崖, 앞의 책, 144~154쪽.

천진조약과 북경조약을 체결한 이후 양자강 중하류와 화북지역의 많은 도시가 개항되었는데, 이 때부터 중국개항장의 분기는 오구통상 시기에서 양장강중하류 및 화북통상 시기로 접어들었으며 양자강 유역을 따라 동서교역망과 연해지역의 남북교역망으로 구성된 입체적인 국내교역망이 형성되었다.

그럼 연대의 개항 과정에 대해 살펴보자, 영국과 프랑스는 모두 산동에 개항장을 설치하려고 하여 등주는 이 두 나라의 공동 목표가 되었다. 아편전쟁 이전부터 서양 상인들은 연대와 등주를 비롯한 산동의 북쪽 연해지역에서 불법 교역을 하였다. 1843년에 국적불명의 외국 쌍돛대 범선이 연대 인근해역에서 중국상인과 밀수를 하다가 적발되었고 1846년에는 쌍돛대 외국 범선 두 척이 연대에서 아편을 판매한 적이 있었으며 1855년에는 영국 범선이 해적을 잡는다는 명분으로 연대항에 입항했다.[12] 청 정부는 외국 상인의 불법 교역을 금지하였으나 연안과 변방에서의 불법 교역은 줄어들지 않았다. 따라서 영국과 프랑스가 산동에 개항장을 개설하려고 하는 목적은 위의 조약에서도 드러났듯이 장기간 암암리에 행해져 온 불법 교역을 합법화하고자 하는 목적이었다. 다시 말해서 서양 상인이 산동의 연안에서 청의 눈치를 보지 않고 자유로이 매매하고 선박왕래를 할 수 있도록 하려는 것이었다. 남방의 항구들이 일찍 개방되기는 했지만 서구 식민주의 열강들의 욕구를 만족시켜 주지 못하였고 더 많은 개항장을 요구하던 그들의 눈에는 북경과 상해 중간 지점에서 중계항 역할을 할 수 있는 산동 연해지역이 안성맞춤이었던 것이다.

1861년 영국은 등주 주재 영사인 로버트 모리슨(Robert Morrison)을 파견하여 개항을 준비하도록 하였다. 실지 조사를 한 모리슨은 등주항은

---

12) 煙臺市地方史志辦公室, 『煙臺百年大事記』(煙臺市新聞出版局, 2000), 3~8쪽. 이 자료에서 나타난 연대는 현재의 연대 관할지역이므로 등주지역을 포함한다.

수심이 얕고 파도를 막아주는 엄폐물이 매우 부족하기 때문에 개방항구로 적합하지 않고 대신 연대항은 수심이 깊고 배후지 발달에 유리하고 물자가 풍부하여 최적의 개항장이라고 판단하였다.[13]

로버트 모리슨이 연대를 개항장으로 선정한 후 청 정부를 향해 개항을 재촉하자 3구통상대신(三口通商大臣) 숭후(崇厚)는 직례후보지부(直隸候補知府) 왕계증(王啓曾)과 동래청도(東萊靑道) 숭방(崇芳)을 파견하여 연대의 개항을 준비하게 하였다.[14] 연대의 개항은 천진조약을 위반하는 것이었으나 무력한 청은 등주와 연대를 바꾸려는 영국의 요구를 만족시켜 주어야 했다. 1861년 8월 22일 왕계증은 연대의 개항을 공식적으로 발표하였다.

연대가 등주를 대체하여 개항된 것은 서방 국가들이 산동의 항구에 대해 충분히 조사하지 않은 상태에서 개항을 요구했다는 것을 보여준다. 등주는 역사상 중요한 항구였지만 청대에 와서 항구조건이 악화되어 통상의 요구를 만족시키지 못했다. 그러나 영국과 프랑스는 등주의 실제상황을 조사하지 않고 산동에서 항구 하나를 더 개항하라고 요구하였다. 당시 연대가 최종적으로 등주를 대체할 수 있었던 것은 항구조건과 경제상황 등의 조건이 개항항으로 더 적합했기 때문이었다.

---

13) 煙臺市地方史志辦公室, 『煙臺縱覽』, 華齡出版社, 1999, 96쪽.
14) 故宮博物院明淸檔案部, 『第二次鴉片戰爭』, 上海人民出版社, 第5卷, 489~490쪽.

〈지도2-1〉 청 말 연대 및 인근 지역

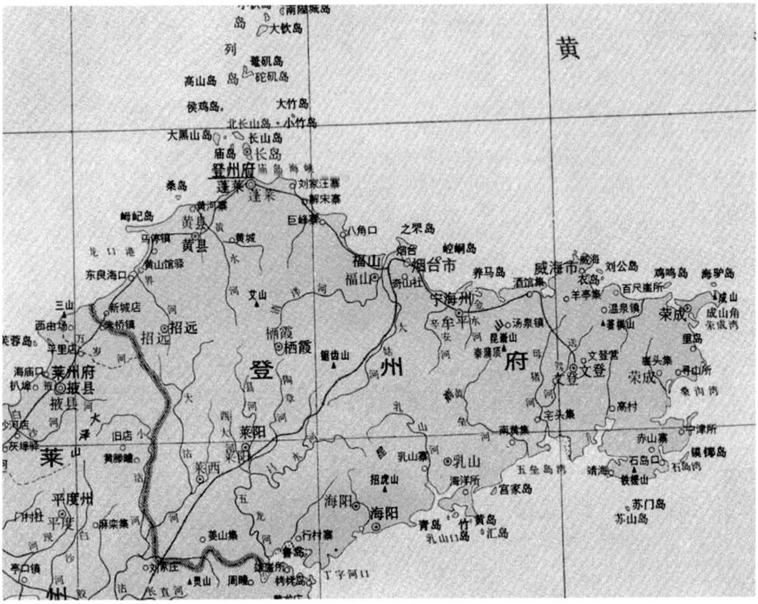

출전:『中國歷史地圖集』, 第八冊, (中國地圖出版社, 1998), 22-23쪽. 淸 부분을 근거하여 작성함.

위의 <지도2-1>에서 나타나듯이 연대항은 연대 북쪽의 지부만(芝罘灣) 내에 위치하고 있으며 황해 해역에 속해 있다. 지부만은 완만한 U자형으로 북쪽과 동쪽을 향해 열려 있으며 북서쪽에는 지부도(芝罘島)가 있고 북동쪽에는 공동도(崆峒島)가 있어 천연 장벽이 형성되어 있었다. 수심이 6~12미터에 달하고 항구 입구의 수심이 14미터에 달해 선박의 출입항과 정박에 적합하다. 연대항은 중국 북방의 유일한 부동항이었다. 특히 북쪽의 천진항과 안동항(安東: 현재의 단동)이 결빙되면 연대항에 출입하는 선박이 더욱 많아졌다. 연대항의 항구조건은 등주항에 비해 우월하여 개항에 더 적합한 것이었다.

또한, 지리적 위치를 보면 연대는 등주와의 거리가 70km가 채 안되고 산동반도(山東半島) 동쪽에 자리 잡고 있는데 산동반도는 동, 남, 북과 북서쪽이 발해와 황해에 인접해 있다. 최동단의 성산두(成山頭)는 한반도와 황해를 사이에 두고 마주 보고 있으며 서쪽과 남서쪽 내륙은 유방(濰坊)과 제남(濟南)과 접하고 있고 북쪽은 발해를 건너 요동반도(遼東半島)와 마주 보고 있다. 연대는 삼면이 바다로 둘러싸인 지역으로 해로교통이 매우 발달했다. 북쪽으로 천진과 대련(大連), 남쪽으로 상해와 홍콩 등으로 이어지는 중국 국내 해로 교통의 요충지이며, 국제 해로교통로도 동쪽으로 조선과 일본으로 연결되는 해로의 유리한 지점에 위치해 있다. 지리적 위치로 볼 때 연대는 개항장의 조건에 적합한 곳이다.

개항하기 전부터 연대는 이미 항구무역이 성장하고 있어서 이러한 지리적, 자연적, 경제적 조건들이 개항장을 등주에서 연대로 바꾼 모리슨의 결정에 영향을 미쳤을 것으로 생각된다. 아편전쟁 이후 많은 상인들이 북방연해로 눈길을 돌리게 되어 연대항의 교역은 더욱 활성화되었으며 광동, 복건과 동북(東北)의 상인들이 연대항을 이용하여 교역을 하였다. 도광(道光: 1821~1850) 말년에 이르러 상점과 수공업 작업장 및 위락시설이 많이 설치되어 1850년대까지 북대가(北大街)와 천후궁(天后宮)을 중심으로 한 상업 중심지가 형성되어 개항 이전에 이미 연대는 개항에 적합한 경제조건도 갖추고 있었다고 볼 수 있다.

1861년에 등주를 대체하여 연대를 개항한 것은 영국 등 서구열강들의 경제적 필요에 의한 것이었지만 결과적으로 연대는 중국 개항장의 하나가 되어 세계 시장의 질서 속에 편입되었다. 육로와 해로를 포함하여 교통로를 중심으로 보면 연대는 중국 북방의 연해 중심지역에 위치하며 중국 남북교통의 중추이다. 연대가 개항되기 전에는 상해 이북의 넓은 지역에 개항장이 하나도 없었기 때문에 상해에 집산된 외국상품을 북쪽으로 유통되는 것이 매우 어려웠다. 천진조약이 체결되고 연대, 우장, 천진이 연이어 개항되어 중국 북방의 개항장은 3항체계가 형성되었다. 연대는 북방3항 가운데 제일 남쪽에 위치하고 상해와 제일 가까운 북방의 개항장이며 남북개항장 사이의 중계항구로 기능하게 되었다. 중국 남북 교역의 발전은 북양항로(北洋航路)의 개통에서 비롯되었다. 연대는 북양항로에 유리한 위치를 차지하고 있기 때문에 남북교역에서 반드시 지나가야 하는 항구가 되었다.

교역의 성격을 살펴보면, 개항 이후 연대는 중국 북쪽의 중요한 개항장으로서 상해와 홍콩 등 남쪽의 개항장으로 수입된 외국상품이 산동의 내륙으로 운송되거나 북쪽의 천진이나 우장으로 재운송되는 중간기지로서의 역할을 담당하였다. 이와 동시에 상인들은 산동 내륙지역의 물자를 연대로 모아서 다시 남쪽의 상해, 복건과 광주 등지로 운송하고 남방의 개항장에서 해외로 수출하는 동선이 형성되었다. 연대가 중국의 개항장 체제에 편입되면서 중국내 교역망에서 남북교역의 비중이 더욱 커지게 되었다.

〈지도2-2〉 19세기 후반 중국의 주요 개항장

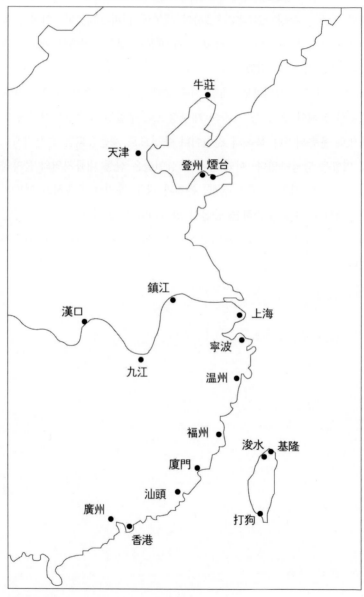

출전: 당시 중국 개항장의 상황에 근거하여 필자가 작성함.

〈그림2-1〉 전국 개항장 중 연대항의 무역량 순위(1867~1897)

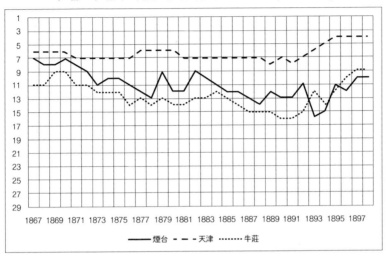

출전: 『近代山東沿海通商口岸貿易統計資料(1859~1949)』, 31쪽의 내용을 근거하여 작성함.

위의 <그림2-1>에서 나타나듯이 연대의 무역량은 전국 개항장 가운데 중간 정도의 규모이다. 연대 개항 초기 14개 개항장 중 연대는 평균 8위를 차지하였다. 같은 시기 북방3항의 천진은 6위, 우장은 11위를 차지하였다. 그 후 개항장이 늘어나면서 연대항의 교역량 순위는 떨어지기 시작하였다. 1876~1885년 사이에 전국의 19개 개항장 가운데서 연대는 평균 10~11위를 차지하였다. 1890년대 초기에 모두 24개 개항장이 개항되었는데 연대의 순위는 평균 13~14위를 차지하였다. 그러나 청일전쟁 이후 연대항의 교역량이 급격히 증가하기 시작하여 1897년에 이르러서는 전국 29개 개항장 가운데 10위를 차지하였다. 발해만의 천진과 우장의 상황을 살펴보면, 천진은 평균적으로 전국 5위를 유지하고 있고 우장은 연대에 근소한 차이로(2위 정도 차이) 뒤처져 있다. 대규모 시장을 끼고 있는 천진과 비교할 때 당시 소도시에 불과한 연대의 교역량은 상당히 많은 것이었다.

〈표2-1〉 중국 대외무역총액에서 각 개항장의 무역비중(1875~1899)

	年度	煙台	天津	牛莊	上海	寧波	福州	廈門	汕頭	廣州
輸入	1875	1.3	1.4	0.5	65.5	2.7	4.0	6.6	10.1	6.3
	1880	0.5	1.5	0.3	68.7	0.1	3.4	6.6	10.1	3.6
	1885	0.9	1.9	0.3	66.5	0.1	3.5	8.1	7.2	6.4
	1890	0.7	1.4	0.3	51.5	0.3	2.1	4.8	6.9	8.6
	1895	1.2	3.0	-	54.8	0.1	2.4	5.4	5.4	9.1
	1899	2.4	5.2	1.9	56.2	0.3	2.2	5.0	4.9	5.1
輸出	1875	0.3	4.4	0.1	44.7	0.0	17.7	5.0	0.9	17.0
	1880	0.1	5.4	0.2	46.5	0.0	11.7	4.7	1.6	16.4
	1885	0.3	5.3	0.0	42.5	0.0	11.9	7.0	2.6	16.2
	1890	0.5	5.3	0.2	37.6	0.0	5.3	4.0	1.9	17.1
	1895	0.5	6.2	-	49.0	0.0	3.6	2.7	1.7	12.4
	1899	1.1	5.6	4.4	46.4	0.0	3.0	0.7	2.3	12.2

출전: 古田和子, 『上海網絡與近代東亞』(中國社會科學出版社, 2009), 표6-1과 표6-2에 근거하여 재구성.

위의 <표2-1>에서 보듯이, 전국의 수입무역총액에서 상해는 50~60% 의 큰 비중으로 1위를 차지하고 나머지의 대부분의 개항장들은 10%를 초과하지 못하고 있었다. 연대항의 수입 무역총액은 청일전쟁 시기까지 1% 가량이었고 20세기 말기에 이르러 2% 이상으로 증가하였다. 이는 청일전쟁 이후 외국에서 수입한 화물의 증가에서 원인을 찾을 수 있다. 수출무역 총액에서 상해는 40~50%를 차지하고 광주는 10% 이상의 비중을 차지한 반면에 연대는 0.5%를 넘지 못하고 있었다. 흥미로운 것은 1890년부터 우장의 수출액은 연대를 초과하여 4% 정도에 이르렀다는 점이다. 천진, 연대와 우장의 수입무역총액 합계는 1894년까지 전국총액의 3% 정도를 차지했으나 그 후 10%로 증가하였다. 수출총액은 1894년까지 5%, 그 후 10%까지 증가하였다. 이는 청일전쟁 이후 중국의 북방에서 일본의 영향력이 강화되어 일본과의 무역량이 많아졌기 때문이었다. 이렇게 보면 전중국 무역의 중심은 상해였고 연대를 비롯한 북방의 개항장은 무역의 중심지라고는 볼 수 없다. 그러나 전중국의 경제중심인 상해를 제외하면 20여 개 개항장 중 연대의 무역량은 평균수준에 위치를 차지하고 있다.

중국내 남북항로에서 중계 항구의 성격을 지닌 연대는 중국내 개항장 체계 속에서 화물 남북운송의 역할을 담당하고 있었으며 그 무역총액이 많지는 않았지만 기본적으로 증가하고 있었다. 또한, 연대의 무역총액은 전국 개항장 가운데 평균수준에 달하였고 화북지역에서 천진에 버금가는 중요한 항구가 되었음을 알 수 있다.

2. 연대항과 내륙 배후지

근대 중국에는 모두 100여 개의 개항장이 설치 되었는데 그 중에서 연해·연강지역의 개항장만 해도 40여 개가 넘는다. 이 중 일부 도시만이 급성장하여 경제적으로 번영한 도시가 되었다. 이러한 차이의 이유 중 하나는 배후지의 조건이다. 한 항구의 흥성과 발전은 자연조건과 경제 배후지에 의해 큰 영향을 받는다. 배후지는 수입 물품의 시장이면서 동시에 수출 상품의 공급원이다.

〈지도2-3〉 연대와 배후지

출전: Google Map의 지도윤곽에 근거하여 필자가 작성함.

위의 <지도2-3>에서 나타나듯이 연대의 경제 배후지는 동쪽으로 문
등(文登), 영성(榮城)이 있고, 남쪽으로 래양(萊陽), 해양(海陽), 평도(平
度)에 이르며 서쪽으로 복산(福山), 유하(栖霞), 등주(登州), 황현(黃縣),
래주(萊州), 창읍(昌邑), 청주(靑州), 치천(淄川), 장산(長山), 추평(鄒平)
등 지역을 거쳐 제남(濟南)에 이른다. 연대 서쪽의 대청하(大淸河)와 소
청하(小淸河)를 통해 운송하면 더욱 먼 지역으로 뻗어 나간다. 연대는
산동 및 인근의 산서(山西), 섬서(陝西), 하남(河南), 하북(河北) 등 지역
의 무역중계지이기도 하다.[15)

넓게 보자면 연대의 배후지는 산동의 인근 지역을 포함하지만, 좁혀
서 보면 연대의 배후지는 산동, 특히 산동반도 일대이다. 연대의 배후지
를 산동 위주로 한정하는 것은 연대에는 큰 강이나 하천이 없어서 화물
을 먼 지역으로 운송하는 것이 불편했기 때문이다. 철도가 부설되기 전
까지 내륙 수로교통은 항구의 발전에 큰 영향을 미쳤다. 상해의 번영은

15) 丁抒明, 『煙臺港史』(現近部分)(人民交通出版社, 2008), 2쪽.

양자강과 분리하여 말할 수 없고 천진의 급성장도 해하(海河) 등 하천과 밀접한 관계를 가지고 있다. 따라서 연대항의 배후지는 넓다고 말할 수 있지만 그의 배후지 조건은 상해와 천진보다 못하다고 할 수 있다.

연대항과 배후지 사이의 화물유통은 육로와 수로로 진행되었다. 연대에는 내륙에서 바다로 흐르는 하천이 없기 때문에 내지로 운송할 화물을 서쪽의 대청하나 소청하를 통해 산동 내륙지역으로 운송해야 했다. 육로교통은 상대적으로 불편한 실정이었다. 청 시기에 연대에서 복산(福山), 황현(黃縣), 래주(萊州)와 유현(濰縣)을 거쳐 제남에 이르는 연회대도(煙淮大道)는 산동의 동서관마대도(東西官馬大道)였다. 현(縣), 주(州), 부(府) 사이에 서로 연결된 대도(大道)가 있었는데 이 도로는 화물운송의 중요한 통로였다. 복산현(福山縣)에는 이러한 대도가 세 개 있는데 각각 영해(寧海), 등주와 서하로 통했다. 역대 관부(官府)는 부정기적으로 도로를 보수했으나 대부분의 도로는 관리상태가 좋지 못하였다.[16] 노새 두 마리가 끄는 수레에 두 사람이 탈 수 있었고 시간당 1.5~2km정도 이동할 수 있었으며 네 마리가 끄는 수레에는 0.75톤의 화물을 싣고 시간당 1~1.5km정도 이동할 수 있었다. 노새는 당시의 주요 교통수단이었다.[17]

연대 지역 내륙교통이 좋지 않은 것은 도로유지와 보수에도 문제가 있었지만 근본원인은 연대 일대의 지형이 복잡하고 다양하기 때문이었다. 연대의 총면적은 18,932km²에 달하는데 그 중에서 산지면적이 34%, 구릉면적이 43%를 차지하였으며 평원은 20%에 불과했다.[18] 산악지역이 많아서 교통이 불편했으므로 화물 운송은 주로 인력과 노새에 의존했다. 1859년 청조(淸朝) 대신(大臣) 곽숭도(郭嵩燾)가 리국(釐局:관세의 일종인 釐金을 받기 위한 기관)을 설립하기 위하여 산동 연해를 조사했

---

16) 煙臺市交通局史志辦公室, 『煙臺市交通志』(科學普及出版社, 1993), 47~48쪽.

17) *Embassy and consular commercial reports in 1878*, p.49.

18) 『煙臺市志』, 121쪽.

는데 그의 일기에 나타난 산동의 교통과 관련된 기록은 아래와 같다.

> "해선(海船)이 바람을 피하려면 연대가 제일 편리한 곳이어서 많은 商船이 연대항에 정박했다. 복산(福山)은 바다 동쪽에 위치하고 산길이 험준하다. 수로에는 선박이 통행하지 못하고 육로에는 수레가 통행하지 못하기 때문에 여기에 모여드는 부유한 상인이 없다."[19]

위에서 보듯이 연대는 해상교통은 발달한 항구였으나 육로교통이 매우 불편한 곳이어서 부유한 상인이 없었다. 이처럼 연대의 배후지 범위는 넓지만 항구와 배후지 사이의 교통이 불편하여 연대항의 성장에는 제한이 있었다. 청도개항 이후 특히 교제철로(膠濟鐵路:교주-제남간 철도)가 개통된 이후 연대항이 쇠퇴한 원인중의 하나는 내륙교통이 발달하지 못하였기 때문이다.

그러나 연대의 직접적인 배후지인 산동은 물산이 풍부하고 생산품이 다양했다. 1870년대 영국인이 조사한 산동의 물산에 관한 구체적인 통계는 아래와 같다.

〈표2-2〉 산동의 물산과 분포

종류		주요산지
금속	금	寧海, 諸城, 栖霞, 萊陽, 海陽, 沂水
	은	宁海, 黃縣, 章丘, 蒙陰, 卽墨, 膠州, 日照
	동	莒州, 臨淄, 沂水
	주석	莒州, 沂水
	납	登州, 莒州, 臨淄
	철	登州, 莒州, 萊芙, 鄒平, 長山, 博平, 濱州
비금속	석탄	光州, 沂州, 淮縣, 莒州, 章丘, 博山, 長山

---

19) 郭嵩燾, 『郭嵩燾日記』 第一卷(湖南人民出版社, 1981), 254쪽. "海船收泊避風最便. 故煙臺一口, 遂爲商船之所輻輳. 惟福山居海東維, 山路險峭, 水不能通舟, 陸不能車, 富商大賈, 無居積於此地者."

	옥	萊州, 萊陽, 鄒平
	대리석	平度
	수정	卽墨, 兗州
농산품	잠사, 면화, 쌀, 밀, 당면, 좁쌀, 대두, 두병, 고추, 인삼, 약재, 참깨, 해초, 야채, 아편, 감초, 백합, 짚공예	지역에 따라 다름.(잠사는 膠東에, 면화는 魯西에, 짚공예제품은 掖縣연대에, 아편은 曹州에 있음.)
과일	호두, 복숭아, 자두, 배, 사과, 앵두, 감, 살구, 수박, 참외, 포도	膠東 등
축산	돼지, 돼지털, 양털, 소뿔, 소기름, 소가죽	지역에 따라 다름.

출전: Embassy and consular commercial reports in 1878, pp.41~46.

위의 <표2-2>에서 볼 수 있듯이 산동은 물산과 천연자원이 풍부한 지역으로, 금속 6종류, 비금속 4종류, 과일 11종, 농산품 18종, 축산물 6종이 생산되고 있었다. 개항 이후 <표2-2>에 제시된 물품과 자원은 연대의 주요한 수출품이 되었다. 1878년 연대항의 주요 수출상품을 살펴보면, 콩류, 두병(豆餅, 콩깻묵: 콩에서 기름을 짜고 남은 찌끼), 모자, 대추, 생선, 과일, 인삼, 밀짚, 백합, 새우, 약재, 두유, 감초, 사, 짚공예(草辮: 볏짚, 밀짚, 보릿짚 등을 원료로 만든 제품. 모자, 바구니, 돗자리 등), 담배, 당면과 호두 등이었다.[20] 생선과 새우는 위의 표에 없지만 산

---

20) 『中國舊海關史料』 7권, 483쪽. 『中國舊海關史料』, 1~20권 중의 『동해관무역년간』을 참조. 『동해관무역년간』은 1863년부터 간행되기 시작되지만 이후의 연간에 비해 수록된 내용이 적고 기록도 상세하지 않으며 9개월 간의 통계만 있기 때문에 완벽하지 않다. 1864년의 동해관 출판물은 제도화되기 시작했다. 『무역년간』은 주로 국제무역, 개항장무역, 항운, 관세와 특별상품 등 다섯 가지로 구성되었다. 국제무역은 외국상품 수입, 수입상품 국외 재수출과 토산품 수출로 구성되고 무역총액을 집계하였다. 개항장 무역은 토산품 국내 교역, 그 중에서의 국내·외 재수출, 토산품 국내교역, 수입된 외국상품 및 그 중에서의 재수출과 개항장 무역총액이 포함되고 있다. 항운에서 각국의 항운능력에 대한 통계와 국가별 관세납부 상황을 밝힌 후 당년의 아편 수입도 포함하였다. 1865-1866년의 통계는 대체로 1864년의

동은 연해지역으로서 해산물이 풍부하다. 복산현만 하더라도 어민이 400여 호, 어선 500여 척이 있었는데 인근의 봉래(蓬萊), 문등(文登), 모평(牟平), 해양(海陽), 황현(黃縣), 교현(膠縣) 등의 지역을 포함하면 그 수는 더욱 많아진다. 산동의 수산시장이 연대에 위치하고 있기 때문에 어획기가 되면 연대의 상업도 번영하였다.21) 또한 산동지역에서는 건륭(乾隆) 시기부터 양잠을 시작하여 연대 개항 이후 산동의 중부지역에서 누에를 기르는 것이 매우 성행하였고 잠사 수출은 연대 무역에서 큰 비중을 차지하게 되었다. 산동에서는 소도 많이 길렀는데 개항 이후 러시아 등의 국가로 대량 수출하기도 하였다. 또한 산동인들은 청둥오리 알을 즐겨 먹는데 알은 지역 내에서 소비되고 청둥오리는 식용으로 블라디보스톡에 수출되었다.22)

산동의 물산과 자원 중에서 가장 대표적인 것 중에 두병이 있다. 연대 개항 이전에도 두병을 취급하는 상점이 있었지만 수량이 매우 적었다.23) 개항 이후 두병의 수출량이 크게 늘어나 연대의 주요 수출품이 되었다.

체계보다 좀 더 상세하게 기록되었고, 마지막 부분에 주요상품에 대한 연도대비를 첨부하였다. 1867년의 무역 통계 체계는 또다시 바뀌는데 국제무역과 전체교역으로 구성되었다. 국제무역의 통계는 대체로 1864년 이후의 체계와 일치하고 전체교역에서 수입품과 토산품을 상세하게 분류하고 금·은, 아편과 관세에 대해 적시하고 1864년부터의 주요상품의 연도대비를 첨부하였다. 1863~1867년 사이의 동해관의 무역통계는 상세해졌으나 통일된 통계체계가 형성되지 못하였다. 1868년부터 1881년까지 동해관의 『무역통계』는 기본적으로 통일되었다. 이 시기의 동해관의 『무역년간』에는 수출입교역, 토산품교역, 금·은, 아편, 항운, 관세통계와 주요상품의 연도대비를 포함하였다. 1882년부터 『무역년간』과 『무역보고』는 통합되어 간행되기 시작되었다. 『무역보고』는 4쪽에 걸쳐 당년 연대 지역의 전반적인 현황, 무역, 항운, 금·은의 교역량, 그리고 중요한 사건을 서술하였다. 1883년 인천개항 이후, 『무역년간』에서는 조선과의 무역과 인적왕래를 기록하기 시작하였다. 1883년부터 형성된 동해관의 『무역년간』의 체제는 청 말기까지 지속되었다.

21) 『烟台要覽』, 水産篇.
22) 『烟台要覽』, 蠶牧篇.
23) 民國 『福山縣志稿』 卷5, 商埠志, 商業.

두병은 광동과 복건 등 화남지역으로 많이 판매되었는데 주로 당류작물
(糖類作物: 사탕수수 등의 작물)의 비료로 사용되었다. 또한, 짚공예는
초변(草辮) 혹은 초모변(草帽辮)이라고도 불리며 밀짚 따위로 엮어 만든
평평한 띠로 밀짚모자, 부채, 바구니 등을 만드는 공예이다. 산동의 짚공
예는 1862년부터 연대 지역으로부터 시작하여 70년대에 이르기까지 등
주, 래주, 청주 등 농촌지역으로 확산되었다.[24] 1863년 하반기에 연대는
모두 307담:1담은 50kg)을 영국 등지로 수출했는데,[25] 1874년에 그 수
출량이 1.3만여 담에 달했다.[26] 1890년대에 이르기까지 짚공예는 연대
지역의 가장 중요한 가공업 중의 하나가 되었다.[27] 짚공예는 연대 국제
무역에서 가장 중요한 상품으로서 주로 유럽으로 수출되었다. 종합적으
로 보면, 산동의 풍부한 자원과 물산은 연대항 수출물품의 주요 상품이
되었다.

연대항 개항 이후 1865년의 수입무역총액은 344만 냥, 1885년은 447
만 냥, 1895년은 772만 냥, 1905년은 2,018만 냥으로 증가하였다.[28] 수
입품의 품목도 많아졌는데 아편, 면제품, 모직제품, 금속과 잡화(성냥,
등유, 후추, 설탕, 담배, 종이, 유리 등)가 주요 상품이었다.

---

24) 莊維民, 『近代山東市場經濟的變遷』(中華書局, 2000), 331쪽.
25) 『中國舊海關史料』, 1권, 277쪽.
26) 『中國舊海關史料』, 5권, 863쪽.
27) 『中國舊海關史料』, 152권, 78쪽.
28) 『부록1』을 참조.

〈그림2-2〉 연대항 재수출무역의 비중

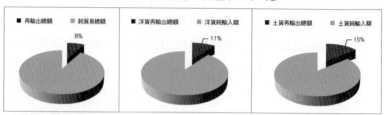

출전: 〈부록1〉에 근거하여 작성함.

위의 〈그림2-2〉에서 보는 바와 같이 연대항의 재수출 총액은 무역 총액에서 8%로 매우 적은 비중을 차지하고 있다. 구체적으로 보면 수입 상품 재수출 총액은 수입상품 수입 총액에서 11%를 차지하고 있으며 토산품 재수출 총액은 토산품 수입 총액에서 15%를 차지하고 있다. 연대항으로 수입된 외국상품과 토산품은 주로 현지와 배후지로 공급되었 고 다른 항구로 재수출된 비중이 크지 않았다. 연대항은 교역이 주로 그 의 배후지에 영향을 미치고 있는 것을 알 수 있다.

1910년대의 통계에 따르면, 산동의 105개 현 가운데 면사(무명실)를 수입한 현은 73개, 면포를 수입한 현은 61개, 등유를 수입한 현은 85개, 성냥을 수입한 현은 43개이다. 주촌(周村)은 산동 북쪽에 위치하고 있는 데 국내외 상품의 가장 큰 집산 시장이었다. 연대항으로 수입된 면포, 면사, 금속, 성냥과 등유 등 상품은 대부분 주촌으로 집산된 후 산동 내 지로 다시 판매되었다. 1897년 주촌은 연대에서 면포 20만 필과 면사 2만 포를 구입했는데 이는 대부분이 포대(蒲台), 태안(泰安), 동평(東平), 영양(寧陽) 등 지역으로 재판매 되었다. 또한, 유현(維縣)은 연유대도(煙 維大道)의 끝에 위치하고 있는 연대의 주요 집산 시장이었다. 1905년 유 현에서는 연대와 청도에서 각각 면사 200만 냥 어치와 면포 150만 냥 어치를 매입하였고 기주(沂州), 거주(莒州), 태안(泰安), 포대(浦台), 사수 (泗水) 등 지역으로 매출하였다.[29] 이를 통해 알 수 있는 것은 연대항으로 유입된 상품의 대부분은 산동의 내지에서 소비되었다는 것이다. 산동 내륙 지역은 연대 개항장의 소비시장이었던 것이다.

이상에서 보듯이 산동지역은 연대항을 통해 판매되는 상품을 제공하는 공급지이면서 동시에 연대항으로 유입되는 상품을 소비하는 소비지의 두 가지 기능을 하고 있었다. 연대 배후지의 조건은 양호하다고 평가할 수 있지만 상해나 천진 등 큰 항구의 배후지에 비하면 차이가 크다. 산동의 무역 창구로서 연대항의 영향권은 주로 산동이었고 이는 전중국 무역중심지의 성격을 지닌 상해의 역할과 근본적인 차이가 있다.

3. 화북(華北), 화중(華中), 화남(華南), 조선 및 일본 경제권과 연대의 관계[30]

중국 경제권을 지역별 특성에 맞게 나누어 분석하는 것은 근대중국을 이해하는 데 큰 의의가 있다. 스키너(G.William Skinner)는 19세기 말기 중국을 8개의 대지역권으로 나누어 분석하였다.[31] 그 후 그는 중국의 대지역권 이론을 수정하였는데 중국을 다시 만주권(滿洲圈, 북부권(北部圈), 서북권(西北圈), 양자강하류권(楊子江下流圈), 양자강중류권(楊子江中流圈), 양자강상류권(楊子江上流圈), 공양자강권(贛楊子江圈), 운귀권(雲貴圈), 동남연해권(東南沿海圈)과 영남권(嶺南圈) 등 10개의 대지역권으로 나누었다.[32] 이들 지역권의 중심지역은 내륙에 있는 서북권

29) 莊維民, 앞의 책, 167쪽~193쪽.

30) 이 부분은 「國內, 國際交易網속의 煙臺開港場의 位相(1861~1910)」(『한중인문학연구』34집, 2011)의 일부로 발표하였다.

31) G.William Skinner, *The City in Late Imperial China*, Stanford University Press, 1977, pp.213~214.

을 제외하고는 모두 개항장이 설치된 곳들이다. 박혁순은 중국을 개항장을 중심으로 동북권(東北圈), 북부권(北部圈), 장강상류권(長江上流圈), 장강중류권(長江中流圈), 강서권(江西圈), 진강권(鎭江圈), 강남권(江南圈), 동남연해권(東南沿海圈), 영남권(嶺南圈)과 운귀권(雲貴圈)으로 나누고 있다.33) 박혁순의 연구는 중국 개항장의 성격을 명확히 파악하는데 장점이 있지만, 19세기 연대의 무역은 중국의 모든 경제권에 큰 영향을 미치지 못하였다. 연대항의 중국 국내 교역은 주로 화북·동북지역의 천진과 우장, 화중지역의 상해와 영파, 화남지역의 산두, 광주, 하문, 복주 그리고 대만 등 지역과 밀접한 관계를 가지고 있었다. 국제항으로서의 연대항의 교역은 조선과 일본 등 국가와의 교역이 중심을 이루었다. 따라서 연대 개항장의 주요 경제권은 <지도1>에서 나타나듯이 화북경제권(華北經濟圈), 화중경제권(華中經濟圈), 화남경제권(華南經濟圈), 조선경제권(朝鮮經濟圈)과 일본경제권(日本經濟圈)으로 나누는 것이 더 타당하다고 생각한다. 연대와 각 경제권의 위치는 아래의 지도와 같다.

---

32) G.William Skinner, "Presidential Address: The Structure of Chinese History", *The Journal of Asian Studies*, Vol.44, No.2, 1985, p.273.

33) 박혁순, 「19세기 후반 중국 대지역권의 경제적 동향」, 『근대중국연구』 1, 2000, 115쪽.

〈지도2-4〉 19세기 후반 연대와 국내외의 경제권

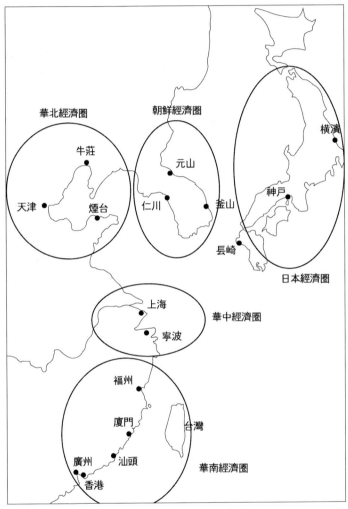

출천: 당시 중국 개항장의 상황에 근거하여 필자가 작성함.

(1) 화북 경제권

화북지역의 개항장은 연대와 천진, 우장 등 3곳이다. 이 중 연대와 화

북 경제권의 두 항구의 교역량이 연대항의 교역량에서 차지하는 비중은
아래와 같다.

<표2-3> 연대와 화북 경제권 교역의 각 연도별 무역액과 비중

	年度	천진		우장		화북총액	
		교역액	비중(%)	무역액	비중(%)	교역액	비중(%)
토산품 반입	1865	57,139	4.7	669	0.1	57,808	4.8
	1875	10,368	0.5	33,588	1.6	43,956	2.0
	1880	11,254	0.5	91,514	3.8	102,768	4.3
	1890	105,524	4.5	42,393	1.8	147,917	6.3
	1899	204,757	3.4	466,450	7.8	671,207	11.3
	1904	428,784	3.7	1,302,263	11.3	1,731,047	15.0
토산품 반출	1865	6,282	0.3	0	0.0	6,282	0.3
	1875	5,276	0.2	7,650	0.4	12,926	0.6
	1880	1,156	0.0	2,282	0.1	3,438	0.1
	1890	2,641	0.1	785	0.0	3,426	0.1
	1899	3,355	0.0	28,003	0.3	31,358	0.4
	1904	7,724	0.1	174,660	1.9	182,384	2.0

비중출전: 『中國舊海關史料』, 各年版에 근거하여 작성함.
단위: 1865년 지부냥(芝罘兩), 1875년부터 해관냥(海關兩), 1海關兩≒1,044芝罘兩.

위의 <표2-3>에서 보듯이 연대와 화북 경제권의 교역은 화북 토산
품의 매입과 연대 토산품의 매출로 구성되었다. 그러나 화북 경제권을
상대로 하는 토산품 매매의 비중은 연대항의 전체 교역량에서 그리 높지
않았다. 이 화북 경제권의 항구를 상대로 하는 교역에서는 토산품의 매
출보다는 매입이 더 큰 비중을 차지하였다. 1890년까지 화북지역에서
들어온 토산품의 비중은 연대항의 토산품 거래 수입총액에서 평균
4~5% 정도 차지하였고 그 후 우장에서 들어온 물품의 증가로 1904년
에 173만 냥으로 15%를 차지하였다.

구체적으로 살펴보면, 천진에서 연대로 반입된 화물의 총량은 증가하
였으나 비중은 일정치 않고 증감 폭이 심하였다. 개항 초기에는 천진

에서 연대로 매입된 견사제품이 많았고[34] 1887년 이후에는 면화가 많이 들어왔다.[35] 우장항에서 연대항으로의 반입은 1900년을 전후하여 급속히 증가하였다. 연대항 개항 초기의 10년 동안 우장항에서 수입한 콩류는 상선이 아닌 민선으로 운송되었기 때문에 해관통계에 반영되지 못하였다. 1893년 이후 우장항에서 반입된 잠사의 증가로 우장항의 비중이 높아지기 시작했다.

연대항에서 화북지역으로 반출된 토산품의 비중은 더욱 미미했는데 1900년 이전 연대항의 교역에서 토산품 매출이 차지한 비중은 1%도 넘지 못했다. 그 후 동북지역으로의 산동 이민의 증가로 우장으로 반출되는 토산품이 조금 증가했다. 1904년의 경우를 보면, 우장으로 매출된 토산품의 총액은 17.4만 냥으로 연대항 매출액에서 1.9%를 차지하였다. 이처럼 1899년 이후 연대항과 화북 경제권 두 항구 사이의 교역량은 증가했지만 전체적으로 보면 총액과 비중에서 많지 않은 것이다.

연대항과 화북 경제권 항구 간의 토산품 교역량은 많지 않지만 천진과 우장으로 중계 운송된 수입상품 비중은 컸다. 구체적인 통계는 아래의 표와 같다.

〈표2-4〉 연대항-화북 경제권 항구 간의 중계 운송의 무역액과 비중

	연도	우장		천진		화북총액	
		교역액	비중(%)	교역액	비중(%)	교역액	비중(%)
수입물품 재반출	1876	145,828	62	51,065	22	196,893	84
	1885	20,926	49	4,935	12	25,861	61
	1893	20,404	41	1,089	2	21,493	43
	1904	1,322,027	38	73,167	2	1,395,194	40
토산품 재반출	1876	60,640	32	37,425	20	98,065	52

---

34) 『中國舊海關史料』, 2권, 19쪽.

35) 劉素芬, 『烟台貿易硏究(1867~1919)』, 台灣商務印書館, 1990, 26쪽.

	1885	4,811	10	3,289	7	8,100	17
	1893	8,679	3	3,279	1	11,958	4
	1904	502,871	20	11,643	0.5	514,514	20

출전:『中國舊海關史料』, 各年版에 근거하여 작성함.
단위: 1865년 지부냥(芝罘兩), 1875년부터 해관냥(海關兩). 1海關兩≒1,044芝罘兩.

위의 <표2-4>와 같이 연대항에서 화북 경제권으로 재운송 된 것은 수입상품 재반출과 토산품 재반출로 구성된다. 화북 경제권으로의 재운송은 연대항의 재운송 총액에서 큰 비중을 차지하였다. 특히 연대항에서 화북으로 재운송되는 수입상품의 비중은 연대항 수입상품 재운송 총액에서 40% 이상, 1876년에는 84%의 높은 비중을 차지하였다. 그 중에서 대부분은 우장으로 재반출되었고 1893년 이후 천진으로 재반출한 수입상품의 비중은 2%에 불과했다. 무역량을 따져보면 1904년에 최고치인 132만 냥에 이르렀지만 같은 해 위해(威海)로 재반출한 화물의 증가로 연대항 재반출 총액에서 차지하는 비중이 오히려 하락세를 보였다.[36] 결국 연대항의 교역량에서 가장 많은 비중을 차지하는 것은 우장항으로 반출하는 수입상품이었던 것이다.

또한 대화북 경제권의 토산품 재반출의 양과 비중도 적지 않았다. 특히, 개항 초기에 연대항 전체 반출량의 52%를 차지한 적이 있었고 1904년에 우장으로 재반출한 토산품은 50만 냥에 이르렀다. 그 후 상해로 반출하는 토산품의 증가로 화북으로 향하는 토산품의 비중이 줄어들었다.

이를 통해 연대항과 화북 경제권의 관계는 두 가지 성격이 존재한다는 것을 알 수 있다. 첫째, 연대항과 화북 경제권의 직교역량과 비중은 매우 적었다. 이것은 연대항과 화북 경제권의 교역수요가 크지 않다는 것을 보여주는데, 화북의 세 항구는 모두 중국 북쪽에 위치하여 배후지

36)『中國舊海關史料』, 39권, 200쪽.

자원과 물산이 유사하기 때문이다. 게다가 지리적으로 보면 연대는 우장 및 천진과 가까워서 대부분의 화물을 민선으로 운송하였다. 당시의 항로를 보면 연대항에서 천진까지는 245리(浬), 우장까지는 214리여서 하루 안에 도착 할 수 있었다.[37] 민선교역의 통계는 해관자료에 포함되지 않았기 때문에 실제 교역량은 해관의 통계보다 많았다고 보는 것이 타당하다. 둘째, 연대항은 중계 운송을 통해 화북 경제권, 특히 우장으로 반출하는 물량이 많았다. 연대항의 재운송 교역량은 연대항의 교역총액에서 큰 비중을 차지하지 않았고 재운송 교역의 절대적인 양도 크지 않았지만 중국 남방 개항장의 화물을 연대항을 통해 우장항과 천진항으로 재운송한 것은 중국 국내 남북 교역망에서 연대항의 중계항 역할을 보여주고 있다. 중국 개항장 중에서 가장 북쪽에 위치하고 있는 우장항이 개항장으로서의 역할을 할 수 있었던 것은 연대라는 중계항이 있었기 때문에 가능한 것이었다.

(2) 화중 경제권

화중 경제권에 위치한 항구는 상해와 영파가 있다. 연대항과 영파항의 교역액은 연대항 교역총액에서 차지하는 비중이 1% 미만이다. 1880년의 통계를 보면, 연대항으로 240만 냥의 중국 국내산 상품이 반입되었는데 영파항에서 반입된 것은 0.3만 냥에 불과했으며, 연대항에서 다른 항구로 반출된 중국산 상품 331만 냥 중에서 영파항으로 반출된 것은 0.8만 냥에 불과했다.[38] 1904년에도 영파항에서 반입된 중국산 상품은 연대항 중국 국내산 매입총액의 0.1%를 차지했고 연대항 중국 국내산

---

37) 田中館秀三, 『山東省ノ地質鉱山』, 靑島守備軍民政部, 1922, 375쪽; 外務省通商局, 『在芝罘日本領事館管內狀況』, 外務省通商局, 1921, 1쪽.
38) 『中國舊海關史料』, 8권, 516~518쪽.

상품 매출총액에서 영파항으로 팔려 나간 비중은 0.3%였다.[39] 따라서 연대항과 화중 경제권, 특히 영파항과의 교역 비중이 매우 낮았음을 확인할 수 있다.

그러나 상해는 전중국 상업의 중심이었고, 연대항과도 밀접한 관계를 가지고 있었다. 우선, 연대항으로 반입된 수입상품 중 대부분은 상해항에서 들어온 것이었다. 1865년 상해를 통해 연대항으로 들어온 수입상품은 251만 냥에 이르러, 연대항 수입상품 교역액 289만 냥 가운데 87%의 절대적 비중을 차지하고 있다. 그 중에서 아편은 56%를 차지했고 면제품과 모직제품을 합쳐 30%가량의 비중을 차지하고 있었다. 더 구체적으로 보면 백피토(Malwaopium)와 무명천(Grey Shirtings) 모두 180만 냥에 달하여 상해로 수입된 대표적인 상품이 되었다.[40] 1866년 상해에서 들어온 수입상품은 300만 냥으로 90%를 차지하였다.[41] 1874~1899년 사이에 연대항으로 재반출된 수입상품은 상해항 재반출 수입상품 거래 총액의 7~8%로 한구, 천진, 진강, 영파에 이어 거래총액 5위를 차지하였다. 1900년까지 상해항에서 반입된 수입상품의 비중은 연대항 수입상품 중에서 평균 87%를 차지했고 1895년에 94%에 달하였다.[42] 1890년 대는 면제품과 면사가 주요 거래 품목이었는데 그 중에서 무명천이 가장 많이 반입되었다. 이외에 금속, 등유와 성냥 등도 대량으로 반입되었다.[43] 이처럼 중국 국내의 다른 항구에서 연대항으로 반입되는 수입상품은 주로 화중 경제권, 특히 상해를 중심으로 교역이 이루어지고 있었으며, 화중 경제권은 전중국 수입상품의 1차 집결지로 연대항에 물품을 끊임없이 공급하고 있었다.

39) 『中國舊海關史料』, 39권, 204~207쪽.
40) 『中國舊海關史料』, 2권, 24~26쪽.
41) 『中國舊海關史料』, 2권, 483쪽.
42) 古田和子, 앞의 책, 165~168쪽의 통계와 『中國舊海關史料』의 통계를 참조.
43) 『中國舊海關史料』, 153권, 61~62쪽.

상해항에서 연대항으로 반입되는 중국 국내산 상품의 비중도 적지 않았다. 개항 이후 상해항에서 반입된 중국산 상품이 차지하는 비중을 정리하면 아래의 표와 같다.

〈표2-5〉 상해에서 반입된 중국상품의 무역액과 비중

年度	1865	1875	1885	1895	1904
교역액	288,426	469,841	947,642	2,094,906	5,787,528
비중	23.8%	21.9%	45.7%	68.5%	50.0%

출전: 『中國舊海關史料』, 各年版에 근거하여 작성함.
단위: 1865년 지부냥(芝罘兩), 1875년부터 해관냥(海關兩). 1海關兩≒1.044芝罘兩.

위의 <표2-5>에서 보듯이 상해에서 반입된 중국 국내산 상품은 연대항의 국내상품 교역에서 차지하는 비중이 컸다. 개항 초기에는 평균 20% 정도에 불과했지만 1885년 이후 급격히 증가하여 50%를 넘었고 1895년에는 68.5%에 이르렀다. 교역액도 이와 함께 증가하여 1865년의 28.8만 냥에서 1904년의 578.8만 냥으로 20여 배 증가하였다. 개항 초기의 1865년에 상해항에서 연대항으로 반입된 물품은 비단이 주를 이루어 전체의 66%의 높은 비중을 차지하고 있었으며 왜모시와 설탕은 각각 10%와 7%를 차지하였다.[44] 1876년 이전 연대항으로 반입된 것은 주로 상해항을 통해 강남의 면화, 비단과 중국내 다른 지역으로부터 수입상품을 재반입한 것이고 1877~1894년에는 면포가 많이 반입되었고 1895년 이후 면사가 일정한 비율로 반입되었다.[45] 이를 통해 연대항으로 반입된 상품들은 상해항에서 들어온 물건이 가장 많은 비중을 차지하고 있었고 그중에서 수입상품의 비중이 높았으며, 중국산 상품은 1880년대 이후 절반 이상의 비중을 차지하기 시작하였다는 것을 알 수 있다. 또한

44) 『中國舊海關史料』, 2권, 12~16쪽.
45) 劉素芬, 앞의 책, 26쪽.

상해를 중심으로 한 화중 경제권은 연대항의 주요한 교역 대상지였다는 것도 확인할 수 있다.

화중 경제권에서 반입된 수입상품과 중국산 상품은 연대항의 교역량 중에서 가장 큰 비중을 차지했는데 연대항의 반출 교역에서 화중 경제권의 지위는 아래의 표와 같다.

〈표2-6〉 연대항의 대상해항 반출 및 재반출 교역액과 비중

연도	중국 국내상품 반출		중국 국내상품 재반출	
	교역액	비중	교역액	비중
1865	212,129	9%	880	1%
1875	878,002	41%	1,249	1%
1885	2,447,878	63%	35,695	73%
1895	4,931,430	74%	213,414	88%
1904	6,457,898	72%	1,617,869	64%

출전: 『中國舊海關史料』, 各年版에 근거하여 작성함.
단위: 1865년 지부냥(芝罘兩), 1875년부터 해관냥(海關兩). 1海關兩≒1.044芝罘兩.

위의 <표2-6>과 같이 개항 초기인 1860년대 연대항의 대상해항 중국산 상품 반출은 연대항의 전체 국내산 상품 반출에서 9%를 차지했고, 재반출 비중은 1%에 불과했다. 1875년 상해항으로 반출된 국내산 상품의 비중은 41%를 차지했지만 재반출의 비중은 여전히 매우 낮았다. 그러나 1885년부터 상해항으로 반출, 재반출된 국내산 물품의 비중은 모두 늘어나 1895년에 이르기까지 반출은 74%, 재반출은 88%의 높은 비중에 달했다. 개항 초기에 연대항과 상해항 간의 교역은 많지 않았지만 1880년대 이후에는 연대항의 많은 상품이 상해항으로 반출되었다. 또한, 중국 국내산 반출의 교역액은 1865년의 21만여 냥에서 1904년의 646만여 냥으로 30여 배 증가하였다. 개항 초기의 재반출액은 많지 않았지만 1885년부터 급성장하기 시작하여 1904년에 이르면 162만 냥에 달했다. 연대항에서 상해항으로 반출된 국내산 교역량과 교역액이 모두 증가한 원인

은 영국과 미국으로 수출하는 화물의 대부분이 상해항을 거쳐 수출되었기 때문이다. 이렇게 볼 때 상해는 연대항의 가장 큰 국내시장이었다.

결론적으로, 연대항과 상해항을 중심으로 한 화중 경제권의 관계는 두 가지 측면에서 살펴볼 수 있다. 우선, 화중 경제권은 연대항으로 들어오는 화물의 가장 큰 교역대상지였다. 특히 수입 상품은 대부분이 상해항을 통해서 들어왔으며 1880년대 이후 국내산 물품도 가장 큰 비중을 차지했다. 연대항은 상해를 통해 국외시장과 국내시장을 연결하였다. 또한 상해는 연대항의 가장 큰 반출 시장이었다. 상해는 중국의 가장 큰 국제항으로서 연대항에서 중계 받은 화물을 대부분 해외로 재수출하였다. 따라서 상해는 연대항 국제무역의 창구라고 할 수 있으며 화중 경제권과 연대항의 관계가 가장 밀접했다. 수입 상품의 반입과 국내산 물품의 교역에서 상해는 연대항과 분리될 수 없는 교역대상지였을 뿐만 아니라 화중 경제권을 통해 연대항의 국제무역이 더욱 활성화되었다고 할 수 있다.

(3) 화남 경제권

화남 경제권은 개항장이 가장 많은 지역이었다. 화남의 중국 국내산 상품이 연대항으로 들어오기 시작하면서 연대항에서 화남 경제권으로 반출되는 상품의 교역도 동시에 시작되었다. 화남 경제권에서 연대항으로 반입된 중국 국내산 물품의 교역액과 비중은 아래와 같다.

〈표2-7〉 화남경제권에서 연대항으로 반입된 교역액과 비중

연도	산두		광주		하문	
1865	350,138	28.9%	189,878	15.6%	30,097	2.5%
1875	813,107	37.9%	244,878	11.4%	159,659	7.4%
1885	531,063	25.6%	178,239	8.6%	113,543	5.5%

1895	422,537	13.8%	111,358	3.6%	64,944	2.1%
1904	621,635	5.4%	87,973	0.8%	53,815	0.5%
연도	복주		대만		화남총액	
1865	121,809	10.0%	159,080	13.1%	851,002	70.1%
1875	84,534	3.9%	327,555	15.3%	1,629,733	75.9%
1885	36,338	1.8%	176,280	8.5%	1,035,463	49.9%
1895	7,561	0.2%	223,267	7.3%	829,667	27.1%
1904	175,465	1.5%	0	0.0%	938,888	8.1%

출전: 『中國舊海關史料』, 各年版에 근거하여 작성함.
단위: 1865년 지부냥(芝罘兩), 1875년부터 해관냥(海關兩). 1海關兩≒1.044芝罘兩.

위의 <표2-7>에서 나타나듯이 화남 경제권에서 연대항으로 반입된 국내산 상품이 연대항의 전체 반입량에서 차지하는 비중은 1875년 75.9%로 최고치에 이른 후 감소하였다. 특히 1904년에는 8%로 감소하였다. 연대항과 화남 경제권 사이의 국내산 교역은 1880년대까지 절대적으로 큰 비중을 차지했지만 그 후 상해항에서 들어오는 국내산 물품의 증가로 인해 쇠퇴하기 시작했다. 교역액도 1875년에 최고치인 163만 냥에 이른 후 점차 하락하기 시작했다. 1904년의 교역액은 1895년보다 많지만 차지하는 비중은 오히려 많이 떨어졌다. 이것은 상해와 우장 등 지역에서 들어오는 국내산 상품의 증가로 인한 결과이다.[46] 이 숫자는 앞의 상해와 우장의 상황관계를 통해 서로 증명할 수 있다.

개항장별로 살펴보면, 산두, 광주와 하문으로부터 반입된 상품의 교역액은 1870년대에 최고치에 이른 후 감소되었고 비중은 더욱 뚜렷하게 떨어졌다. 복주에서 반입되는 상품의 교역액은 개항 초기에 12만 냥으로 연대항 전체의 10%를 차지하였지만 점차 떨어지기 시작하였다. 대만과의 교역액과 비중은 모두 급격한 증감추이를 보이면서 점차 감소하다가 1900년 이후 연대항과의 교역은 사라졌다. 화남 경제권 중에서 산두항

---

46) 『中國舊海關史料』, 39권, 204쪽.

에서 연대항으로 50%가량의 중국 상품이 반입되었으나 광주항, 하문항과의 교역은 상대적으로 적었고 복주와의 교역은 더욱 미미했다. 화남에서 연대항으로는 주로 설탕이 반입되었는데 1890년대 이후 동남아 설탕 수입액의 증가로 화남에서 반입된 설탕의 양이 줄어들기 시작하였다. 광주항과 연대항의 교역은 상대적으로 분산적이었는데 설탕 이외에 단추, 부채, 종이와 실크제품이 주력상품이었다.[47] 설탕 반입 때문에 1880년대까지 연대항과 화남 경제권은 밀접한 관계를 가지고 있었으나 그 후 상해의 발전으로 화남 경제권에서 반입되는 비중이 떨어졌다.

〈표2-8〉 연대항에서 화남으로 반출된 중국 상품의 교역액과 비중

연도	산두		하문		광주	
1865	837,371	42.0%	557,381	28.0%	97,851	4.9%
1875	652,229	30.6%	318,451	15.0%	42,021	2.0%
1885	779,980	20.0%	452,435	11.6%	59,321	1.5%
1895	797,334	12.0%	624,822	9.4%	277,713	4.2%
1904	1,186,261	13.2%	495,682	5.5%	192,493	2.1%
연도	복주		화남총액			
1865	218,649	11.0%	1,993,941	85.8%		
1875	20,080	0.9%	2,129,515	48.5%		
1885	12,891	0.3%	3,901,008	33.4%		
1895	3,666	0.1%	6,660,058	25.6%		
1904	46,652	0.5%	8,971,940	21.4%		

출전: 『中國舊海關史料』, 各 年版에 근거하여 작성함.
단위: 1865년 지부냥(芝罘兩), 1875년부터 해관냥(海關兩). 1海關兩≒1,044芝罘兩.

　위의 <표2-8>에서 보는 것처럼 개항 초기부터 중국 국내 상품이 대량으로 연대항에서 화남지역으로 반출되기 시작했다. 교역액은 1865년의 199만 냥으로부터 1904년의 897만 냥까지 계속 증가하였다. 그러나 화남으로 반출된 물량의 비중은 전체 물량에서 오히려 감소세를 보였다.

---

47) 『中國舊海關史料』, 2권, 12~17쪽.

개항 초기에 연대항에서는 주로 두병, 콩류와 면화가 반출되었는데 1865년의 경우 각각 75만, 45만, 19만 냥에 이르렀다.[48) 그 후 상해와의 교역이 급증함에 따라 1870년대부터 화남지역으로 반출된 국내 상품의 비중이 떨어져 평균 30~40%를 유지했고 1900년 이후 두병 반출량의 감소로 20%로 감소했다. 연대항에서 화남 경제권으로 반출된 비중은 감소되었지만 장기간에 걸쳐 두병과 콩류를 비롯한 상품을 30%내외의 점유율을 유지하였다.

개항장별로 살펴보면, 연대항에서 산두로 반출된 중국 국산 상품이 가장 많았고 화남 경제권에서 절반 이상의 큰 비중을 차지하였다. 하문과의 교역은 산두에 버금갔지만 광주와 복주의 교역액은 미미했다. 반입은 1895년까지 대만에서 들어온 물량이 10%가량을 차지했지만 대만으로의 반출은 없었다. 따라서 연대항과 화남 경제권과의 교역은 주로 산두와 하문을 중심으로 이루어지고 있었음을 알 수 있다.

이상을 통해서 연대항과 화남 경제권의 관계는 화중 경제권의 영향을 많이 받았음을 알 수 있다. 상해의 성장과 더불어 화남 경제권과의 교역이 쇠퇴하기 시작하였다. 그러나 화남 경제권은 연대항의 국내 교역에서 중요한 위치를 차지하였다. 특히 1880년대까지 연대항의 국내교역 중 절반 이상의 비중을 차지하고 있었다. 주로 화남의 설탕이 연대항으로 반입되었고 반대로 산동의 두병과 콩류를 화남으로 반출하였다. 이러한 교역은 산동과 화남 경제권을 연결시켜 주었다. 연대와 화남 경제권의 교역은 연대항이 중국 남북 교역망에서 어떤 역할을 하고 있는지 보여주고 있다.

화남 경제권에 특별한 개항장이 하나 있었는데, 바로 홍콩이다. 지리적으로 보면 홍콩은 화남 경제권에 속하지만 19세기 영국에게 점령되었

---

48) 『中國舊海關史料』, 2권, 21~22쪽.

기 때문에 연대항와 홍콩의 교역은 해관통계에서 국제무역으로 기록되었다. 연대항과 홍콩의 무역은 연대항의 국제무역에서 아주 중요한 위치를 차지하였다.

〈표2-9〉 연대항과 홍콩의 무역액과 비중

연도	1865	1875	1885	1895	1904
수입	472,106	477,907	435,825	1,120,955	2,273,577
	54.7%	53.3%	54.9%	52.1%	27.4%
수출	520,789	116,171	128,059	525,140	1,658,644
	97.3%	83.8%	73.1%	70.9%	44.7%

출전: 『中國舊海關史料』, 各年版에 근거하여 작성함.
단위: 1865년 지부냥(芝罘兩), 1875년부터 해관냥(海關兩). 1海關兩≒1.044芝罘兩.

위의 <표2-9>에서 보는 바와 같이 연대항과 홍콩 사이의 교역은 연대항의 국제무역에서 매우 높은 비중을 차지한다. 특히, 연대항의 중국상품의 국제수출 측면에서 홍콩은 더욱 큰 역할을 하였다. 홍콩과의 무역은 청일전쟁을 기점으로 나눌 수 있다. 청일전쟁까지 수입에서 홍콩은 평균 50% 이상의 비중을 차지했고 수출은 점차 감소했지만 그래도 70% 이상의 큰 비중을 차지하고 있었다. 그 후 홍콩과의 무역이 차지하는 비중은 수입에서 27%, 수출에서 40%로 떨어졌다. 이는 청일전쟁 이후 일본으로 수출하는 물량과 일본에서 수입되는 물량이 폭발적으로 증가했기 때문이다.

또한, 연대항의 국제무역에서 홍콩이 차지하는 비중이 점차 떨어지는 추세를 보였음에도 무역액은 계속 증가하고 있었다. 수입액은 1865년의 47만 냥에서 1904년의 227만 냥으로 5배가량 증가하였고 수출액은 52만 냥에서 166만 냥으로 증가하여 3배가량 성장하였다. 특히, 청일전쟁 이후 무역비중이 대폭 감소했지만 무역액은 오히려 2~3배로 증가하였다.

이는 연대항과 일본사이의 무역이 더욱 급속도로 성장했기 때문이다.

홍콩으로 수출한 상품은 주로 국외로 재수출하는 것이었다. 초기인 1865년에 홍콩으로 수출한 상품은 주로 콩류, 면화와 당면이었다.[49] 당면의 수출은 1890년의 17만 냥에서 1895년의 32만 냥을 거쳐 1904년의 78만 냥으로 증가하여 연대항의 수출품목 중 가장 중요한 상품이 되었다.[50] 홍콩을 통해 외국으로 재수출한 화물은 상해를 거쳐 외국으로 재수출한 화물의 양에는 미치지 못하지만 홍콩은 연대항을 국제무역망에 편입시키는 창구였다. 연대항과 홍콩을 통해 산동의 상품은 세계시장으로 수출되었고 수입된 외국의 상품은 산동 배후지로 유입되었다. 따라서 화남 경제권에 위치한 홍콩은 연대항 국제무역망에서 빠뜨릴 수 없는 대외교역창구였다.

(4) 조선 경제권

인천개항 이후 연대항과 조선 사이에 무역의 창구가 열렸다. 연대와 조선의 무역이 연대항의 국제무역에서 차지하는 비중과 그 무역액은 아래와 같다.

〈표2-10〉 연대항과 조선의 무역액과 비중

연도	무역액/비중	직접무역		재수출무역	
		수입	수출	외국상품 재수출	중국상품 재수출
1883	무역액	189	0	0	0
	비중	0.0%	0.0%	0.0%	0.0%
1886	무역액	7,878	6,601	12,488	5,718
	비중	1.0%	1.8%	93.7%	63.0%

---

49) 『中國舊海關史料』, 2권, 9~10쪽.
50) 『中國舊海關史料』, 16권, 99~100쪽; 23권, 88~89쪽; 39권, 205~207쪽.

1890	무역액	6,781	23,649	36,118	18,667
	비중	0.8%	6.5%	97.2%	77.8%
1896	무역액	321,997	69,350	27,896	21,739
	비중	10.3%	6.0%	42.7%	46.8%
1900	무역액	407,841	88,676	39,912	29,455
	비중	8.6%	4.5%	27.8%	46.4%
1904	무역액	782,817	77,581	60,076	65,011
	비중	9.4%	2.1%	56.2%	28.0%

출전: 『中國舊海關史料』, 各年版에 근거하여 작성함.

단위: 해관냥

위의 <표2-10>에서 알 수 있듯이 1883~1904년 사이에 연대항와 조선 사이의 직접 무역총액이 연대의 국제무역에서 차지하는 비중은 10%에 불과했다. 특히, 개항 초기 1883년에 무역액은 189냥이었는데, 그 비중은 0.1%도 되지 않았다. 청일전쟁 이후 조선에서 수입한 화물의 비중은 10%를 차지했고 조선으로 수출한 중국상품은 5% 정도를 차지하였다. 연대항의 대조선 수출품은 고철, 성냥, 유리, 면제품 등이 있었다.[51] 연대와 조선의 직교역은 미미했다고 할 수 있다.

연대항에서 조선으로 재수출된 물량이 많지는 않았지만 비중을 살펴보면 완전히 다른 양상을 보이고 있다. 인천개항 당시 조선으로 재수출한 화물은 거의 없었지만 1886년에 이르러서 조선으로 재수출한 외국상품은 연대항 외국상품 재수출에서 93%를 차지하였고 1890년에는 97%에 달했다. 그 후 점차 비중이 감소했지만 대체로 40~50%의 비중을 유지하고 있었다. 조선으로 재수출한 중국 상품의 비중은 수입상품의 양에는 미치지 못하지만 1900년대까지 연대항에서 재수출된 중국상품의 절반 이상에 해당하는 큰 비중을 차지하였다. 연대항에서 조선으로 수출된 상품은 대부분 상해에서 들여와서 조선으로 재수출된 것이었다.

---

51) 『中國舊海關史料』, 152권, 55쪽.

이상에서 볼 수 있듯이 조선은 연대항의 중요한 재수출대상국이었다. 조선은 연대항을 통해 외국의 상품을 받아들이면서 세계시장에 간접적으로 편입되었다. 그리고 연대항은 상해를 비롯한 중국 남방의 개항장에서 수입한 외국상품과 중국상품을 다시 조선으로 재수출하는 기지가 되었다. 즉, 연대항은 남북무역망과 동서무역망의 중심에 위치한 항구였다고 할 수 있다.

또한, 연대항과 조선 사이의 무역액이 연대항의 국제무역총액에서 차지하는 비중은 가장 많을 때도 10%를 넘지 못했지만 이 무역량은 조청무역에서 큰 비중을 차지하였다.

〈그림2-3〉 연대항과 조선 사이의 교역이 조청무역에서 차지하는 비중

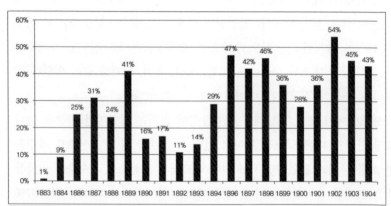

연도	1883	1884	1886	1887	1888
조청무역총액	13,922	64,091	131,736	200,413	316,878
연대항 무역총액	189	5,775	32,685	62,476	76,995
연도	1889	1890	1891	1892	1893
조청무역총액	320,536	526,347	580,980	597,409	525,899
연대항 무역총액	130,495	85,215	99,461	64,241	71,103
연도	1894	1896	1897	1898	1899
조청무역총액	1,332,226	940,038	1,394,574	2,039,055	1,536,864

연대항 무역총액	381,158	440,982	590,313	945,510	559,814
연도	1900	1901	1902	1903	1904
조청무역총액	1,992,598	1,692,124	2,304,427	2,684,949	2,270,015
연대항 무역총액	565,884	608,642	1,240,821	1,195,280	985,485

출전: 『中國舊海關史料』, 各年版에 근거하여 작성함.

단위: 해관냥

위의 <그림2-3>에서 나타나듯이 인천개항 초기인 1883년에 연대항과 조선의 무역은 조청무역에서 차지하는 비중이 1%에 불과했지만 1884년에는 9%로 늘어났고 1886년에는 25%로 증가하였으며 1889년에는 41%에 달하였다. 이는 연대항과 조선의 무역이 조청무역에서 차지하는 비중이 단기간에 급성장하였음을 보여준다. 그 후 1890년대 초기에 무역비중의 하락세가 나타나지만 청일전쟁까지 평균 20%대의 비중을 유지했다. 1894년부터 연대항-조선의 교역량이 조청무역에서 차지하는 비중이 급증하기 시작했는데, 1896년 47%에 도달했고 1902년에는 54%를 차지했다. 1894~1903년 10년 사이에는 평균적으로 40%대를 차지하고 있었다.

비슷한 시기에 중국 북방의 제일 큰 항구인 천진항과 조선의 무역 상황을 살펴보면, 1888년은 1만 냥, 1898년은 1.4만 냥, 1901년에 5만 냥에 이른 후 1903년에 2.6만 냥으로 하락했다.[52] 인천개항 초기에 연대항과 조선의 무역량은 천진의 수 배였고 1890년대 이후 천진의 수십 배에 이르렀다. 연대항은 지리적으로 한반도와 가까워서 조선과의 대외무역에서 큰 비중을 차지했을 뿐만 아니라 같은 화북 경제권에 속한 천진에 비해서도 우세가 두드러진다. 조청무역의 각도에서 보면 연대항은 중국 측의 중요한 항구였던 것이다.

개항 초기에 연대항에서는 주로 조선으로 외국상품을 재수출했고

---

52) 姚洪卓, 『近代天津對外貿易研究』(天津古籍出版社, 2011), 附錄<表3>을 참조.

1890년대부터 조선에서 인삼을 대량으로 수입한 다음에 상해와 홍콩을 거쳐 중국 남방지역과 해외로 재수출했다. 따라서 연대는 조청무역에서 동서무역의 중계항으로서의 성격을 지니고 있었다. 조선은 연대항을 통해 면포 등 외국상품을 조선 국내시장에 유입하면서 동시에 조선의 인삼 등 토산품을 해외로 수출할 수 있었다. 이처럼 연대는 화북 경제권과 조선 경제권을 연결시킨 항구일 뿐만 아니라 중국 남방의 화중 경제권과 조선 경제권을 연결하는 데도 중요한 역할을 하였다. 더 나아가 화중 경제권은 중국에서 가장 큰 경제권이기 때문에 연대항은 조선 경제권과 세계 경제권을 연결시키는 역할을 했다고 해도 과언이 아니다.

한편, 해관통계에 근거하여 연대항과 조선 사이의 무역을 살펴보면 흥미로운 현상을 발견할 수 있다. 1890~1895년 사이에 연대항과 조선 사이의 무역은 연대항의 국내교역으로 통계되어 기록되어 있는데 조선으로 수출한 중국상품은 연대항의 중국 국내상품 수출로, 조선에서 수입한 외국상품은 연대항의 중국상품 수입으로 기록되어 있다. 1890년 이전의 어느 해에는 조선과의 무역이 국내교역도 아니고 국제무역도 아닌 별도의 교역으로 기록되어 있다. 그러다가 1896년부터 국제무역으로 통계되어 기록되기 시작했다. 해관자료는 서양인들이 편집한 자료이다. 따라서 연대항 조선무역의 분류는 서양인 눈에 보이는 조청관계의 변화를 보여주는 것이라고 할 수 있다.

(5) 일본 경제권

연대항의 동서 국제무역망에서 일본 경제권은 빠뜨릴 수 없는 부분이다. 일본 경제권이 연대항의 국제무역에서 차지하는 비중은 아래와 같다.

〈표2-11〉 연대항과 일본의 무역액과 비중

연도		1865	1875	1885	1895	1900	1904
수 입	무역액	61,997	44,490	88,187	238,875	2,048,130	3,532,570
	비중	7.2%	5.0%	11.1%	11.1%	43.2%	42.6%
수 출	무역액	13,494	19,613	1,924	31,199	668,913	1,959,379
	비중	2.5%	14.1%	1.1%	4.2%	27.8%	52.8%

출전: 『中國舊海關史料』, 各年版에 근거하여 작성함.
단위: 해관냥

　위의 <표2-11>에서 보는 바와 같이 연대의 개항부터 청일전쟁까지 일본이 연대항의 수입에서 차지하는 비중은 10% 안팎이었고 무역량은 10만 냥을 초과하지 못하였다. 1865년 일본에서 연대항으로 수입된 상품액은 6만 냥이었는데 그 중 해초(海草)가 70%를 차지하였다.[53] 그러나 1900년 이후 일본 국력의 성장과 일본인 양행(洋行)의 증설로 일본에서 수입된 외국상품은 연대항 외국상품 수입총액에서 40% 이상의 비중을 차지하여 일본은 연대항의 가장 큰 외국상품 교역상대국이 되었다. 무역액을 살펴보면, 청일전쟁 직후인 1895년 한 해에 총 24만여 냥의 외국상품이 수입되었는데, 일본에서 수입한 상품의 무역액은 1900년에 205만 냥에 이른 후 1904년에 353만 냥에 달해 1865년 무역액의 65배로 폭발적으로 증가하였다. 일본면사와 성냥은 일본의 주요 수출 상품이었다. 특히, 면사는 일본의 성장을 반영할 수 있는 상품이었다. 일본 면사와 홍콩을 통해 수입한 인도면사의 수입 비중은 아래와 같다.

---

53) 『中國舊海關史料』, 2권, 6~7쪽.

〈그림2-4〉 일본면사와 인도면사의 수입 비중

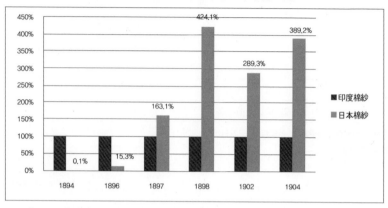

출전: 『中國舊海關史料』, 各年版에 근거하여 작성함.
비고: 인도면사의 수입량은 100으로 기준 점수가 됨.

위의 <그림2-4>와 같이 1894년에 일본면사의 수입량은 인도면사의 0.1%에 불과했으나 1896년에 15.3%를 차지했고 1897년에 인도 면사의 수입량을 크게 추월하여 163%에 이른 다음 1898년에는 최고치인 424% 에 달했다. 그 후에도 일본면사의 수입량은 대체로 인도 면사의 3~4배 에 달했다. 1896~1898년 사이에 일본면사 수입의 급증은 연대항과 일 본과의 국제 무역관계가 더욱 밀접해졌다는 것을 설명한다. 또한, 인도 면사는 주로 홍콩을 통해 수입 되었는데 인도면사의 쇠퇴와 일본면사의 흥성은 연대항 국제무역 수입 경로의 변화를 보여준다.

중국상품 수출의 경우도 마찬가지였다. 청일전쟁 이전 일본으로 수출 한 중국상품은 연대항 중국상품 수출에서 10%에 불과했으나 그 후 급 성장하기 시작하였다. 1900년 37만 냥으로 27.8%에 이른 다음에 1904 년 196만 냥, 52.8%로 증가하였다. 이로써 일본은 홍콩을 추월하여 연 대항의 가장 큰 중국 상품 수출 대상국이 되었다. 개항 초기에 연대항에 서 일본으로 수출한 상품은 주로 견주(繭紬), 약품과 콩류였다.[54] 1898

년 이후 대일본 수출의 주요품목은 야잠사와 견주였는데 일본은 이것을 가공한 다음 유럽으로 수출하였다. 청일전쟁 이후 일본으로 수출한 두병도 적지 않았다. 이처럼 청일전쟁 이전 연대항과 일본사이의 교역이 연대항 국제무역에서 차지하는 비중은 미미했지만 청일전쟁 이후 일본 경제권은 연대항의 교역상대 중에서 가장 큰 국제무역 상대가 되었다.

연대항의 국제무역에서 일본 경제권과의 교역이 날로 증가하면서 홍콩과의 교역이 쇠퇴하는 추세가 나타났다. 청일전쟁 이전 연대항의 국제무역에서 1위를 차지한 무역상대는 홍콩이었다. 홍콩으로 수출된 상품은 다시 유럽으로 재수출되었다. 즉, 홍콩은 연대항의 국제무역에서 중계항의 역할을 담당하고 있었다. 그러나 청일전쟁 이후 일본은 연대항의 가장 큰 국제무역 창구가 되었다. 연대항 국제무역의 주요 대상이 연대-홍콩 사이의 남북교역으로부터 연대-일본 사이의 동서무역으로 바뀌었다. 연대항 국제무역의 성격도 홍콩을 통한 간접무역으로부터 일본까지의 직접무역으로 바뀌었다. 또한 연대항을 통해 수출한 상품은 주로 야잠사, 약재와 두병 등 원료였고 일본에서 수입한 상품은 주로 면사와 성냥 등 공산품이었기 때문에 산동지역은 점차 일본 공업원료의 원산지와 일본상품의 소비시장으로 전락되었다. 이를 통해 일본 경제권이 연대항 국제무역의 성격 변화에 큰 영향을 미쳤다는 것을 알 수 있다.

---

54) 『中國舊海關史料』, 2권, 9쪽; 3권, 132쪽.

Ⅲ. 무역과 연대의 발전

1. 동해관의 설립과 항구관리[1]

　연대의 발전과 무역의 성장은 상호 밀접한 영향을 주고받는 관계이다. 무역의 성장은 연대의 발전을 촉진시켰고 도시의 발전도 연대항의 무역을 활성화시켰다. 동해관의 설립과 항구관리는 도시발전이 무역에 영향을 강하게 미친 사례라고 볼 수 있다.

　동해관(東海關)은 산동해관(山東海關)이라는 뜻으로[2] 연대의 개항과 더불어 설립되었다. 동해관의 설립연도에 대한 학설은 세 가지가 있다. 즉, 1861년 설[3], 1862년 설[4]과 1863년 설[5]이 그것이다. 그 중에서 1862년 설과 1863년 설은 근거자료가 없어 신빙성이 떨어진다. 1861년 설은 상대적으로 믿을 만한 것이다. 정서명(丁抒明)은 주접(奏摺)을 자료로 삼아 동해관의 설립 시기에 대해 연구했는데 그의 연구에 따르면 주접에는 동해관의 설립자에 대한 기록은 서로 다르지만 설립연도는 1861년으로 같다고 하였다.[6] 1862년 3월 산동순무(山東巡撫)의 주접[7]에는 이미 동해관이라는 용어를 사용하고 있었다. 따라서 동해관의 설립연도는

---

1) 이 부분은 「煙臺의 개항과 東海關의 항구관리」(『사림』40호, 2011)의 일부로 발표하였다.

2) 阿美德(A.G.Ahmed), 『圖說煙臺(1935~1936)』(齊魯書社, 2007), 18쪽.

3) 丁抒明, 「東海關設關考略」(『近代史研究』, 1985), 314~317쪽; 孫祚民, 『山東通史』(山東人民出版社, 1992), 502쪽.

4) 邊佩全, 『煙臺海關史槪要』(山東人民出版社, 2005), 前言.

5) 山東省政協文史資料委員會, 『山東工商經濟史料集萃』 第二輯 (山東人民出版社, 1989), 140쪽; 陳詩啓, 『中國近代海關史』晚淸部分 (人民出版社, 1993), 86쪽.

6) 丁抒明, 앞의 논문, 317쪽.

7) 『中國第一歷史檔案館檔案』, 「奏報沿海稅務歸東海關經征, 舊設釐局捐扔由省局辦理」.

1861년 이전일 가능성이 매우 크다.

동해관은 연대에 최초로 등장한 공식적인 징세와 선박관리 기구이다. 그러나 해관 설립 초기에는 관할범위가 좁아서 연대항만 포함하고 세금 징수만 하였다. 연대를 경유한 상선은 해안에 마음대로 정박해서 화물을 하역하거나 탈세를 했는데 천진과 우장에 비해 그 정도가 더욱 심했다.[8] 게다가 연대는 지방관아의 소재지가 아니었기 때문에 점점 많아지는 외교업무를 처리하지 못했다.

이런 문제를 해결하기 위해 1862년 청은 등래청도(登萊靑道: 청나라 때 산동 연해지역의 관부명)를 래주(萊州)에서 연대로 옮겼다. 3월에 동해관감독아문(東海關監督衙門)이 설립되었고 등래청도 도대(道台: 청조의 관직, 省과 府 사이의 장관)인 숭방(崇芳)은 초대 동해관 감독을 담당하게 되었다. 그는 원래 리국이 징수하던 산동 연해의 세금과 리금을 모두 도대의 관할범위에 귀속 시켰고 호관(戶關)을 개설하여 상세(常稅:경상세)를 징수하기 시작하였다. 호관의 관할범위가 매우 넓었는데 당시 동해관감독아문은 산동해관의 총관(總關)으로서 산동 연해 지역의 5부 16현 23구를 관리하였다. 1862년에 호관이 관리한 지역은 아래와 같다.

〈표3-1〉 1862년 호관의 관리지역

府	州/縣	港口
武寧府	利津縣	鐵門關口
	沾化縣	陳家廟口
	海豊縣	埕子口
青州府	諸城縣	陳家官莊口
萊州府	掖縣	海廟後口
		太平灣口
		虎頭崖口
	昌邑縣	下營口

---

8) 譚鴻鑫,『老煙臺春秋』(內部資料, 2002), 38쪽.

	卽墨縣	靑島口
		金家口
	膠州	塔埠頭口
沂州府	日照縣	柘汪口
		夾倉口
		濤雒口
登州府	黃縣	龍口
	蓬萊縣	天橋口
	福山縣	煙臺口
	寧海縣	糸山口
	文登	威海衛口
		張家埠口
	榮成縣	石島口
		俚島口
	海陽縣	乳山口

출전: 『煙臺海關史槪要』 11쪽에 근거하여 작성함.

　해관과 호관은 설립 초기에 모두 동해관이라 불렸다. 어느 때는 이 둘을 구별하기 위해 전자를 '동해양관(東海洋關)'이라 부르고 동해양세(東海洋稅)를 징수하였으며, 후자를 '동해상관(東海常關)'이라 부르고 '동해상세(東海常稅)'를 징수하였다. 그 후 세관을 동해관이라 부르고 호관을 연대상관(煙臺常關) 혹은 연대대관(煙臺大關)이라 불렀다.

　개항 초기에 연대항은 부두시설이 없었기 때문에 상선은 해안과 멀리 떨어진 해면에 정박했다. 직원들은 세금징수를 위해 작은 배를 이용해서 외국 선박에 승선해서 검사해야 했다. 그러나 외국 상인들은 중국어를 몰라 의사소통을 못한다는 명목으로 협조하지 않았고 동해관은 외국상인과의 소통을 위해 외국직원을 고용하게 되었다.[9]

　1863년 영국인 한넨(C.Hannen)이 동해관세무사(東海關稅務司)에 부임한 것은 해관권(海關權)이 외국인의 손아귀에 떨어진 것을 상징한다.[10]

---

9) 譚鴻鑫, 위의 책, 39쪽.
10) 앞의 1863년 동해관 設立說 역시 이 사건에 근거하여 결론을 도출한 것이다.

그렇지만 한넨이 부임한 1863년 이후 한넨을 비롯한 역대 세무사는 역사
상 가장 완벽한 연대항의 교역자료를 남겨 놓게 되었다.

『역대세무사일람표(歷任稅務司一覽表)』를[11] 보면 청 말까지 동해관
에 부임한 92명 세무사 중 중국인은 한 명도 없었다. 대부분 영국 사람
이 담당하였고 독일인, 미국인이 몇 명 있었다. 1914년 이후 일본인 세
무사가 출현하기 시작하였고 프랑스, 네덜란드 등의 세무사도 나타났는
데 이는 연대에서의 각국 세력의 흥망성쇠를 반영한다. 1930년대 이후
중국인 세무사가 해관에 부임하게 되었으나 대부분이 정직(正職)이 아니
거나 직위가 낮았다.

『동해관직원결구도(東海關職員結構圖)』를[12] 보면 동해관의 직원은
세무직원(稅務職員)과 항무직원(港務職員) 두 종류로 나뉘며, 세무직원
은 내근(內班人員), 외근(外班人員)과 순찰(巡邏人員)직으로 나뉘어 세
금징수, 잡역, 통계, 건축, 검사와 순찰 등 역할을 담당하였다. 항무직원
은 기술(工程人員), 순찰(巡工人員), 항구업무(港務人員), 등대관리(管理
燈塔人員)와 운송(運輸人員)으로 나뉘었다. 해관인원, 특히 주요한 부서
의 직원의 임면권은 외국인이 장악하였다.[13]

동해관은 외국인의 통제 하에 운영됐으나 그들은 연대항의 관리와 발
전에 긍정적인 역할도 하였다. 연대항은 개항 초기에 중국 북방연해에서
가장 큰 항구였으며 국내외의 상선이 운집하는 항구로서 수출입무역액
이 천진과 우장 두 항구의 무역액을 합친 액수의 두 배에 달했다. 특히
한넨이 부임한 후에는 항구관리를 강화하기 시작하였다.[14] 1863년 동해
관은 『연대구동해관장정(煙臺口東海關章程)』과 『선척진구장정(船隻進

---

11) 邊佩全, 앞의 책, 93~104쪽.
12) 邊佩全, 앞의 책. 105~106쪽.
13) 李軍, 「晚淸東海關初步硏究」(蘇州大學 碩士學位論文, 2007), 19쪽.
14) 邊佩全, 앞의 책. 106~107쪽.

口章程)』을 반포하여 항구관리를 정상적인 궤도에 올려놓았다. 장정의
구체적인 내용은 아래와 같다.

연대구동해관장정(煙臺口東海關章程)[15]

1. 연대구는 지부도(芝罘島)의 동쪽에서 공동도(崆峒島)의 북동에 이르고 공
   동도의 남쪽에서 해안까지 이르는 곳이다.
2. 선주는 먼저 세관에 신고하여 준단(准單)을 수령해야 하화(下貨), 발화(撥
   貨)하거나 사사입해(卸沙入海)할 수 있다. 또한 왕래서함에 '세관세무사
   에 상납'이라고 표기하여 제출한다.
3. 선박이 입항하려면 영사관에 신청하고 보단(報單), 선지(船紙)와 입구창단
   (入口艙單)을 수령하고 화색(貨色), 호수(號數)와 근량(斤兩)을 표기한다.
   세관이 화물을 검사한 후 준단을 발급한다.
4. 모든 입항 선박은 48시간 이내에 세관에 신고해야 하고 늦어지면 和約에
   의거하여 처벌한다.
5. 입항할 때는 기화(起貨) 시 납세하고 출항할 때는 세금을 완납해야 하화한다.
6. 기화 장소는 산변부두(山邊埠頭)나 화민주소(華民住所) 동쪽에서만 허용
   된다.
7. 모든 선박이 출항하면 출구창단(出口艙單)을 제출하여 검사받은 후 세관
   이 홍단(紅單)을 발급하여 통과시킨다.
8. 모든 기화, 하화와 사사는 일요일을 제외하면 오전 6시부터 오후 6시까지
   허용한다. 일요일의 세관 업무시간은 오전 10시부터 오후 4시까지다.

위의 연대구동해관장정에서 알 수 있듯이 동해관은 항구를 엄밀하게
관리하기 시작했다. 첫째, 연대항 운영의 범위·장소와 시간에 대한 규정
을 반포하였다. 우선, 제1조에서 연대항의 범위를 확정했다. <지도3-1>
을 살펴보면 연대항은 지부도(芝罘島)의 동쪽에서 공동도(崆峒島)의 북
동에 이르고 공동도의 남쪽에서 해안까지 이르는 곳이다. 제1조의 내용
이 일반적으로 가장 중요한 것이다. 연대항 범위와 관련된 규정을 확정
한 것은 이전에는 대부분 선주(船主)가 연대항의 범위를 잘 몰라서 함부

---

15) 邊佩全, 위의 책, 56~57쪽.

로 정박한 경우가 많았다는 것을 보여준다. 다음으로, 경유한 상선은 해
안에 임의로 정박해서 화물을 하역하는 것을 금지하기 위해 제6조에서
하역의 장소를 산변부두(山邊埠頭)나 화민주소(華民住所) 동쪽으로 한
정하였다. 마지막으로, 연대항의 작업 시간은 오전 6시부터 오후 6시까
지 허용하되 일요일에는 오전 10시부터 오후 4시까지로 규정하였다. 이
러한 연대항의 범위와 근무 시간을 확정한 것은 연대항의 관리를 한층
더 강화시킨 규정으로 그 의의가 크다.

〈지도3-1〉 연대항 지도

출전: 『中國舊海關史料』, 插圖 152-6에 근거하여 필자가 수정한 것임.

둘째, 세관신고의 절차에 대해 상세하게 규정하였다. 우선, 제2조와
제3조 및 제4조에서 입항신고의 절차를 규명하였다. 선주가 입항신고를
하려면 먼저 세관에 신고하여 준단(准單)을 수령해야 하며, 영사관에 신
청하여 보단(報單), 선지(船紙)와 입구창단(入口艙單)을 수령하고 화물
의 색, 수량, 무게를 표기해야 한다. 또한, 신고시간에 대하여 모든 입항
선박은 48시간 이내에 세관에 신고해야 하고 늦어지면 화약(和約)에 의

거하여 처벌한다고 규정하였다. 다음으로, 제7조에서는 선박의 출항에 있어서 출구창단(出口艙單)을 제출하고 검사를 받은 후 세관이 홍단(紅單)을 발급하여 통과시키는 것으로 절차를 명확히 규정하였다. 당시 중국에서 세관이 생소한 것은 아니었지만 세관신고의 절차를 잘 모르는 선주가 많았다. 신고절차를 명확히 하면 선주가 마음대로 고세율의 상품을 저세율의 상품으로 신고하거나 은폐 혹은 신고하지 않는 행위를 어느 정도 줄일 수 있었다. 동해관의 신고 절차에 대한 규정은 해관업무의 제도화, 규범화에 기여하였다.

셋째, 탈세를 근절하기 위한 내용을 규정하였다. 제5조에서 규정한 것처럼 입항할 때는 화물 적재 시 납세하고 출항할 때는 세금을 완납해야 하화(下貨)하는 것으로 규정하였다. 동해관을 설립하기 이전에 연대항의 세금징수는 혼란스럽고 탈세가 난무했다. 이 조항을 삽입함으로써 납세 기일이 명확해져 세금징수에 긍정적인 영향을 미쳤다.

1863년 반포된 연대구동해관장정은 연대항의 위치와 하역장소를 명확히 한정했을 뿐만 아니라 선박 입출항의 신고절차도 엄밀하게 규정하였다. 따라서 이 장정의 반포는 연대항의 역사에 획기적인 전환점이 되었다. 1863년에 동해관이 반포한 또 하나의 중요한 장정은 입출항 선박을 전문적으로 관리하는 동해관선척진구장정(東海關船隻進口章程)이다. 이 장정의 구체적인 내용은 아래와 같다.

동해만선지진구장정(東海關船隻進口章程)[16]

1. 모든 입항 선박은 사석[바닥짐]을 항만 안에 임의로 버리면 안 되고 작은 배를 이용하여 외항(外港)에 버려도 안 된다. 장정 위반시 선주에게 은 200냥의 벌금을 부과한다.
2. 공휴일에 선원들은 상륙하지 못한다. 사고를 일으키거나 물건을 파괴한 자 있으면 선주가 배상해야 한다. 또한 은 50냥의 벌금을 부과한다.

---

16) 邊佩全, 위의 책, 57쪽.

　3. 모든 선박은 항구 안에서 폭죽을 터뜨리려면 사전 통보해야 한다. 위반하
　　면 은 20냥의 벌금을 부과한다.
　4. 모든 선박은 출항하려면 24시간 이전부터 파란색 기를 게양한다.
　5. 외국선박은 입항하려면 본국의 국기를 게양해야 한다. 중국과 계약을 맺지
　　않은 국가도 연대에서 거래할 수 있다. 단 규칙에 의해야 한다. 위반 시
　　벌금을 부과한다.

　위의 동해관선척진구장정에서 보이는 바와 같이 동해관은 입출항하는
선박에 대해 엄격하게 관리하기 시작했다. 구체적으로 살펴보면 제2조를
제외한 모든 조항은 선박에 대한 관리조치이다. 우선, 동해관은 모든 입
항 선박에 대하여 사석(砂石: 바닥짐)을 항만 안에 임의로 버려도 안 되
고 작은 배를 이용하여 외항(外港)에도 버리지 못하게 규정하였다. 연대
항은 천연항구라 수심의 한계가 있었는데 적재량이 큰 선박은 부두에 정
박하지 못하고 작은 배를 이용하여 하역해야 한다. 선박이 함부로 바닥짐
[선체의 안정을 유지하기 위하여 배의 바닥에 싣는 석탄, 돌, 쇠 따위의
무거운 물건]을 항구에 버리면 내항의 수심이 얕아진다. 동해관이 이 조
항을 위반할 때 가장 많은 벌금인 은 200냥을 부과한다고 한 것을 보면,
이 규정을 반포하기 이전에 선주들이 함부로 바닥짐을 항구에 버리는 혼
란스러운 장면을 상상할 수 있다. 또한 선박이 출항할 때 안전과 번영을
기원하며 폭죽을 터뜨리는 관습이 있는데, 동해관은 제3조에서 모든 선
박은 항구 안에서 폭죽을 터뜨리려면 사전 통보해야 한다고 지정하고 위
반 시 은 20냥의 벌금을 부과한다고 하였다. 다음으로, 입출항 선박을 명
확히 구별하기 위해 깃발 제도를 도입하였다. 제4조, 제5조와 같이 모든
선박은 출항하려면 24시간 이전부터 파란색 기를 게양하며 외국 선박은
입항하려면 본국의 국기를 게양해야 한다고 규정하였다. 이 조항은 선박
관리업무의 능률을 향상시키는 데 매우 의의가 있는 조항이다.
　선박 이외에 제2조에 선원에 대한 관리 조항도 있다. 공휴일에 선원

들은 상륙하지 못하는데 만일 사고를 일으키거나 물건을 파괴한 자가 있
으면 선주가 배상하도록 규정하였다. 이 조항을 위반하면 제1조에 이어
두 번째로 많은 50냥의 벌금을 부과하도록 규정하였다. 벌금의 많고 적
음으로 문제의 심각성을 짐작할 수 있는데 이 조항을 실시하기 이전에
선원들이 휴일에 뭍에 상륙하여 질서를 어지럽히는 바람에 항구가 혼란
스러워지는 상황을 상상할 수 있다.

또한, 제5조에서는 중국과 계약을 맺지 않은 국가도 연대에서 거래할
수 있다는 조항이 있다. 이는 동해관의 격려 조치라고 간주해도 무방하
다. 이 조항은 1863년까지 연대항이 개항한 지 몇 년 안 되어 입출항
선박이 많지 않은 상황에서 동해관이 적극적인 조치를 실시하여 무역을
촉진시키려는 의도를 보여준다.

따라서 연대구동해관장정과 동해관선척진구장정의 반포로 연대항의
관리는 규범화 시대로 들어가기 시작했다. 동해관은 항구를 관리할 때
의거할 규칙을 만들고 규칙을 위반했을 때 벌금을 부과하는 기준도 정했
다. 이러한 동해관의 항구관리는 자연히 연대항의 발전을 촉진시켰다.
1863년 위의 두 개 장정을 반포한 후 연대항에 입항 한 선박수와 적재량
및 동해관이 징수한 세금은 아래의 표와 같다.

〈표3-2〉 연대항 입항 선박수/적재량/세금수입

연도	선박 (척)	적재량 (톤)	세금 (兩)
1863	674	208,594	156,152
1864	900	279,449	228,921
1865	908	293,972	243,514
1873	1,189	519,012	277,452
1883	1,340	907,124	272,577
1893	1,565	1,350,525	358,200
1903	4,504	3,068,506	802,086

출전: 『煙臺海關史槪要』, 87~90쪽.

위의 <표3-2>에서 나타나듯이 1863년 이후 연대항에 입항한 선박의
수와 적재량은 모두 증가했다. 구체적으로 1863년과 1864년의 통계를
비교해보면 선박 수는 674척에서 900척으로, 적재량은 21만 톤에서 29
만 톤으로, 세금은 16만 냥에서 23만 냥으로 모두 30~40%의 증가폭을
보여준다. 1863년과 1903년을 비교하면 선박수는 1863년 674척에서
1903년 4,504척으로 증가하였고 적재량은 20만여 톤에서 300만여 톤으
로 15배가량 증가하였다. 선박의 적재량이 선박 수에 비해 많이 증가한
원인은 배수량이 더 큰 윤선이 연대에 많이 입항했기 때문이다. 또한 세
금징수도 증가세를 보였다. 1863년 세금수입은 15만 냥이었는데 1903년
에 이르러 80만 냥을 넘어섰다. 이는 교역량의 증가와 함께 동해관의 체
계적인 항구관리가 끼친 영향에서 기인한 결과라 할 수 있다.

동해관은 선박을 관리하면서 부두건설을 진행하여 항구시설의 근대
화를 추진하였다. 연대항의 인공부두는 1860년에 프랑스 군대가 연대를
점령했을 때 만든 것인데 규모가 매우 작았다. 그 후 1865년부터 동해관
은 1864년 동해관선초(東海關船鈔)에서 12,500냥을 지출하여 연대산 서
쪽에서 해관공서(海關公署)와 부두를 만들기 시작하여 이듬해에 준공하
였다. 이 부두는 연대 최초의 공용부두인데 해관부두(海關碼頭)라 불렸
고 전체 길이는 257미터에 달하였으며 500톤 급의 선박이 접안할 수 있
었다. 부두와 더불어 5톤급의 기중장치, 수사건물과 화물검사건물도 함
께 완공되었다.[17] 부두가 완공된 이후 많은 선박이 부두에 직접 정박하
여 하역할 수 있게 되었다. 또한 1867년에 동해관은 공동도에 등대를 만
들었다. 이 등대는 당시 동해관 대세무사(代稅務司)인 로손(T.G.Luson)
의 이름으로 명명되었다가 후에 '연대등대'로 개칭되었다. 이 등대는
1867년 5월 1일부터 사용되기 시작하였는데 20리 떨어진 먼 바다에서도

---

17) 丁抒明, 『煙臺港史』(現近部分)(人民交通出版社, 2008), 65쪽.

이 등대를 볼 수 있었다. 1905년 연대산(煙臺山) 등대가 완공된 이후 이 등대의 명칭은 공동도 등대로 개칭되었다.[18]

1865년부터 시작된 항구건설은 무역발전의 기초가 되었다. 항구건설 이후 세금징수, 검사와 하역은 더욱 편리해졌고 선박이 부두에 정박할 수 있게 되어 화물운송도 더욱 편리해졌다. 동해관의 항구건설로 연대항의 물동량은 계속 증가되었다.

〈그림3-1〉 연대항의 물동량 변화추이

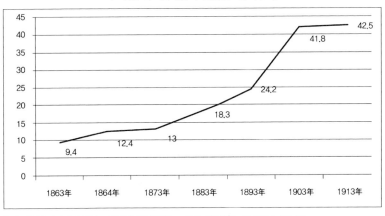

출전: 『近代山東沿海通商口岸貿易統計資料』, 129~130쪽에 근거하여 작성함.
단위: 만 톤

위의 <그림3-1>과 같이 연대항의 물동량은 1863년 9.4만 톤에서 1903년에 이르러 42.5만 톤으로 5배가량 증가했다. 특히, 1864년 연대항의 물동량은 12.4만 톤에 달했는데 이것은 1863년에 비해 30%가 늘어난 것이다. 연대항 물동량의 추이와 1864년의 증가폭은 모두 연대항의 발전을 증명해 주고 있는데, 이는 동해관의 항구관리와 건설에 힘입

18) 山東省煙臺市芝罘區地文史志編纂委員會, 『芝罘區志』(科學普及出版社, 1994), 11 쪽; 『老煙臺春秋』, 41쪽.

은 것이라 할 수 있다.

　이처럼 동해관의 항구관리가 연대항 무역의 발전을 촉진시킨 것은 사
실이다. 그러나 영국인의 통제 하에 운영된 동해관이 항구를 발전시킨
것은 연대나 중국을 위해 한 일이라고 할 수 없다. 동해관의 진정한 목
적은 중국에서 영국 무역의 확대를 도모하기 위한 것이었음은 두말할 필
요도 없다. 영국 선박이 연대항 입출항 선박에서 차지하는 비중은 아래
의 표와 같다.

〈표3-2〉 영국 선박의 연대항 입항수와 비중

연도	선박(척)	비중(%)	적재량(톤)	비중(%)
1865	454	50.0	173,014	58.9
1875	508	38.8	223,958	37.3
1885	897	63.0	691,022	63.7
1895	1,023	67.7	981,855	69.4
1905	1,427	33.9	1,736,660	54.6
1910	1,237	31.4	1,432,898	47.1

출전:『近代山東沿海通商口岸貿易統計資料』, 87~89쪽.

　위의 <표3-2>에서 보듯이 연대항에 입항한 영국 선박의 수량은
1865년 454척에서 1910년 1,237여 척으로 3배 증가했고 적재량은 1865
년 17만여 톤에서 1905년 170만 톤으로 10배 증가했다. 1900년 이후
일본세력의 성장과 청도의 개항으로 연대항 입항하는 영국 선박의 비중
이 감소하긴 했지만 여전히 영국 선박이 연대항의 입출항 선박에서 차지
하는 비중이 컸다. 특히, 영국 선박의 적재량은 더욱 큰 비중을 차지했는
데 1895년에는 연대항의 전체 선박의 70%에 이르렀다. 이는 영국의 선
박들이 적재량이 큰 배들이었기 때문이다.

　결론적으로, 동해관의 항구 관리는 객관적으로 연대항과 연대의 발전
을 촉진시켰지만, 나라의 관문인 해관의 권리는 영국인에 의해 좌지우지

되었고 항구의 관리도 영국중심으로 관리되었을 것으로 생각된다.

2. 연대 인구의 증가[19]

원대(元代) 연대 지역에는 어촌과 마을이 몇 개 있었고 인구는 수백
명을 넘지 않았다. 명대(明代)에 들어서서 연대에 기산소(奇山所)를 축
성한 후 타 지역에서 관병(官兵)들이 계속해서 파견되어 오면서 인구가
점차 증가했다. 명 말(明末)에는 인구가 2,500명 가량으로 증가하였
다.[20] 청대에는 외지에서 들어온 피난민과 상공업자들이 끊임없이 연대
로 유입되었다. 상인들은 교역의 편리를 위하여 장마당(集市) 주변에 점
포와 주택 등의 건축물을 지었으며 현지의 주민들도 수공업장, 여관, 식
당 등의 시설을 설치하였다. 아편전쟁 직전까지 장마당은 보다 규모가
큰 집진(集鎭)으로 발전하였고 도시의 모양을 갖추어 갔다. 이에 연대의
기능이 해안 방어를 위주로 하는 군사도시에서 집진무역(集鎭貿易)의
기능을 가진 도시로 그 성격이 변환되기 시작하였다.[21] 연대는 아편전
쟁 이후 항구무역의 번영에 힘입어 인구가 많이 늘어났으나 여전히 인구
규모가 작아서 근대도시라 부르기는 어려웠다.

교역이 증가함에 따라 도시 기능의 발전과 더불어 연대의 인구도 증
가하기 시작했다. 연대항 개항 이후 무역량의 증가로 많은 산동 내륙 지
역의 농민들 중에서 농업에서 상업으로 전업하는 사람들이 많아졌는데

---

19) 이 부분은 「煙臺近代貿易과 都市發展(1861~1910)」(『중국사연구』72집, 2011)의
   일부로 발표하였다.
20) 『芝罘區志』, 109쪽.
21) 『芝罘區志』, 137쪽, 142쪽.

이는 산동지역이 면적에 비해 사람이 많았기 때문이다.22) 이를 통해 알
수 있는 것은 개항 이후 무역의 발전이 연대 인구증가의 중요한 원인이
라는 것이다. 당시 인구에 대한 정확한 통계는 남아있지 않으나 동해관
의 통계로 그 규모를 짐작할 수 있다.23) 개항 이후 연대의 인구변화 추
이는 아래와 같다.

〈그림3-2〉 개항 이후 연대의 인구 변화 추이

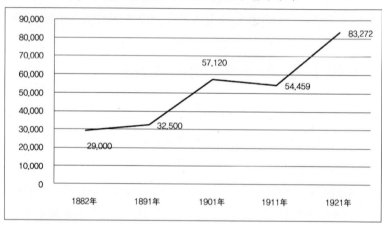

출전:『中國舊海關史料』, 152권, 66쪽; 153권, 68쪽; 155권, 234쪽; 156권, 204쪽의 통계에 근거
하여 작성함.
단위: 명

위의 <그림3-2>에서 보듯이 개항 후 20년이 지난 1882년 연대의 인
구는 29,000명이었다. 1882~1891년 사이 10년 동안 연대의 인구는

---

22) 李祖年,『文登縣志』, 卷一 風俗, 130쪽. "煙臺通商, 耕植之氓多揮鋤而負販, 懸犁而
持籌, 人多地少, 勢使然也."

23)『近代山東沿海通商口岸貿易統計資料』에는 1872~1893년 사이의 연대 인구 통계
가 기록되어 있다. 연대의 인구는 1872년 2.7만 명에서 1891년 3.25만 명을 거쳐
서 1893년 3.38만 명으로 증가하였다고 기록되어 있는데, 이 숫자는 해관통계와
큰 차이가 없다. (『近代山東沿海通商口岸貿易統計資料』, 250~252쪽.)

3,500명가량 증가했으며 1892~1901년의 10년 동안은 두 배로 증가하여 5만 7천명에 달했다. 이처럼 1890년대는 연대의 인구 급증시기였다. 그 후 청 말까지의 10년 동안에는 오히려 인구가 감소했는데, 청도 등 다른 지역으로 일자리를 찾아 떠나는 노동자 수가 증가하였기 때문이다. 이 시기는 당시 근대적 설비를 갖춘 청도 항구가 흥성하면서 연대항의 화물 교역이 청도항으로 옮겨 가서 연대항의 교역에 영향을 미쳤다. 그후 1921년에 연대의 인구는 8만 명을 넘었다.[24] 1910년대 연대 인구의 급증은 여성 노동자의 대량 유입에서 기인하였는데 그들은 주로 연대에서 헤어네트를 짜는 직업(發網編織業)에 종사했다.[25]

연대의 인구변화는 연대항 무역의 발전과 밀접한 연관성을 가지고 있다. 개항 이전 연대의 인구 통계는 찾을 수 없지만 작은 항구에 불과한 연대에 수만 명의 인구가 유입된다는 것은 항구를 중심으로 한 교역의 발전이 없이는 불가능한 일이다. 그 후 무역의 발전으로 1882년에 인구가 2.9만 명에 이르렀다. 1882부터의 10년 사이에 연대의 무역이 느리게 성장하였기에 이의 영향으로 인구도 느리게 증가하였다. 이에 반해 1894년부터 연대의 무역이 급성장한 시기에 들어가면서 연대의 인구도 3.2만 명으로부터 5.7만 명으로 급속히 증가하였다. 1900년대 중기 이후 청도의 개항으로 인해 연대항의 교역량이 완만하게 감소하였으며 연대의 인구도 소폭 감소하였다. 1910년대 이후 연대 인구의 증가는 사료에서 나타나듯이 헤어네트(發網) 무역의 흥성에서 기인한다. 따라서 연대항 교역량의 증가는 주변 지역민들에게 일자리를 창출하였고, 인구의 집중은 또다시 연대항 교역의 성장을 촉진하였다.

---

24) 『烟台要覽』에는 경찰통계를 통해서 1921년 연대 인구 통계를 기록하였는데, 당시의 호수는 14,663호(戶)였고, 남자는 61,261명, 여자는 27,065명이다. 즉, 동해관의 통계와 큰 차이가 없음을 알 수 있다. (『烟台要覽』, 第四篇, 第三章.)

25) 『中國舊海關史料』, 156권, 204쪽. "A quarter only are said to be women, though large numbers of women have come in as hair-net workers."

연대와 청도의 인구규모를 비교하면 인구와 무역의 큰 연관성을 더욱
뚜렷하게 알 수 있다. 1901년, 청도항은 개항한지 3년이 되었지만 연대
항의 교역량에 미치지 못하였다. 당시 연대의 인구는 이미 5만여 명에
달한 반면 청도의 인구는 1만여 명에 불과했다.26) 그러나 청도의 인구는
청도항 교역의 급성장과 더불어 급증하고 있었다. 1910년 청도항의 교
역량이 연대를 초과하였을 때 청도의 인구도 연대를 추월하였다. 1910
년까지 청도 조차지(租借地)의 인구는 16만 명에 달했고 청도 시내의 중
국인수도 3.4만 명이나 되었다.27) 이때부터 산동의 제일 큰 도시와 제일
큰 항구는 청도의 차지가 되었다.

연대항 무역의 발전으로 개항 이전에 없었던 새로운 직업이 나타나기
시작했는데 개항 이후 연대 인구의 구조는 아래와 같다.

〈표3-3〉 1891년 및 1901년 연대의 인구구조

업계	1891년			1901년		
	업체수	인원수	비중(%)	업체수	인원수	비중(%)
상업 및 기름집(油房) 등	1,660	9,620	29	1,780	13,000	23
여관	50	260	1	310	1,100	2
아편굴(煙館)	132	320	1	430	1,200	2
유곽(妓樓)	245	745	2	340	1,200	2
개인 숙박업소	435	2,175	7	800	4,800	8
세관 및 관공서의 노무자	-	350	1	-	420	1
양행(洋行)의 중국인 노무자	-	230	1	-	-	-
학자 및 지식인	-	250	1	-	-	-
행상인	-	5,500	17	-	-	-
항구 거룻배(舢板)	1,200	2,400	7	1,700	3,400	6

26) 青島市檔案館, 『帝國主義與膠海關』(檔案出版社, 1986), 63쪽.
27) 青島市檔案館, 위의 책, 17쪽.

부두 하역 노동자 등	-	10,650	32	-	32,000	55
외국인	-	370	1	-	655	1
총계	3,722	32,870	100	5,360	57,775	100

출전: 『中國舊海關史料』, 152권, 66~67쪽; 153권, 68~69쪽의 통계에 근거하여 작성함.

위의 <표3-3>과 같이 연대는 산동 최초의 개항 도시로서 인구 구조
상 독특한 특징이 있다. 그 중의 하나는 당시의 다른 지역과 달리 연대
에는 많은 종류의 다양한 직업이 있었다는 점인데, 이는 연대항 개항 이
후 무역의 발전과 밀접한 관계가 있다. 첫째, 부두 하역노동자 등 육체노
동자들이 가장 큰 비중을 차지하고 있다. 1891년에 쿨리와 노동자는 1
만여 명으로 전체 인구에서 32%를 차지했는데 행상인과 항구 산판의
인원수를 포함하면 전체 인구에서 56%로 절대적인 비중을 차지하고 있
다. 1901년의 경우도 마찬가지로 육체노동자의 인원수는 3만여 명으로
55%를 차지하였다.[28] 이것은 항구 교역의 과정에서 육체 노동장의 수
요가 증가하였기 때문이다. 철공 노동자도 전체 인구와 노동자 인구에서
큰 비중을 차지하고 있는데 1882년 500명에서 1891년 5,000명으로 증
가하였다. 이것은 내륙과 항구 사이의 화물 운송시 노새를 많이 이용했
기 때문에 노새 편자의 수요가 급증하였기 때문이다. 철공 노동자들은
주로 래주부(萊州府)에서 온 14~20세의 남자로 구성되었으며 노새의
편자부터 못까지 일상생활에서 사용하는 모든 철물을 만들었다.[29] 당시

---

28) 자료에는 명확히 언급되지 않지만 1901년의 통계는 행상인을 이미 포함한 것인
    것 같다.

29) 『中國舊海關史料』 152권, 67쪽. "The only local change in occupation worthy of
    note is the enormous increase in the number of iron-workers. In 1882 about 500
    hands were said to be thus employed, whereas the number today is estimated at
    5,000. The iron-workers are chiefly natives of Lai-chou-fu, about 3,000 being boys
    of from 14 to 20 years of age. They work up old iron into the hundred and one
    things of daily use, making anything from a junk anchor to a small nail; the work

연대항에서는 화물 하역 시 윤선을 부두에 직접 정박하지 못하고 산판을 이용해야 했으므로 항구 산판 노동자도 2~3천 명으로 전체 인구에서 6~7%의 비중을 차지하고 있었다.

둘째, 점포와 기름을 짜는 채유업(榨油業) 등 업소를 경영하는 상인들이 만여 명으로 20~30%의 비중을 차지하고 있다. 연대는 예전부터 콩류의 집산지였다. 개항 이후 연대항에서 콩류를 대량으로 수출했을 뿐만 아니라 기름공장도 많이 생겨나서 자연히 이 업종에 종사하는 노동자도 많아졌다. 그리고 이들에게 상품을 판매하는 상점도 연이어 많이 늘어났다. 쿨리와 노동자를 비롯한 저소득 육체 노동자의 증가는 행상의 증가를 유발하여 연대의 행상인 수가 전체 인구에서 17%에 이르게 되었다. 이로써 쿨리와 기름집 종사자 및 행상인등 연대항의 교역과 직접 관련된 인구의 비중은 전체 연대 인구의 90%이상을 차지하게 되었다.

셋째, 인구의 증가로 인해 이와 관련된 무역 및 생활 서비스업이 발전하였다. 우선, 양행에 고용된 중국인 노동자의 숫자는 1891년 230명으로 전체 인구에서 차지하는 비중이 1%에 불과했지만 그들의 경제적 지위는 다른 직업에 종사하는 사람들에 비해 상대적으로 높았다. 양행에서 일하는 중국인은 중외(中外) 교류의 중개자로서 연대 무역의 발전에서 중요한 역할을 담당하였다. 또한, 여관과 개인 숙박업소 등에 종사하는 사람이 수천 명으로 10% 정도의 비중을 차지하여 유동인구가 많은 항구도시의 특징을 반영하고 있다. 아울러 연대는 남자 인구가 절대적인 비중을 차지했으므로 그에 따라 유곽(홍등가)과 아편굴의 비중도 상당히 높았다. 매춘부가 인구수에서 큰 비중을 차지한 것은 당시 연대의 특징 중의 하나이다.

---

is rough but strong. Perhaps the chief articles made are mule shoes and nails, the demand for which is unceasing, as some 3,000 pack mules come into Chefoo daily, and as this is the terminus of their journey they are mostly re-shod here."

연대는 인구 유동이 활발한 지역이었다. 개항 이후 일자리의 증가와 인구의 유동은 남녀 성비의 불균형을 초래하였다. 도광 말년(1850년)까지는 남녀의 성비 균형이 대체로 유지되었으나 개항 이후 남자가 많이 유입되어 성비의 균형이 깨졌다. 외부에서 연대로 이주하는 사람들의 대부분은 농촌출신의 청장년들이었는데, 그들은 혼자서 고향을 떠나 연대에 와서 취업했기 때문에 1874년 연대의 남자 비율이 80%에 달했다.[30] 1890년대 이전에는 래주부(萊州府)와 등주부(登州府)에서 온 사람이 가장 큰 비중을 차지하고 있었다. 많은 사람들이 연대로 모여들었는데 그 중에서 일부는 다시 연대를 떠나 천진과 우장으로 가서 부두 하역 노동자로 일하는 사람도 있었고 블라디보스톡으로 가서 해초를 채집하는 사람도 많았으며, 북양함대(北洋艦隊)의 선원으로 고용된 사람도 있었다.[31] 1887년 청 정부의 허가를 받아 연대 상호의 담보를 통해 블라디보스톡에 간 사람은 모두 500여 명에 달했는데 대부분은 20~30세의 등주부(登州府)·래주부(萊州府)의 사람들이었다.[32] 1901년까지 연대를 떠나서 만주나 러시아에서 쿨리로 일하는 사람은 수천 명에 달했다.[33]

교역량의 증가와 항국의 발전은 인구의 이동을 촉진하며 인구의 유동은 교역의 발전을 촉진하기도 한다. 1900년대 이후 연대항에서 우장으

---

30) 『芝罘區志』, 112쪽.

31) 『中國舊海關史料』 152권, 66~67쪽. "Many Natives leave the port for Tientsin and Newchwang, where they are employed as cargo coolies; others go to Vladivostock during summer to collect seaweed; others, again, find employment as sailors on the vessels of the Peiyang Squadron."

32) 『中央研究院近代史研究所檔案』, 「華民初成元等240名由煙台赴琿春前往海參崴等處備工請發護照由」; 「華民王泰等50名由煙台赴琿春海參崴等處備工發給護照由」; 「煙台號商洪成福等呈報高東春等102名前往海參崴等處備工取結備查由」; 「咨報煙台號商洪順等報逢速環等102名往海參崴等處備工取保結備查由」.

33) 『中國舊海關史料』 153권, p.69. "The Native inhabitants are constantly changing; thousands of them leave the port for Port Arthur, Vladivostock, and Manchuria, where they are employed as coolies on the railroad or to collect seaweed."

로 반출된 중국상품의 증가는 중국 산동주민의 동북 지역으로의 이민의 증가에서 비롯되었다. 또한, 연대항과 러시아 사이의 무역량이 1899년 이전에 증가 추세를 보인 것은 현지에 산동인이 증가하였기 때문이다. 수출 상품은 주로 당면, 의류, 식량과 고기류가 주를 이루었다.34)

결론적으로, 개항 이후 연대 인구증가의 원인은 자연 증가가 아니라 외래 인구의 대량 유입 때문이었고, 특히 1890년대 이후 발전한 노동집약형 근대 수공업이 연대 인구 증가의 결정적인 요소였다. 따라서 연대항 교역의 발전은 연대 인구 증가의 가장 큰 요인이 되었다. 이와 동시에 인구의 증가는 또한 교역의 발전을 촉진하는 순환구조를 만들었다.

개항 이후 연대에 주재하는 외국인들도 증가했다. 연대 주재 외국인은 1871년까지 모두 159명이었는데 그 중 영국인이 65명으로 가장 많았고, 그 다음으로 미국인과 독일인이 각각 27명과 25명이었다. 159명 가운데 140명은 연대에 주재하고 10명의 미국 선교사는 등주에 거주했으며 해군 등 9명은 연근해 도서 지방에 거주했다.35) 직업별로 살펴보면 해관 직원, 선교사와 해군이 가장 많았다. 연대 외국인의 수는 계속 증가하여 1882년에 250명, 1891년에 370명, 1901년에는 655명으로 늘었다.36) 1891년에 연대 주재 각국 영사관에 등록된 외국인 중 170명은 연대에 거주하고 200명은 산동 내지에서 활동하였다. 그 중에서 선교사가 가장 큰 비중을 차지하였고 관공서나 북양함대(北洋艦隊)에서 일하는 외국인도 있었다.37) 1901년의 기록을 보면 외국인 중 293명은 연대에

---

34) 劉素芬, 『烟台貿易硏究(1867-1919)』(台灣商務印書館, 1990), 15쪽.

35) Embassy and consular commercial reports in 1871 in 1871, pp.54~55 (Irish University Press, *Catalogue of British parliamentary papers in the Irish University Press 1000-volume series and area studies series, 1801~1900: Irish University Press area studies series, British parliamentary papers: China*, Irish University Press, 1977).

36) 『中國舊海關史料』, 152권, p.67; 153권, p.69.

37) 『中國舊海關史料』, 152권, p.67. "missionaries, many of whom reside at the inland

거주하고 362명은 산동 내지에 거주하였는데 그 중 대부분이 선교사였다.[38] 1905년을 전후하여 연대 외국인의 수는 1,092명에 이르렀다. 일본인을 제외하면 대부분 외국인은 상인, 선교사, 관원 및 그들의 가족 등이었다. 구체적인 외국인의 수는 <그림3-3>과 같다.

〈그림3-3〉 청 말 연대 거주 외국인의 국적분포(1905년)

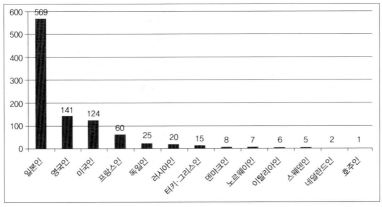

출전: 『淸國事情』, 420쪽의 통계에 근거하여 작성함.
단위: 명

위의 <그림3-3>에서 나타나듯이 청 말에 연대에 거주하는 외국인 수는 1,000여 명에 달했는데 이 숫자는 1901년에 비하면 두 배 가까이 증가한 것이다. 국적분포도 다양해져서 모두 14개국의 외국인이 있었다. 국가별로 보면 그 중에서 일본인이 제일 많아 569명으로 절반 이상을

cities, form great part of the increase, while a few of the new-comers are employed by the Chinese government at the weihaiwei naval station."

38) 『中國舊海關史料』, 153권, p.69. "The Foreign population registered at the different Consulates has increased since 1891 from 370 to 655; missionaries, many of whom reside at the inland cities, form a great part of the increase. Foreigners may be divided into 293 living in Chefoo and 362 living inland."

차지했고, 영국인은 141명으로 두 번째로 많았으며 미국인이 124명으로
그 뒤를 이었다. 그 이외에 독일, 프랑스, 러시아 등의 사람도 있었다.
 이상의 외국인들이 구체적으로 어떤 직업에 종사했는지 명확하지 않
지만 연대항의 교역량에서 가장 큰 비중을 차지하는 일본인이 가장 많았
다는 것은 국제 무역과 관련된 직업에 종사하는 외국인이 많았을 것으로
추측할 수 있다. 연대항에서 일본에 버금가는 무역 상대국은 홍콩인데
외국인 수 2위를 차지한 영국은 홍콩을 강점한 국가이다. 1900년대 이
후 미국에서 수입한 등유(燈油)의 증가로 미국은 연대항 수입상품 교역
액에서 16%로 세 번째로 큰 국제무역국이 되었는데 미국인도 연대에
주재한 외국인 수 3위를 차지했다. 또한, 1900년 이후 외국인이 급속히
증가한 시기에 연대항의 국제 무역도 빠른 속도로 성장하고 있었다. 따
라서 이 자료에는 연대에 거주한 외국인의 직업에 대한 기록이 없지만
이들 인원수의 변화와 무역량의 증감 사이에는 연관성이 있을 것이라는
것을 추측할 수 있다.
 다행히 외국인 중 가장 큰 비중을 차지하고 있는 일본인에 대한 기록
은 남아 있다. 서양인의 주요 직업이 선교사였던 반면에 일본인의 직업
은 다양해서 모두 45개에 달했는데 그중에서 무역과 관련된 직업이 적
지 않다. 직업별 인구 총수에 근거하여 일본인 직업에서 상위 10위에 기
록 된 것을 정리하면 아래의 표와 같다.

<표3-4> 1906년 연대 거주 일본인의 10대 직업

순위	직업	호수(호)	남(명)	여(명)	계(명)	비중(%)
1	잡업	17	30	22	52	9.1
2	숙박업	5	28	22	50	8.8
3	선원	22	22	25	47	8.3
4	연초제조업	4	17	22	39	6.9

5	선박업	6	23	5	28	4.9
6	잡화상	10	16	12	28	4.9
7	제과업	5	17	9	26	4.6
8	관리(官吏)	11	15	8	23	4.0
9	주점	4	7	12	19	3.3
10	사진사	3	11	7	18	3.2

출전: 『淸國事情』, 421~423쪽.

위의 <표3-4>에서 나타나듯이 전체 일본인 중에서 9.1%에 해당하는 52명의 일본인이 잡업에 종사하고 있었고 여인숙업[여관업]에 종사하는 숫자도 50명에 달해 8.8%를 차지하고 있다. 일본인이 경영하는 숙박업소에 투숙하는 사람에 대한 정보나 기록은 없지만 당시 연대항과 일본 사이의 무역이 번성했던 것을 고려하면 일본 상인들이 주로 거주 했을 가능성이 높다. 다음으로, 선원과 선박업에 종사하는 인원수를 합하면 모두 75명으로 13%를 넘는데 일본 항운 세력의 성장을 반영하는 것이다. 1905년에 연대항에 입출항한 일본 선박의 상황을 살펴보면, 선박 수는 1,110척에 달하고 배수량은 33만여 톤에 이른다.[39] 선박수를 따져 보면 일본은 이미 영국에 이어 두 번째로 많은 선박이 연대항을 출입하였다. 또한, 담배제조업은 39명으로 6.9%를 차지한다. 개항이후 담배는 연대항에서 취급하는 주요한 수입상품 중의 하나였다. 담배의 수입량을 보면 1860년대에 수백 담, 1770년대에, 1~2천 담, 1890년대 말까지 만여 담으로 급증했는데 1901년 이후에는 연대항의 교역품목에서 사라졌다.[40] 이는 연대에서 일본인들이 운영하던 담배 제조업의 발전과 밀접한 연관성을 보여준다. 일본인들이 연대에서 담배 제조업을 시작하였기

39) 『中國舊海關史料』 41권, 271쪽.
40) 『中國舊海關史料』, 각년판을 참조.

때문에 연대항으로의 담배 수입이 더 이상 필요하지 않았던 것이다. 잡화상인은 28명으로 4.9%를 차지한다. 이들이 구체적으로 어떤 상품을 취급하였는지는 알 수 없으나 연대 무역의 발전에 영향을 미친 것만은 틀림없다. 일본인이 운영하는 제과업을 통해 만들어진 과자류의 주고객이 어느나라 사람이었는지에 대한 기록을 찾기는 어렵지만 이 업종 또한 수공업으로서 상업의 번영에 일정한 영향을 미쳤다. 관리는 연대 주재의 일본영사관과 일본인으로 대체된 조선영사관에서 근무하였을 가능성이 크다. 마지막으로 일본인의 증가로 이들을 상대로 한 서비스업 중 술집과 사진관에 종사하는 일본인도 있었는데 총 37명으로 연대 거주 일본인의 6.5%를 차지한다.

그 밖에 시계와 약품을 취급하거나 요리사 등 서비스업 종사자도 적지 않았다. 특이한 것은 접대부(酌婦)와 게이샤(藝妓) 혹은 외국인의 첩으로 연대에 거주한 일본 여성이 38명으로 전체 여자 가운데 15%를 차지하고 있었다는 것이다.[41]

요컨대 일본인을 비롯한 외국인의 증가는 당시 연대 대외무역의 발전과 밀접한 연관성이 있다. 무역의 성장은 외국인에게 많은 상업 기회를 제공하고 현지 외국인의 활동은 대외무역을 더욱 촉진시키는 역할을 한다.

---

41) 『淸國事情』, 421~423쪽.

3. 수공업·금융업·통신업의 성장[42]

(1) 수공업의 성장

개항 이후 연대항 무역량의 증가는 수공업의 성장을 촉진시켰고, 수공업의 발전은 또한 산동의 중국상품 수출을 촉진시켰다. 그 중에서 가장 대표적인 사례는 채유업(榨油業)과 짚공예업(草辮業)의 성장이다.

연대 개항 이전 두병을 취급하는 상점이 있었지만 그 수가 매우 적었다.[43] 두병의 반출은 연대항의 개항과 더불어 늘어나기 시작했다. 1864년 연대는 모두 61.5만 담의 두병을 반출했는데 거래량이 은 49만 냥으로 연대항의 중국상품 반출에서 면화에 이어 두 번째로 많은 양을 기록하였다.[44] 1875년까지 두병의 반출량이 이미 106만 담, 은 78만 냥으로 연대항 중국상품 반출에서 30%이상의 비중을 차지했다.[45] 그 후 1900년대 중반까지 두병 반출은 대체로 100만 담을 유지하고 있었다. 중국 남방의 화남 경제권은 두병의 주요 소비시장이었다. 개항이후 두병의 대량 반출은 "연대교역망의 형성"과 밀접한 관계가 있는데, 산동과 화남지역을 연결하는 북양 항로는 두병의 산지와 시장을 연결시켜 두병의 남방 운송을 가능하게 하였다. 산동의 전통 수공업으로서의 두병 제조업은 개항 이전에도 존재했지만 개항 후에 반출량이 급성장했다. 이는 청의 정책에서 기인한 것이기는 하지만 그 근본 원인은 발달한 국내 교역망이었다.

---

42) 이 부분은 「煙臺近代貿易과 都市發展(1861~1910))」(『중국사연구』72집, 2011)의 일부로 발표하였다.

43) 民國 『福山縣志稿』 卷5, 商埠志, 商業. "道光之末, 本埠猶未通商. 其進口貨物不過糧石與粗雜貨而已, 間有營油餅業者, 然亦寥寥."

44) 『中國舊海關史料』, 1권, 409쪽.

45) 『中國舊海關史料』, 6권, 275쪽.

두병의 대량 수출로 인해 연대의 자유업이 급성장했다. 연대를 비롯한 인근 지역의 두병 반출지는 청도(靑島), 문등현(文登縣)의 장가부구(張家埠口), 해양현(海陽縣)의 유산구(乳山口), 제성현(諸城縣)의 진가궁장구(陳家宮莊口), 영성현(榮城縣)의 석도(石島) 및 리도(俚島), 황현(黃縣)의 용구(龍口) 등이었다.46) 연대는 산동 연해 자유업의 중심이다. 1900년을 전후하여 기름집(油房)의 수량은 40개에 달했고 연석(碾石)의 수는 114개에 이르렀다.47) 연석이 적은 업소는 2개, 많은 업소는 6개가 있을 정도로 개항 이전의 규모에 비해 이미 거대한 변화가 나타났다. 1906년에 이르면 기름집(油房)의 수량이 더욱 많아져서 50여 곳을 넘었고 연석이 많은 업소에서는 8개를 사용했다.48) 1907년에 연대 기름집은 56곳에 달하였고 연석 수는 147개를 넘었는데 그 중에서 유경승(裕慶升)은 연석 10개를 사용하고 있었다. 또한 기계식 연두기(碾豆機) 1대가 사용되었고 하루에 콩 10담을 짤 수 있었다.49)

두병의 대량 수출은 기름집(油房)의 기계사용도 촉진시켰다. 1908년에 규모가 큰 상점은 일본에서 증기착유기(蒸汽榨油機)를 수입하기 시작했다. 1911년까지 연대 52개 기름집(油房) 중에서 기계를 사용하는 근대식 기름집(油房)은 12개가 있었고 전통 방법으로 기름을 짜는 기름집(油房)은 40개가 있었다.50) 민국 초기에 이르기까지 연대의 일부 기름집(油房)에서는 경유 엔진과 분쇄기를 사용하여 원재료를 가공하고 있었고 1915년 연대의 33개 기름집(油房) 가운데 6개는 경유엔진과 분쇄기를 사용하고 있었다.51)

---

46) 『淸國事情』, 311쪽.

47) 彭澤益, 『中國近代手工業史資料』 第二卷 (中華書局, 1962), 345쪽.

48) 『光緒三十二年煙台口關貿易情形論畧』, 218쪽.

49) 『淸國事情』, 313쪽.

50) 『中國舊海關史料』, 155권, 238쪽.

51) 莊維民, 『近代山東市場經濟的變遷』 (中華書局, 2000), 431쪽.

  연대 지역 기름집(油房)의 발전은 연대 무역의 발전과 궤를 같이 하였
고 두병은 산동을 화남 경제권과 연결시키는 매개체가 되었다. 이와 동
시에 두병 매출량의 증가는 기름집(油房)의 증가를 촉진시켰다. 매년 연
대 주변 지역의 두병 소비도 적지 않지만 대부분의 두병은 화남 경제권
에 속한 산두로 반출되었다. 따라서 산동의 사시에서 연대항을 기쳐 중
국 남방으로 판매되는 경로는 연대항이 국내교역에서 중국 남북 교역망
에서의 중계항 역할을 하였음을 보여준다.

  또한, 산동의 두병은 대병(大餠)과 소병(小餠)으로 구분할 수 있는데
대병은 주로 중국 남방의 개항장으로 반출되었고 소병은 일본으로 많이
수출되었다.[52] 1901~1905년 사이에 중국에서 일본으로 수출한 두병의
통계는 아래와 같다.

〈그림3-4〉 일본과 중국 국내로 판매된 두병량의 변화 추이(1901~1905)

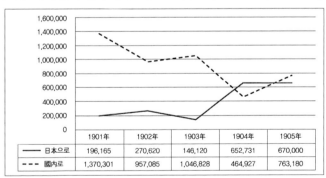

출전:『淸國事情』, 311~312쪽의 통계에 근거하여 작성함.
단위: 담

---

[52] 彭澤益,『中國近代手工業史資料』第二卷 (中華書局, 1962), 346쪽. 大餠은 油房의
    저울로 61.5근, 해관 저울로 59근이고 小餠은 油房 저울로 50근, 해관 저울로 48
    근이었으며, 통관할 때 대병은 58근, 소병은 46근으로 계산했다. 1900년의 가격을
    살펴보면, 대병은 1,000근당 銀 16.5냥, 소병은 한 개당 銀 8錢이었다.

위의 <그림3-4>에서 나타나듯이 1903년까지 중국 국내로 판매된 두병의 수량은 연대항 두병 반출량의 절대적인 비중을 차지하고 있는 반면일본으로 수출한 두병의 비중은 미미하였다. 그러나 1904년 이후 일본으로 수출한 두병의 수량이 급성장하기 시작하여 두병의 중국 국내 반출량과 거의 비슷한 수준에 이르렀다. 일본으로 수출한 두병은 1901년 19.6만 담에서 1905년 67만 담으로 5년 사이에 3.5배 증가했다. 그러나국내로 판매된 두병은 1901년 137만 담에서 1905년 76만 담으로 50%가량 감소하였다. 이처럼 연대에서 생산된 두병은 국내 교역망에서 산동을 화남 경제권과 연결시킨 매개체 역할을 했을 뿐만 아니라 1904년 이후 산동을 일본 경제권과 연결시키는 데도 중요한 상품이었다. 이는 전통 수공업의 발전이 무역을 촉진시키는 역할을 하였다는 점뿐만 아니라국제 정세의 변화가 연대 무역에 미친 영향도 동시에 보여 주고 있다.

무역의 성장과 더불어 자유업을 비롯한 전통적인 수공업이 동반 성장하였고 시장의 수요에 따라 새로운 수공업 업체도 나타났다. 그 중 대표적인 업종이 짚공예이다. 짚공예는 연대항의 개항과 더불어 번성한 국제수출품이다. 1863년 하반기에 연대항을 통해 영국 등지로 짚공예품 307담을 수출한 기록[53]이 나타난 이래 짚공예품의 수출량은 빠르게 증가하기 시작하였는데 1870년 4,086담, 1880년 33,368담, 1894년 57,571담에이르렀다. 그 후 청도항의 교역량이 늘어나면서 점차 쇠퇴하여 완전히사라졌다.[54]

짚공예품의 대량 수출은 당연히 짚공예업의 빠른 성장을 가져왔다.산동의 짚공예업은 1862년부터 연대 지역에서 시작되어 1870년대에 이르기까지 등주, 래주, 청주 등 농촌 지역으로 확산되었다.[55] 1870년대

---

53) 『中國舊海關史料』 1권, 277쪽.
54) 『中國舊海關史料』, 각년판을 참조.
55) 莊維民, 앞의 책, 331쪽.

이전에는 주요 생산지가 래주부(萊州府)에 국한되었지만 1870년대 중반까지 제성(諸城), 관성(觀城), 동창부(東昌府)로부터 개봉부(開封府)에 이르는 도로 주변 지역과 래주부(萊州府) 등지가 모두 짚공예품 생산지로 바뀌었다. 그 후 수출량의 증가에 따라 짚공예업은 거의 모든 밀 생산 지역으로 확대되었다. 래주(萊州), 청주(青州), 제남(濟南), 무정(武定), 연주(兗州) 등지로 확산되었고, 특히 래주(萊州) 평도주(平度州)의 사하진(沙河鎭)은 짚공예품의 집산지가 되었다.[56] 산동의 짚공예품은 가격이 저렴하여 국제 시장에서 경쟁력이 있었다. 이탈리아 등 서양 국가에서는 짚공예업을 위해 전문적으로 밀 재배를 했지만 산동에서는 밀을 수확하여 탈곡한 후 밀짚을 원재료로 사용하였기 때문에 상품원가가 매우 낮았다.[57] 이를 통해 짚공예품의 수출과 생산 사이에 선순환 구조가 형성되어 1890년대에 이르면 짚공예업은 연대 지역의 가장 중요한 가공업 중의 하나가 되었다.

또한, 20세기에 들어와 전통적인 짚공예의 수공작업장이 근대식 공장으로 점차 성장하게 되었다. 제남교양소(濟南敎養所), 탄현합풍공사(灘縣合豐公司), 관립공예국(官立工藝局), 제성현립초모변공사(諸城縣立草帽辮公司), 황현초변공사(黃縣草辮公司) 등 교육 시설과 공장이 연이어 설립되었다.[58] 그리고 짚공예품의 생산기지인 사하진(沙河鎭)에도 2~3개의 상변초변(商辦草辮)공장이 나타났다. 이러한 공장의 출현은 전문적인 짚공예 기술자들을 공장에서 통일 관리하고, 회사의 요구에 따라 생산능력을 높일 수 있게 되었다. 탄현합풍초변공사(灘縣合豐草辮公司)만 하더라도 일 년에 1000박스의 생산능력을 갖추고 있었다.[59]

---

56) 葉春墀, 『山東草辮業』 (京都華東石印局, 1911), 5쪽.

57) 『中國舊海關史料』 152권, 78쪽.

58) 彭澤益, 앞의 책, 404쪽.

59) 莊維民, 앞의 책, 332쪽.

이상에서 살펴본 바와 같이 짚공예업은 국제시장의 수요에 따라 발전하기 시작한 중국의 전통 수공업인데 무역량의 증가로 짚공예업에 종사하는 노동자도 급속히 늘어났고 이에 따라 다시 수출이 촉진되었다. 짚공예업은 산동 연해지역에서 번성한 후 산동 내륙 지역으로 확산되었다. 짚공예는 연대의 중요한 국제 수출품으로서 산동 내륙 배후지와 국제 시장을 연결하는 중요한 상품이 되었다.

(2) 금융업의 성장

아편전쟁 이전의 연대는 중국 내부 남북 해상 교통상의 작은 항구에 불과하였기에 금융업이 성장할 여건이 되지 않았다. 이에 반해 1756년까지 황현(黃縣)에는 전당포 12개가 있었고 가경(嘉慶: 중국 청나라 인종 때의 연호, 즉 1796~1820)연간에 래양(萊陽)에는 전화(全和)전장(錢莊: 청나라 중기에 번성한 환전을 업으로 하는 상업기관)이 영업을 개시했다.[60] 따라서 아편전쟁 시기까지 연대보다는 주변 지역의 전통 금융기구의 영업이 더 활발했다고 할 수 있다.

1861년 개항 이후 연대에 나타나기 시작한 금융 업소는 1921년 주변 지역의 금융 업소까지 합하면 150개가 넘었다.[61] 당시 연대의 주요 금융 기구는 회태장(匯兌莊), 차대장(借貸莊), 전장(錢莊)과 청말에 나타난 은행을 들 수 있다.

회태장은 일반적으로 '산서표호(山西票號)'라고 칭했는데 이 기구의 주요 기능은 태환(환전)과 예금이었다. 회태장의 특징은 각 지점의 환율이 동일하고 동일한 규칙에 따라 작업하며 어려운 지점에 대해 지원하고 공동의 규칙을 위반하면 징벌하는 동맹 관계라는 것이다.[62] 회태장은

---

60) 『煙臺市志』, 1281쪽.
61) 外務省通商局, 『在芝罘日本領事館管內狀況』(外務省通商局, 1921), 51쪽.

전국에 지점을 설립하였는데 그들의 어음은 중국 경내에서 현금으로 바꿀 수 있었다. 수수료는 최저 2%부터 태환 지점의 거리에 따라 다르게 하였다.[63] 연대와 북경 사이에 태환하려면 수수료는 2%였다. 1891년까지 제남에 북경 회태장의 5개 지점이 설립되었는데, 이들 지점은 평요상인(平遙商人: 산서성 평요현 출신의 상인)의 천성형(天成亨), 신태후(新泰厚), 기현상인(祁縣商人: 산서성 기현 출신의 상인)의 협성건(協成乾), 대덕통(大德通)과 대덕항(大德恒) 등이다.[64] 1886~1891년 사이에 연대에도 회태장의 대리점이 생겼으나 수입이 많지 않아 대리점의 운영에도 부족하였다.[65] 그 후 근대 은행의 번성에 따라 연대의 산서표호(山西票號)는 쇠락했다.[66]

차대장(借貸莊)의 주요 기능은 대출이었고 대금의 한도는 2,000~3,000냥 이었다. 1891년까지 산동 경내의 주요 도시에 차대장이 이미 나타났고 연대에도 3개가 설립되었는데 그들의 본점은 모두 북경에 있었다. 그 후 차대장은 연대와 북경 사이의 송금 업무를 실시하기도 했다.[67]

전장(錢莊)은 환전소였는데 전포(錢鋪)라고도 하였다. 전장의 자본금은 작은 전장이 5~6천 냥, 큰 전장은 수십만 냥에 달하였다. 주요 기능은 은전(銀錢)의 태환과 전표(錢票)의 발행이었다. 전표의 액면가는 일반적으로 동전 1,000~10,000 문(文)이었고 교역 범위는 매우 광범위했다. 전장에서 전표를 발행 할 때는 연대 시내의 부동산을 저당 잡고 발행하였다. 1891년까지 연대 전장의 업무는 주로 각 상점(商號)을 통해 처리

---

62) 『中國舊海關史料』, 152권, 84쪽.

63) 靑島市檔案館, 『帝國主義與膠海關』(檔案出版社, 1986), 86쪽.

64) 葉春墀, 『濟南指南』(大東亞日報社, 1914), 111~112쪽.

65) 『中國舊海關史料』, 152권, 84쪽. "Until within the last five years, there was an agency in Chefoo, but business was insufficient for its continuance."

66) 『煙台要覽』 第十五篇, 金融.

67) 『中國舊海關史料』, 152권, 84쪽.

하였는데 전문적인 전장은 하나밖에 없었다.[68]

개항 이후 연대에도 금융 기구가 출현하기 시작하였으나 1891년까지 금융기구의 수량이 매우 적었다. 교역이 활발한 항구도시 연대에 전장이 많지 않았던 이유는 다음과 같다. 첫 번째, 많은 상점이 무역이나 교역과 관련된 일을 하면서 전장 업무를 대행하였기 때문에 표면적으로 보면 전장의 수량이 많지 않지만 실제 전장 업무를 취급하는 상점이 많았기 때문이다. 연대에서 가장 유명한 전장인 겸익풍(謙益豐)과 순태(順泰)의 전신은 모두 상호였다. 1862~1874년에 겸익풍과 순태 상호는 각각 자본금을 100만 냥과 150만 냥을 준비하여 전장업무를 취급했다.[69] 두 번째, 연대 개항 초기에 대외 무역은 은(銀)으로 거래했으므로[70] 은전태환(銀錢兌換)의 수요가 많지 않았다. 세 번째, 송금은 주로 연대에 설립 돼 있는 상점의 각 지점을 통해 진행하기 때문에 송금 기구에 대한 수요가 높지 않았다. 만약 해당 상점이 송금 목적지에 지점이 없으면 일단 상해로 송금해서 상해의 금융 기구를 통해 다시 목적지로 송금하면 되었다.[71]

이러한 추세는 1901년에 큰 변화가 나타났는데 은전(銀錢)업무를 취급하는 상점이 많아진 것이 그것이다. 연대에서 모두 28개 상호가 전표(錢票: bank note)를 발행하였는데 그 중에는 은표(銀票)도 있었고 전표(錢票)도 있었다. 28개 상호 가운데 9개는 전표를 발행한 차대장(借貸莊) 소속이었는데 그들은 발행한 전표를 태환할 수 있도록 대량의 현금을 가지고 있었다. 나머지의 17개는 전장(錢莊)에 속하는데 현금 전표를 발행하고 대출하며 환전 업무를 담당했다. 앞에 언급한 순태(順泰)는 액

---

68) 『中國舊海關史料』 152권, p.84; 『煙台要覽』 第十五篇, 金融.
69) 『芝罘區志』, 503쪽.
70) 莊維民, 앞의 책, 219쪽.
71) 『中國舊海關史料』, 152권, 84쪽.

면가 $1~$50의 멕시코 달러의 전표를 발행했고 겸익풍(謙益豊)은 조평
은(曹平銀) 2~500냥의 은표(銀票)를 발행했다. 그들은 상해에서 어음도
발행했고 자금을 대출하면서 예금을 흡수하고 있었다.[72] 1920년대까지
연대 각 전장(錢莊)이 발행한 전표(錢票)에 대한 통계는 아래와 같다.

〈표3-5〉 연대의 전장(錢莊)이 발행한 전표(錢票)

전장(錢莊)	전표(錢票)	전장(錢莊)	전표(錢票)	전장(錢莊)	전표(錢票)
雙盛銀號	70,000	餘積銀號	96,000	恒記錢莊	70,000
蚨聚錢莊	50,000	和記錢莊	42,000	萬利錢莊	40,000
蚨聚昶	40,000	洪泰號德記	38,000	裕興錢莊	36,000
通聚東	25,000	德順長	25,000	中和恒	24,000
大成福	24,000	泰成錢莊	20,000	協昌永	20,000
義和成	20,000	同春興	18,000	永豊福	15,000
永豊裕	15,000	寶豊錢莊	13,000	同興福	12,000
慶記錢莊	12,000	仁和東義記	12,000	萬春茂	10,000
德盛春	10,000	順記號	8,000	德生和	7,000
裕華錢莊	7,000	同泰利	5,000	寶生同	4,000
源生祥	4,000	裕慶永	3,500	生茂皂廠	3,000
福順益	3,000	德春祥	3,000	聚順德	3,000
義成和	3,000	源興和	2,000	永盛恒	2,000
六合順	1,500				

출전: 『烟台要覽』, 第十五篇 金融에 근거하여 작성함.
단위: 적(吊)

위의 <표3-5>에서 나타나듯이 연대의 많은 전장이 전표를 발행했다.
각 전장이 발행한 전표의 수량은 큰 차이가 나타나는데 육합순(六合順)

---

72) 『中國舊海關史料』, 153권, 82~83쪽.

은 1,500적(吊: 1적=1,000전)만 발행한 반면에 여적은호(餘積銀號)는 96,000적을 발행하여 육합순(六合順)의 60여 배에 이른다. 전표의 대량 발행은 교역을 하는데 편리를 제공하였지만 금융시장의 불안정적인 요소가 될 수 있었다. 1909~1911년 사이에 위의 순태(順泰)와 겸익풍(謙益豊) 두 상점이 파산하여 이 곳에서 발행한 은표를 태환하지 못하여 손실을 입은 사람이 많았던 것이[73] 그 대표적인 사례이다. 또한 제전(制錢), 은(銀兩) 맥시코 은(墨銀)과 각국화폐(各國貨幣)의 태환에 종사하는 소규모 전장이 많이 생기게 되었다. 어떤 때는 이러한 전포에서도 소액 대출을 했고 전표도 발행했지만 그들의 자본금은 일반적으로 2,000~6,000냥 사이였다. 1907년까지 연대의 중요한 전포는 60개가 넘었다.[74]

1890년대 이후 금융 기구가 늘어난 요인은 세 가지였다. 첫째, 연대항과 각 개항장의 교역량이 증가하면서 상인들이 부동산이나 교역관련 부문에 대량의 자금을 투입하였기 때문에 현금 부족 현상이 나타나기 시작했다. 상인들은 교역의 확대를 도모하기 위해서 금융기구를 통해 자금을 지원 받는 것이 절실했다. 둘째, 금융 기구들은 최초의 전장은 환전소뿐이었으나 금융거래가 활발해지면서 경영범위가 점차 확대되었다. 이런 현상은 시장의 요구이기도 하였고 금융기구 자신들의 욕구이기도 하였다. 셋째, 당시 전표를 발행할 때 충분한 준비 자금이 없어도 가능하였는데[75] 이러한 제도의 느슨함이 전장의 성장을 촉진했다.

대외무역과 교통이 발전함에 따라 개항장 화폐유통의 양상도 변화 되었다. 외국은행이 연이어 개항 도시에 지점을 설립해 재정과 금융을 장악하였다. 은행은 전통적 금융 기구가 가지지 못한 근대 금융 기능을 갖고 있었기 때문에 도시 경제와 근대화에 다방면으로 영향을 미쳤다.[76] 1876

---

73) 『芝罘區志』, 503쪽.

74) 『淸國事情』, 363~364쪽.

75) 趙樹延, 『淸代山東對外貿易硏究』(山東大學博士論文, 2006), 119쪽.

년 회풍은행(匯豊銀行: Hong Kong & Shanghai Banking Corporation)은
최초로 연대에 대리점을 개설하였고 그 업무를 태고양행(太古洋行:
Butterfield & Swire)에서 대행하였다. 이것이 연대 최초의 외국 금융 기구
였다. 회풍은행은 1921년에 연대에 지점을 설립하였다. 당시 영국의 회
풍은행은 발달한 금융 네트워크를 가지고 있어 연대와 연대에 왕래하는
외지의 상인에게 금융 업무를 편리하게 제공하였다.[77] 청말에 이르기까지
연대에 설립된 외국은행은 회풍은행(匯豊銀行), 맥가리은행(麥加利銀行;
the Chartered Bank of India, Australia, and China), 유리은행(有利銀行: the
Mercantile Bank of India, Limited), 횡빈정금은행(橫濱正金銀行: the
Yokohama Specie Bank, Limited), 불란서은행(法蘭西銀行: the Comptoir
National d'Escomte de Paris), 피득보은행(彼得堡國際銀行: the International
Bank of St.Peterburg), 아화도승은행(俄華道勝銀行: Russo-Chinese Bank)
등이 있었다. 그러나 현대적 개념의 은행업무를 취급한 곳은 도승은행(道
勝銀行) 한 군데였는데, 이 은행은 예금업무와 통장개통, 대출 등의 업
무를 담당하였다.[78] 이 도승은행(道勝銀行)을 제외한 다른 은행들은 모
두 대리점의 형식으로 운영되었는데 태고양행(太古洋行)은 회풍양행(匯
豊洋行), 사미양행(士美洋行)은 아화도승은행(俄華道勝銀行), 화기양행
(和記洋行)은 맥가리은행(麥加利銀行), 불란서은행(法蘭西銀行)과 유리
은행(有利銀行), 첩성양행(捷成洋行)은 피득보은행(彼得堡國際銀行)의
업무를 대리하고 있었다.[79] 1909년 일본의 횡빈정금은행(橫濱正金銀
行)은 연대에서 철수하였고 같은 해 아화도승은행(俄華道勝銀行: 俄亞
銀行으로 개칭)은 연대의 대리점을 대체하여 지점을 설립하였다.[80] 연

---

76) 隗瀛濤, 『中國近代不同類型城市綜合硏究』(四川大學出版社, 1998), 228쪽.

77) 阿美德(A.G.Ahmed), 『圖說煙臺(1935~1936)』(齊魯書社, 2007), 48쪽.

78) 『中國舊海關史料』 153권, 83쪽.

79) 『淸國事情』, 361쪽.

80) 『中國舊海關史料』, 155권, 233쪽.

대 개항 초기 대외 무역은 주로 현금 거래가 중심이었으나 무역과 교역량이 늘어남에 따라 현금 거래는 차츰 사라지게 되었다. 외국 상행(商行)은 수출입 무역 결산의 편리를 위해 상해와 홍콩의 은행을 통해 연대와 국내 각 개항장 사이의 회태(匯兌)결산업무를 처리하기 시작했다.

1897년에 중국 최초의 은행인 중국통상은행(中國通商銀行)이 상해에 설립된 이후 현대식 은행들이 개항장에 나타나기 시작했다. 1904년에 청 정부는 북경에 호부(戶部)은행을 설립했다.[81] 청 말을 전후하여 연대의 중국은행을 살펴보면, 1898년에 중국통상은행(中國通商銀行)이 연대분행(煙臺分行)을 설립하였는데, 이 분행(分行)은 1905년에 중국통상은행(中國通商銀行) 연대지행(煙臺支行)으로 개칭되었다. 1905년에 청 정부는 중국은행(中國銀行) 연대분행(煙臺分行)을 설립했고 1908년에 대청은행(大淸銀行) 연대지행(煙臺支行)으로 개칭했으며 1913년에 중국은행(中國銀行) 연대지행(煙臺支行)이라 불리었다. 이어서 교통은행(交通銀行) 연대지행(煙臺支行)이 1911년에 개설되었다.[82]

정리하면, 개항 이후 교역량의 증가는 금융업 발전에 직접적인 영향을 미쳤다. 개항 이후 30년 동안 무역량이 조금씩 증가하던 시기에 금융업은 큰 변화가 없었고 전통적인 전장과 회태장이 금융업의 전부였다. 당시 연대의 전장은 분산되어 있고 규모가 작으며 자금이 부족한 단점이 있었다. 따라서 교역량이 늘어나면서 기존의 금융 업소는 상인들의 요구를 만족시키지 못하게 되었다. 1890년대 이후 연대의 교역량이 빠르게 늘면서 금융업도 동반 발전하였다. 전장이 증가하였을 뿐만 아니라 경영 범위도 확대되었다. 1900년대부터는 대외 무역의 발전과 함께 중·외자 은행이 잇달아 개설되었다.

---

81) 隗瀛濤, 앞의 책, 71쪽.
82) 『煙臺市志』, 1283~1285쪽.

(3) 통신업의 성장

근대 통신업이 유럽에서 운용된 것은 1820~30년대부터였다. 연대는 산업혁명의 영향을 받아 1860년대부터 우정 사업이 나타나기 시작하여 중국 근대 우정의 발상지가 되었다. 1866년에 연대의 동해관에 우무판사처(郵務辦事處)가 설치되어 외국 영사관의 문서와 해관의 우편물을 취급하기 시작했다.[83] 이 기구는 연대 우정 사업의 시작이라 할 수 있다.

1878년에 청 정부는 천진을 중심으로 하여 우정 업무를 시험적으로 운영했는데 북경, 천진, 연대, 우장과 상해에서 5개 해관서신관(海關書信館)을 설치하여 각 개항장 사이의 편지 왕래를 시작했다. 같은 해 3월 청 정부는 동해관에 중국 최초의 국립 우체국이자 산동 최초의 우체국인 서신관(書信館)을 설립하여 일반인의 편지를 취급했고 8월에는 중국 최초의 우표인 대룡우표(大龍郵票)를 발행하였다.[84]

1878년 최초의 국립 우체국이 설립된 이후 연대와 제남, 천진, 진강(鎭江) 사이의 육상우편물 운송노선을 개통하였고 1902년까지 모두 8개의 노선이 개통되었다. 해로는 남쪽으로 청도, 상해, 광주, 북쪽으로 천진, 대련, 우장 등의 노선이 개통되었고 조선과 일본으로도 우편물을 보낼 수 있었다.[85] 산동내지 우편 운송로는 연대의 우정 대리점이 사하(沙河), 유현(濰縣)과 주촌(周村) 사이를 한 달에 세 번 왕래하며 우편물을 발송하였다. 다른 지역으로 보낼 우편은 일반적으로 객잔장궤(客棧掌柜)를 통해서 노새 마차를 모는 마부를 고용하여 보냈다.[86]

1897년 청 정부는 1861년에 로버트 하트(Robert Hart: 淸代海關總稅

83) 『煙臺市志』, 599쪽.
84) 煙臺市地方史志辦公室, 『煙臺百年大事記』(煙臺市新聞出版局, 2000), 17쪽.
85) 『芝罘區志』, 416~417쪽.
86) 『中國舊海關史料』, 152권, 85쪽.

務司)가 제기했던 의견을 받아들어 해관우국(海關郵局)을 대청우정관국 (大淸郵政官局; Chinese Imperial Post)으로 개칭하였다. 원래의 해관우정 국은 주로 개항장 사이에 화물을 운송했는데 이제 업무의 범위가 중국의 전 지역으로 확대되었다. 청 정부는 1898년 등주우체국을 설립한 이후 20 여 개의 지점을 설립하여 청 말에는 우정 네트워크가 형성되었다.[87] 즉, 지부관구(芝罘管區), 교주관구(膠州管區), 제남관구(濟南館區)로 나누어 3 개 총국(總局), 37개 지국(支局)과 87개 소국(小局)이 설립되었다.[88] 주요 업무는 우편, 송금과 소포였다. 신문, 서적, 상품샘플, 엽서, 등기우편은 물 론 특급우편까지 취급하였다.[89]

우체국 설립 당시인 1879년 6월에는 우편물 747개를 받고 477개를 보냈는데 그 중 대부분이 상해, 천진과 왕래된 것이고 우장, 북경과 산두 에서 발송된 것도 일부 있었다.[90] 1901년 우편물의 양은 17.29만 건에 달했고 1911년에 219.3만 건에 이르게 되었다. 송금 업무는 1898년 편 지 송금으로 출발하였다. 1905년에는 모두 16,456냥을 보냈고 10,212냥 을 받았다. 소포 업무는 1898년 1월에 시작되었는데 일반소포, 보험소 포, 착불상품소포 등 3가지가 있었다. 1905년에 모두 12,904개의 소포를 받고 보냈다.[91]

연대에는 중국의 우체국 이외에도 일본, 독일, 영국, 프랑스와 러시아 우체국이 있었다. 그 중에서 1892년에 설치된 일본우체국의 업무가 가 장 많았는데 우편, 소포, 송금업무 이외에도 예금저축과 모금(取立金)업 무를 취급했다. 1890년에 설립된 독일우체국은 일반우편 업무 이외에 전보와 전화 업무를 담당했다. 홍콩과 위해(威海) 사이의 우편 업무는

---

87) 『中國舊海關史料』, 153권, 83쪽.
88) 『淸國事情』, 401~402쪽.
89) 『芝罘區志』, 414쪽.
90) 劉廣實, 「大龍初期的煙臺郵政和鎭江郵政(上)」(『上海集郵』 11, 1999), 16쪽.
91) 『淸國事情』, 403쪽; 『芝罘區志』, 414쪽.

영국우체국을 이용하였으며 만주지역과의 전보통신 업무는 러시아우체
국을 이용하였다.[92]

　1885년 청 정부는 은 54,000냥을 지출하여 연대에서 등주(登州), 래
주(萊州), 청주(靑州), 제남(濟南)을 거쳐 제령(濟寧)에 이르는 전보선로
(電報線路)를 구축하고 천진과 상해의 전보간선(電報幹線)과 연결하여
중국 전보통신망을 확정하였다. 1900년에 영국 상인은 8개국 연합군이
북경을 침략하여 북경, 화북의 전보 선로가 파괴된 것을 이용하여 청 정
부의 허락도 받지 않고 연대에서 상해, 위해(威海)와 여순(旅順)의 전보
노선 4개를 부설하였다.[93] 연대에 무선전보 업무를 공식적으로 운영하
기 시작한 것은 1922년인데 1904년에 프랑스는 사적으로 무선전보를 설
치한 적이 있었다. 그러나 청 정부가 국가 주권의 침해이라는 이유로 반
대하여 이 무선전보 시설은 금방 철거되었다.[94] 1906~1907년까지 연대
를 중심으로 하거나 경유한 육상선(陸上線)은 상해선(上海線), 용구선
(龍口線), 호두애선(虎頭崖線), 위해선(威海線), 양각구선(羊角溝線), 한
구선(漢口線), 제남청도선(濟南靑島線), 조현고촌선(曹縣高村線), 기주
청강선(沂州淸江線)이었고 해저선(海底線)은 상해선(上海線), 태고선(太
沽線), 위해선(威海線), 청도선(靑島線), 여순선(旅順線)이었다.[95]

　이상에서 살펴 보았듯이 연대 개항 이후 40년 동안 우정 사업이 크게
성장하였는데 우정 사업의 발전을 촉진한 원동력은 각국의 상인들이었
다. 이 상인들은 우정 사업의 가장 중요한 고객이었고 우정 네트워크를
유지하기 위해 자금을 지원하기도 했다.[96] 송금과 상품착불소포도 주로
상인들이 이용한 서비스였다. 근대 통신 사업은 신흥 과학의 결과물이었

---

92)『淸國事情』, 409쪽.

93)『芝罘區志』, 418~419쪽.

94)『中央硏究院近代史硏究所檔案』,「卽電煙台領事將所設無線電報迅卽撤去由」.

95)『淸國事情』, 413~414쪽.

96)『中國舊海關史料』, 152권, 85쪽.

으며 상인들은 이를 이용하여 더욱 많은 상업 이윤을 얻을 수 있었다. 연대의 각국 상인들 이외에 각국의 영사관도 적극적으로 정보통신 사업을 추진하였다. 1868년 로버트 하트가 금등건(金登乾= Campbell: 청나라 해관에서 근무하는 해외직원)에게 보낸 편지에는 아래와 같은 내용이 있다.

> 네가 9월 19일에 파리에서 보내준 첫 전보를 받았는데 이 전보는 자카르타를 거쳐 10월 5일에 도착했다. 파리에서 자카르타로 보내는 것은 이틀 밖에 안 걸렸는데, 자카르타에서 북경까지는 12일이나 걸렸다. 아직 북경까지 전보가 개통되지 않은 것은 너무 안타까운 일이다.[97]

위의 인용문을 보면, 전보를 파리에서 자카르타로 보내는 것은 이틀이 걸렸지만 자카르타에서 북경으로 보내는 것은 12일이 걸렸다는 것을 알 수 있다. 이 사례는 근대식 통신망의 구축이 얼마나 신속하게 의사를 소통하게 할 수 있는지, 그리고 그렇지 못한 경우 의사소통이 얼마나 지체될 수 있는지를 보여주는 좋은 사례이다. 또한, 서양 상인들의 근대 통신업에 대한 갈망도 보여준다.

개항이후 연대 정보통신 사업은 신속하게 발전했다. 1860년대부터 우정사업이 나타났고 1880년대에는 전보 선로가 부설되었으며 1900년 이후에는 전화도 출현하여 연대에 입체적인 통신 네트워크가 구축되었다. 통신업의 성장은 연대 도시 근대화의 중요한 상징이라 할 수 있다. 특히 전보의 발전은 연대 도시 경제의 근대화에 매우 긍정적인 영향을 미쳤

---

97) John King Fairbank, etc. Letters of Robert Hart, Chinese Maritime Customs, 1868~1907 (The Belknap Press of Harvard University Press, 1975), 39쪽. "I have also received your first telegram via Kiachta dated Paris, 19 September, … The telegram arrived here on the 5th instant, … two days from Paris to Kiachta, and twelve days from K. to Peking. What a pity the telegraph is not continued to Peking!"

다. 통신업은 다양한 측면에서 연대의 경제에 많은 영향을 미쳤다.

첫째, 우정과 전보는 연대 금융 시장의 성장과 확대를 촉진시켰다. 연대에서 설립한 은행들의 본점은 대부분 상해나 홍콩에 위치하고 있었기 때문에 본점의 허가를 받아야 하는 송금과 저장의 업무는 우정 사업과 금융기구 사이의 연계를 강화시켰다. 청 말 은행의 증설은 이와 밀접한 관계가 있었다. 우정 업무에는 여러 가지가 있는데 그중에서의 송금과 어음 업무는 중요한 것이다. 우정 네트워크가 형성된 이후 송금과 어음 등 원거리 결산이 편리해졌다.

둘째, 우정과 전보는 연대항 교역을 활성화시켰다. 전보업의 발전은 다른 곳에서의 주문을 가능하게 했고 송금 등 금융 업무는 원거리 결산을 편리하게 하였으며 샘플소포 업무도 무역을 촉진시켰다. 사하(沙河), 유현(濰縣), 주촌(周村)은 연대우체국의 중요한 지점이었는데 사하는 짚공예의 중요한 시장이었고 유현과 주촌은 연대의 중요한 상품 집산 시장이었다. 또한 연대우체국의 100여 개 지점은 대부분 중요한 산품의 산지, 집산시장이나 물류중심이었다.

셋째, 통신업의 발전은 무역 가격 구조의 변화를 가져왔다. 통신업이 출현하기 이전에 서양으로 수출된 짚공예품 등 중국상품의 가격은 주로 공급과 수요의 관계에 의해 결정되었는데 전보 등 통신 수단이 발달함에 따라 가격이 점차 구매자들에 의해 결정되었다. 산동지역 생산품의 주문 수량은 유럽 소비지의 상품 가격에 의해서 좌우되었다. 그래서 풍년이 들었음에도 수입은 더욱 적어지는 현상도 발생했다.

넷째, 통신업의 발전은 연대 도시의 근대화를 가속시켰다. 우정과 전보의 발전은 연대를 중국, 나아가 세계 정보통신 네트워크에 편입시켰다. 통신업의 출현과 성장은 미증유하게 연대의 경제를 향상시키면서 근대화를 가속화했다.

Ⅳ. 연대항 교역의 성격

1. 교역량의 추이[1]

초창기 연대항을 통한 수입은 양식(糧食), 수출은 소금과 생선뿐이었고 무역에 관련된 상점도 20~30호에 불과했다. 그 후 많은 상인들이 북방연해로 눈길을 돌리게 되면서 연대의 무역이 활성화되었다. 광동, 복건과 만주지역의 상인들이 연대에서 자주 무역하였다.[2] 항구무역의 발전으로 개항 이전 연대의 규모는 작으나 이미 작은 항구도시의 면모를 갖추고 있었다.

도광(道光)시기(1821~1850)부터 항구무역이 발전됨에 따라 연대항도 조금씩 발전하였으나 무역의 성격이 바뀌지는 않았다. 연대는 좋은 항구 조건과 배후지에 풍부한 자원을 가지고 있었지만 주요한 경제구조는 소농경제였는데, 중국의 전통적인 중농억상(重農抑商)의 사상이 연대 지역에도 영향을 끼쳤기 때문이다. 당시 연대 상인에 대해서도 "간상(奸商: 간사한 방법으로 부당한 이익을 챙기는 상인)"이라는 유언비어가 널리 퍼졌다. 심지어 "모든 매매는 당나귀 운송업보다 못하다"는 말이 있을 정도로 항운이 경시되었다.[3] 또한, 연대항의 무역품은 매우 단순하였다. "수입품은 식량과 잡화뿐이고 수출품은 생선과 소금뿐이었으며, 두병을 거래하는 상인은 매우 드물다."고 할 정도였다.[4] 1859년까지 연대

---

1) 본 장의 핵심 내용은 「煙臺開港場의 貿易構造와 性格(1864~1910)」(『중국사연구』 70집, 2011)라는 제목으로 발표하였다.

2) 民國 『福山縣志稿』, 卷5, 商埠志, 緣起. "其始不過一漁寮耳, 漸而帆船有停泊者. 其入口不過糧石, 出口不過鹽魚而已. 時商號僅三二十家. 繼而帆船漸多, 逮道光之末則商號已千餘家矣. 維時帆船有廣幫, 潮幫, 建幫, 寧波幫, 關裡幫之目……"

3) 『煙臺市商業志』, 1쪽.

항에서 남방으로 판매된 화물은 만주에서 수입하던 콩류와 곡물류였고
현지의 산품은 쌀가루(米粉)밖에 없었다.[5] 그 후 외국상품과 아편을 수
입하기도 했으나 종류와 수량을 따져보면 개항 이후의 무역과 비교하지
못할 정도로 미미했다. 구술사료(口述史料)에 따르면, 당시 복산현(福山
縣) 현성(縣城)의 시장에서 판매되는 상품은 주로 담배, 술, 과자, 일상용
품, 농산품과 수공예품 등이었는데 주민의 구매력이 매우 낮아서 그 들
은 장마당(市集)에서 자기가 만든 물품을 생산재료와 생활용품으로 교환
하고 있었다고 한다.[6] 마지막으로 개항 이전 연대항의 무역방식은 매우
낙후하였다. 연대에는 행호(行戶: 상행에 가입한 상호)가 없었기 때문에
복건과 광동지역의 상인들은 연대에 오면 아는 사람의 집에서 투숙하며
구매자를 찾아 달라고 요청해야 했다.[7]

제2차 아편전쟁의 결과로 천진조약과 북경조약이 체결되고, 이 조약
에 근거하여 연대가 개항되었으며 1880년대에 이르면 유럽 상품과 동아
시아 각종 재수출 상품의 집산시장이 되었다.[8] 연대는 개항 이후 무역량
과 무역액이 증가하기 시작하였으나 각 시기별로 다른 양상을 보인다.
아래의 <그림4-1>은 1864년부터 1910년까지 연대항의 무역 추이를 나
타낸 것이다.

---

4) 民國『福山縣志稿』, 卷5, 商埠志, 商業.

5) 『郭嵩燾日記』, 254쪽. "此間貨物運南, 豆, 麥及豆油, 豆餅之類, 皆自關東來者. 本
  地所出, 米粉而已."

6) 煙臺市福山區政協文史資料研究委員會,『福山商業漫憶』(內部口述資料, 1988), 2
  쪽. "當時縣城商業所經營的商品, 主要是煙, 酒, 糕點, 日用雜貨, 土產和手工業品
  等. 廣大人民群衆的商品購買力很低, 他們主要依靠市集, 交換自產的農副產品和購
  進需要的生產資料及日用消費品."

7) 『郭嵩燾日記』, 254쪽. "烟台向无行戶. 閩广船至, 必投所相知者, 乃攬以爲客, 爲之
  代覓售主. 買賣兩邊, 各得行用二分. 所謂私充行戶, 包攬把持者也. 官商网利情形,
  略具于此."

8) 莊維民,「近代山東通商口岸的貿易經濟」(『山東史志資料』第二輯, 1984), 30쪽.

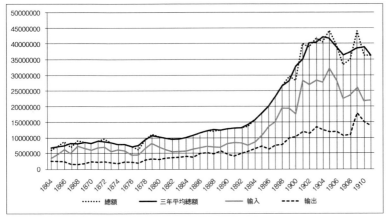

〈그림4-1〉 연대항 무역 추이(1864~1910)

출전: 『中國舊海關史料』, 各年版에 근거하여 작성함.
단위: 1865년 지부냥(芝罘兩), 1875년부터 해관냥(海關兩). 1海關兩≒1.044芝罘兩.

위의 <그림4-1>은 특정년도에 발생한 특수한 사건의 영향을 최소화
하기 위해 3년 단위로 계산된 무역 추이를 필자가 작성한 것이다. 위의
<그림4-1>에서 알 수 있듯이 무역 추이와 3년 평균 무역 추이를 종합
적으로 보면 47년간의 연대의 무역총액은 대체로 세 시기로 나눌 수 있
다. 즉, 1864년~1893년의 느린 성장기, 1894년~1905년의 빠른 성장기
와 1906년 이후의 파동 쇠퇴기이다.

1864년~1910년의 무역총액은 627만 냥에서 3,633만 냥으로 증가하
여 5.8배 성장했고 특정년도를 제외하고는 무역총액이 증가 추세를 나타
내고 있다. 전 시기의 연평균 증가율은 3.7%이었다. 제1기의 30년 동안
무역총액은 627만 냥에서 1,344만 냥으로 성장하여 2배 증가했다. 또한
무역총액이 느리게 증가되는 추세를 나타내고 있는데 이 시기의 연평균
증가율은 2.6%이다. 제2기의 12년 동안 연대의 무역총액은 1,535만 냥
에서 4,435만 냥으로 급속히 증가되는 추세를 나타내고 있는데 이 시기
의 연평균 증가율은 9.2%에 달한다. 제3기의 5년 사이에는 4,046만 냥

에서 3,633만 냥으로 감소세를 보였다.[9]

시기별로 살펴보면, 1864~1893년의 30년은 무역의 안정적인 성장기로 이 시기 무역은 느리게 발전하고 있었다. 앞의 <그림4-1>에서 나타나듯이 1864년부터 30년 동안 연대의 무역총액은 중간의 몇 가지 예외를 제외하면 연평균 20만 냥씩 증가했다.

그렇다면 이러한 무역 추이 변화의 원인은 무엇이었을까? 연대항의 무역량이 증가하게 된 핵심적인 원인은 연대1항체제(煙臺一港體制)라고 할 수 있다. 1862년부터 1898년까지는 연대항이 산동성 내의 유일한 개항장이었으므로 수출입 물품의 대부분이 연대항을 통해 거래되었다. 또한, 1865년부터 시작된 항구건설은 연대항 무역발전의 기초가 되었다. 연대항의 물동량은 1864년 12.4만 톤에서 1893년 24.2만 톤으로 2배나 증가하였다.[10] 입출항의 선박 수는 1864년 900척에서 1893년 2,469척으로 증가하였고 톤수는 28만 톤에서 203만 톤으로 늘어났다. 특히 선박 톤수의 증가 추세가 뚜렷하였다. 30년 동안 대폭 증가한 항운능력은 연대항의 교역량 증가를 뒷받침하였다.

앞의 <그림4-1>에서 알 수 있듯이, 특정년도의 무역액이 감소추세를 나타내고 있는데, 그 원인은 산동에서 발생한 큰 사건과 관련이 있다. 1867년에 염군(捻軍)[11]이 산동으로 진입하여 수 십 만명의 교동(膠東) 백성들이 전란으로 매우 힘든 환경에 처해 있었다. "청군의 군기가 무너져 염군을 토벌하는 데 어려움을 겪어 백성들에게 심각한 폐해를 끼쳤다.

---

9) 구체적인 무역통계는 <부록>을 참조.

10) 『近代山東沿海通商口岸貿易統計資料』, 129~130쪽.

11) 염군(捻軍) : 중국(中國)에서 19세기(世紀) 중엽(中葉)에 하남(河南)·안휘(安徽)·산동성(山東省)을 중심(中心)하여 폭동(暴動)을 일으킨 비밀(秘密) 결사(結社)의 부대(部隊). 주(主)로 파산(破産)한 농민(農民)이나 수공업자(手工業者)가 가입했는데 증국번·이 홍장 등(等)에 의(依)하여 3년 후(後)에 괴멸(壞滅)됨. 청조(淸朝)의 몰락(沒落)을 빠르게 했다는 것으로 평가(評價)됨. <네이버 한자사전(http://hanja.naver.com/word?q=%EF%A6%A4%E8%BB%8D)에서 검색>

염군과 청군이 모두 산동의 백성들에게 많은 화를 입혔다."[12] 염군의 동진(東進)으로 연대의 무역총액은 27% 감소하였다. 게다가 1873년에는 세계경제 불황의 영향을 받아 무역액이 다시 감소했다. 1876~1879년 사이에는 화북 지역에 심한 가뭄이 들었다. 산동지역의 곡식 수확은 평년 수확량의 3할에 그쳤고, 굶주린 백성이 200 300만 명에 이르렀다.[13] 1881년에는 제남에서 황하(黃河)가 범람해 인적·물적 손실이 심하였다. 또, 겨울한파가 기승을 부려 많은 사람이 얼어 죽었다. 1882~1883년에도 황하가 또다시 범람해 인근 지역 곡식 수확이 감소하였다.[14]

30여 년 동안 연대 무역의 추이가 대체로 안정적으로 성장하는 것은 연대항이 무역항으로서의 기능을 제대로 수행하고 있었다는 것을 말해 준다. 만약, 연대항이 당시 통상에 적합하지 않았다면 서양 열강들은 자신들의 필요에 의해 다른 항구의 개항을 요구했을 것이다. 서양의 열강들이 허약하고 부패한 청 정부를 상대로 개항장을 다른 항구로 바꾸게 한 사례는 여러 번 있었다. 또한, 무역의 안정적인 성장은 산동에서 연대항이 매우 가치가 있는 항구라는 것을 보여주고 있다. 연대항은 국내교역망에서 산동을 중국 남쪽 개항장과 연결시키고 국제교역망에서 산동을 동아시아와 서양 국가와 연결시켰다. 이런 교역망에서 연대항의 역할이 기대에 못 미쳤다면 연대항의 교역량이 감소하거나 다른 항구로 대체되었을 것이다.

1894년~1905년의 12년 동안은 연대 무역의 호황기로서 무역량이 연평균 200만여 냥으로 크게 성장하였다. 이는 연대 개항 이래 가장 가파른 성장추세를 기록한 것이다. 연대항 무역의 빠른 증가 추세는 수입상품과

---

12) 山東師範大學歷史系 中國近代史硏究室選編, 『淸實錄山東史料選』(齊魯書社, 1984), 1698쪽. "捻逆自渡運東竄, 丁寶楨帶兵尾隨. 疊報勝伏. 若如張㐰等所稱, 賊任其荼毒, 賊過被兵所害, 是兵勇抄賊不足, 害兵有余. 初不料各營兵勇, 漫無紀律至此."

13) 王林, 『山東近代災荒史』(齊魯書社, 2004), 165~166쪽.

14) 『中國舊海關史料』, 152권, 69쪽.

중국상품의 대량수입에 기인한다. 수입상품은 1894년의 586만 냥에서 1905년 2,019만 냥으로 연평균 120만 냥 증가하였다. 중국상품 수입은 1894년의 292만 냥에서 1905년의 1,221만 냥으로 성장하였는데 연평균 77만 냥 가량 증가하였다.[15]

　구체적으로 보면, 청일전쟁 기간에도 연대항 교역량은 성장추세를 보였는데 이는 각국의 군함을 비롯한 선박들이 필요한 석탄을 대량으로 수입했기 때문이다. 1894년 연대항으로 서양에서 석탄 3,500톤이 수입됐고 상해에서도 5,000톤이 들어왔다.[16] 1895년 서양에서 수입한 석탄은 17,000여 톤에 달했다.[17] 전쟁기간에는 현지인들의 외국상품에 대한 수요와 현지산품의 수출에 대한 욕구가 더 강해졌다. 또한 은전비가(銀錢比價)가 10%가량 하락한 것도 외국상품의 수입을 촉진시키는 한 요인이 되었다.[18] 청일전쟁 이후에는 각국의 상품 수입이 늘어나기 시작하였는데 특히 영국, 일본과 미국 등의 나라에서 들어오는 상품이 많았다. 청일전쟁이 끝난 후 영국 상인들의 공산품 수출이 늘어나자 연대항에도 이들 상품의 반입이 증가하여 연대항 물동량중 상당한 비중을 차지하게 되었다. 일본의 대(對)연대항 수출은 청일전쟁 이전에 영국의 30% 정도에 불과하였으나 전쟁 이후에는 127%로 영국을 초과하였다. 이 시기에 미국 상품의 90% 이상은 연대, 천진과 우장을 통해 중국으로 수입되었다.[19]

　각국 항운의 발전은 연대항 교역량 증가의 또 하나의 원동력이라 할 수 있는데, 연대항을 출입한 선박수는 1894년에 2,132척, 톤수는 178만 톤에서 1905년 4,194척과 350만 톤으로 각각 증가하였다. 이중 영국 국적의 항운이 1905년에 연대항의 50%의 비중을 차지하였고 중국, 독일,

---

15) 구체적인 무역액은 <부록>을 참조.

16) 『光緒二十年烟台口華洋貿易情形論署』, 99쪽.

17) 『光緒二十一年烟台口華洋貿易情形論署』, 103쪽.

18) *Embassy and consular commercial reports in 1894*, pp.2~7.

19) 丁抒明, 『煙臺港史』(現近部分)(人民交通出版社, 2008), 99~101쪽.

일본과 노르웨이가 나머지의 50%를 차지했다.[20]

빠른 성장기에는 특정년도에 약간의 감소세를 보이기도 했는데 그 원인은 해당년에 연대 지역에서 발생한 전란 때문이었다. 1900년의 의화단 사건은 산동지역이 주요한 무대가 되었던 관계로 산동성 내의 상품유통에 지장을 주었으며 그 설과 수출입부역 모두 크게 위축되었다.[21] 당시 중외상인들은 전란을 걱정해서 상품을 할인판매하거나 내지로 운송한 경우가 많았다.[22] 1904년에는 러일전쟁이 발발했다. 연대는 전장과 근접해 있었기 때문에 상업에 영향을 받았다. 연대항으로 입출항 하는 항로가 전장을 통과해야 하였기 때문에 발이 묶인 화물이 많아졌으며 상인들도 왕래하지 못했다.[23]

반면 청일전쟁 기간에 각국 군대 군수의 수요는 연대항 무역량을 증가시켰고 전쟁 이후 일본의 성장과 미국의 부상 역시 연대항 무역에 더욱 큰 영향을 미쳤다. 이처럼 개항장 연대항은 세계정세 변화의 영향을 많이 받았다. 특히, 청일전쟁 이후 일본의 성장으로 연대는 일본과 밀접한 관계가 형성되었다.

1906년 이후 연대항 무역량은 호황기를 지나 무역량의 급속한 증감을 보이며 요동을 치다가 점진적으로 감소하는 추세를 나타냈다. 1906년부터 1911년까지의 5년 동안에 평균 무역총액은 3,754만 냥에 불과하였으며 앞선 40년 동안의 성장추세가 멈추고 하향곡선을 그리기 시작하

---

20) 『中國舊海關史料』, 22권, 95쪽; 41권, 271쪽.

21) 박혁순, 「19세기 후반 중국 대지역권의 경제적 동향」(『근대중국연구』 1, 2000), 124쪽.

22) 『光緒二十六年烟台口華洋貿易情形論畧』, 109쪽. "義和拳匪肇釁於夏間, 北省之情形因而未定, 且其能否蔓延南省殊難逆料, 故以減色也. 五六月間中外商人同深跼蹐, 華商之婦孺則送回家鄉, 其貨物則減價求售, 或運往內地. 工商之遷居樂土者, 實繁有徒矣, 凡華人傭工於西人之處者, 率多託故辭去, 難以覊留."

23) 『光緒三十年烟台口華洋貿易情形論畧』, 161쪽. "日俄開戰之初數月以還, 生意蕭疏, 貨物積滯, 客商畏縮, 裹足不前."

였다. 1906년 이후 침체기로 접어든 연대항의 무역량은 1930년대까지 회복되지 못한 채 대체로 3,900만 냥 선 안팎을 유지하였다.

학계에는 1905년 이후 연대항의 무역량이 급히 떨어지기 시작했다는 학설이 있으나,[24] 해관통계를 보면 1905년 이후 연대 무역의 추세가 급감했다고는 보기 어렵다. 침체기에 접어든 것은 사실이나 등락을 반복하면서 일정기간 물동량을 유지하였다는 평가가 더욱 타당할 것이다. 1906~1930년의 평균 무역총액은 3,887만 냥에 달했는데 이는 1906년의 4,046만 냥에 비해 큰 차이가 없기 때문이다.

1906년 이후 연대항 무역이 침체기에 들어간 원인으로 여러 가지 있는데 그 중에서 가장 큰 요인은 청도의 개항과 교제철도(膠濟鐵路: 산동성 청도-제남간의 철도)의 개통이었다. 청도 개항 3년 전인 1896년 동해관 관계자는 청도개항의 소문을 듣고 많이 걱정했다는 기록이 있다.[25] 그 후 독일이 교주만(膠州灣: 산동반도 남쪽 청도 앞바다 일대의 만)을 점령했을 때 연대의 상인들은 청도가 개항되면 연대항이 큰 타격을 입을 것이라고 염려하였다.[26] 1910년 동해관의 보고에는 연대항 수출입무역의 감소원인이 바로 청도-제남 간의 철도라고 지적하였다.[27] 해관통계를 보면 연대 상인들의 걱정과 동해관의 분석이 그대로 맞아 떨어진다. 1899년 청도항의 무역총액은 연대항의 무역총액에 비하면 매우 낮은 수준이기는 했으나 빠른 속도로 성장하고 있었다. 특히 1904년 교제철도(膠濟鐵路) 전체 구간이 개통된 이후 1907년에 청도항의 무역량은 연대

---

24) 徐雙華,「晚淸煙臺貿易的發展及其衰落原因分析(1863~1911年)」(廈門大學 碩士學位論文, 2009), 41쪽;索淑婉,「淺析近代煙臺對外貿易的興衰及其原因」(『聊城大學學報』(社會科學版)02, 2008), 2쪽.

25) 『光緒二十一年烟台口華洋貿易情形論畧』, 103쪽. "道路傳言有膠州欲開通商口岸, 其言果確, 則山東之南境生意自必暢旺, 然於烟台市面房產各業大有關礙也."

26) 胡汶本, 田克深,『五四運動在山東資料選輯』(山東人民出版社, 1980), 23~28쪽.

27) 『宣統二年烟台口華洋貿易情形論畧』, 259쪽.

항의 무역량과 같은 수준이 되었고 1911년에 이르면 연대항의 무역량이 청도항의 무역총액의 2/3 수준으로 떨어졌다.[28] 결국 연대와 내륙 배후지 간 교통로의 장애는 연대항 발전의 장애물이 되고 말았다.

1906년 이후 거의 매년 발생한 자연재해 또한 연대항 물동량 감소의 한 원인이었다. 1906년에 발생한 연대 인근 지역의 가뭄과 폭풍은 연대항 교역량 감소에 큰 영향을 미쳤다. 그 다음 해인 1907년에도 가뭄이 지속되어 어떤 지역에서는 수확량이 전무하였고 1908년에는 가뭄과 홍수가 번갈아 덮쳐 수확량이 전무하였다. 1909년 봄에는 산동 전지역에 가뭄이 심해 큰 피해를 입었으며 1911년에는 폐렴과 페스트에 걸린 인구가 5만 명에 달해 농업에 큰 피해를 끼쳤다.[29]

해관무역통계가 집계되기 시작한 1864년부터 1910년까지 중국 전국의 대외무역 추세를 비교해보면 1905년까지 연대항의 무역 추이는 전국의 무역 추이와 큰 차이가 없이 지속적으로 상승 곡선을 그렸지만 그 후 전국 무역이 급증하는 가운데 연대항은 오히려 감소하는 상황이 나타났다.[30] 전술한 바와 같이 1906년부터 연대항 무역의 쇠퇴는 청도의 부흥과 반비례 한다. 1910년 이후 청도항의 무역액은 연대항을 초과하여 산동성에서 가장 큰 항구가 되었다. 1920년대에 이르기까지 연대항의 무역총액이 3,000~4,000만 안팎에서 등락하고 있을 때 청도항의 무역총액은 이미 연대의 4~5배를 초과하였다. 청도가 발전하면서 더불어 연대가 쇠퇴했다는 점을 통해 알 수 있는 것은 무엇인가?

연대는 개항 이후 산동의 유일한 개항장으로서 50년 동안 산동과 국내외 교역망에서 큰 역할을 했으나 연대항이 항구로서 갖추어야 할 완벽

---

28) <부록>과 『近代山東沿海通商口岸貿易統計資料』, 11쪽.

29) 『光緒三十二年烟台口華洋貿易情形論畧』, 215쪽; 『光緒三十三年烟台口華洋貿易情形論畧』, 221쪽; 『光緒三十四年烟台口華洋貿易情形論畧』, 215쪽; 『宣統三年烟台口華洋貿易情形論畧』, 233쪽.

30) 중국의 대외무역 추이는 박혁순, 앞의 논문, 116쪽을 참조.

한 조건을 갖추지는 못하였기 때문에 항구로서의 역할은 제한적이었다.
우선, 연대항과 배후지의 교통상황을 보면, 연대는 항구를 통해 내륙으
로 연결되는 내륙하천이 없어서 화물을 육로에만 의존하여 운송하였는
데 당시의 주운송 수단이었던 노새마차에 의거하여 육로로 운송하거나
산동서쪽의 대청하(大淸河)와 소청하(小淸河)를 통해 운송해야 했다. 개
항 초창기 연대항을 통해 반출되던 짚공예품은 교제철도의 개통 이후 모
두 청도항으로 운송되어 타지로 반출되었는데 이것은 배후지 교통의 중
요성을 보여준다. 철도 개통 이후 청도항으로 들어온 수입상품들을 철도
를 통해 배후지로 운송할 수 있다는 장점은 연대가 갖추지 못한 조건이
다. 1904년 철도를 이용하여 산동 배후지로 유통된 수입상품은 모두
700만 냥이었는데 이듬해인 1905년에는 890만 냥에 달했다. 그 중에서
유현(濰縣)과 주촌(周村)으로 수출한 면포와 면사가 90% 이상의 큰 비
중을 차지했다.[31] 유현과 주촌은 원래 모두 연대항의 중요한 집산시장
이었는데 청도 개항 이후 물류의 동선이 청도로 바뀌었다. 또한, 연대항
의 항구시설도 청도항보다 미비했다. 개항 이후 50년 동안 연대의 항구
시설은 여러 차례 증축과 보수를 하였지만 1860년대 중반기부터의 부두
건설은 연대항의 항구조건을 근본적으로 개선하지는 못하였다. 그 중 가
장 중요한 것은 방파제를 건설하지 않았다는 점인데, 1908~1909년 두
해 동안 강풍으로 적하하지 못한 날은 다음의 통계와 같다.

〈표4-1〉 1908/1909년 강풍으로 작업하지 못한 일수

	적하 작업을 하지 못한 날		파손된 선박 수	
	1908	1909	1908	1909
1월	8	8	0	4
2월	4	11	1	0

31) 『近代山東沿海通商口岸貿易統計資料』, 143쪽.

3월	5	4	1	0
4월	1	1	1	0
5월	3	1	0	0
6월	1	0	1	0
7월	3	0	4	0
8월	0	1	0	0
9월	6	4	1	0
10월	3	5	0	2
11월	12	8	6	21
12월	6	6	0	0
총계	52	49	15	27

출전: 『在芝罘日本領事館管內狀況』, 2쪽.

위의 <표4-1>에서 보듯이 매년의 11월부터 다음해 3월까지 연대 등 산동반도의 북부해안 지역은 강한 북풍 때문에 1908년, 1909년 두 해 모두 선박이 50일정도 적하하지 못했고 파손된 선박도 수십 척에 달했 다. 화물의 적재와 하역은 풍랑이 일지 않고 고요할 때까지 기다려야 했 으며 가끔 나타나는 부빙(浮氷)도 선박의 입출항에 장애물이 되었다. 이 에 반해 청도는 산동반도의 남쪽 해안에 위치하고 있어 겨울 북풍의 피 해를 받지 않는 자연조건과 방파제 건설, 철도를 통한 배후지 연결이라 는 인공적 조건에서 모두 연대항보다 우월한 위치에 서게 되었다. 독일 이 청도를 점령한 후 군사적·경제적 목적을 위해 1898년부터 청도항을 대규모로 건설하기 시작하여 1906년까지 방파제를 비롯한 주요 공사가 완공되었다.[32] 항구의 물동량을 살펴보면, 1910년 연대항의 항구 물동 량은 40만 톤인데 1930년대까지도 큰 변화가 없었다. 그 후 청도항은 항구건설로 물동량이 계속 증가하여 1930년대 중반에는 연대항의 6~7 배에 달했다.[33] 이처럼 산동성 내의 개항장이 연대와 청도, 두 개의 항

---

32) 壽楊賓, 『靑島海港史』(近代部分)(人民交通出版社, 1986), 45~53쪽.

구가 경쟁하는 체제가 되자 연대항은 항구자체의 폐단과 배후지 교통의
불편으로 인해 1900년대 이후 두 항구의 성쇠가 엇갈리게 되었다.

그러나 1910년 이후 연대항의 무역이 완전히 사라진 것은 아니다. 평
균적으로 보면 감소도 하지 않았으며 무역액은 그대로 유지하고 있었다.
이는 청도항이 급성장한 이후에도 산동에서 연대항은 존재의 필요성이
있었기 때문이다. 우선, 지리적으로 보면, 청도에서 유현을 거쳐 제남에
이르는 철도가 산동의 중부를 연결하는데 산동반도 북쪽의 넓은 지역은
여전히 연대의 범위에 속했다. 청도 인근과 철도 연선을 제외한 산동반
도 북부 지역은 여전히 연대항으로의 접근성이 뛰어나기 때문에 이 지역
에서는 연대항을 통한 교역이 여전히 필요했다. 다음으로, 1910년 이후
면포와 등유 등 수입상품의 수입이 감소되었지만 헤어네트(發網)와 화변
(花邊: 공예품으로 의류 장신구로 쓰임)의 수출이 급성장하기 시작했다.
헤어네트와 화변의 생산지는 주로 연대 주변의 래주(萊州)와 청주(靑州)
였다. 따라서 이들 지역에서 생산된 상품들은 청도 개항 이후에도 연대
항을 통해 수출되었다.

2. 연대항의 무역구조

무역구조는 한 나라의 무역 총액에서 특정 품목의 상품이 차지하는
몫과 그것들 사이의 관계이다. 연대항 무역구조에 대한 분석은 연대항과
연대항 무역의 성격을 파악하는 데 큰 의의가 있다. 우선 연대항의 화물
유통을 그림으로 정리하면 아래와 같다.

---

33) 『近代山東沿海通商口岸貿易統計資料』, 130~131쪽.

〈그림4-2〉 연대항 화물 유통 구조

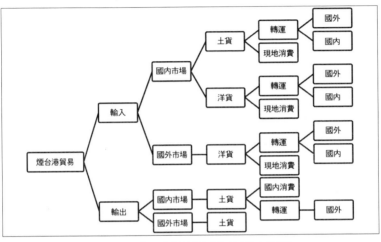

출처: 『中國舊海關史料』, 'CHEFOO' 부분의 통계체제에 근거하여 작성함.
비고: 轉運은 재수출의 뜻임.

위의 <그림4-2>와 같이 연대항의 무역은 수입 무역과 수출 무역으로
나눌 수 있다. 연대의 수출입 무역은 주로 외국산상품 수입과 중국 상품
수출·수입으로 구성되고 무역시장은 국내시장과 국외시장으로 나뉜다.
외국 상품 수입, 중국 상품 수입, 중국 상품 수출과 재수출은 상호 관련
되어 있다. 국내시장에서 들어온 중국 상품과 외국 상품 중 일부는 현지
에서 소비되고 일부는 국외시장이나 중국내의 다른 개항장으로 재반출
되었다. 마찬가지로 외국에서 수입한 외국 상품도 현지 소비와 국·내외
시장으로의 재반출로 나누어진다. 연대항에서 반출된 상품은 국·내외시
장으로 공급되었으며, 국내시장에 공급된 중국 상품은 국내에서 소비된
것 외에 남방의 개항장을 통해 외국으로 수출되는 경우도 있었다.

우장, 천진, 연대와 진황도(秦皇島)를 포함한 중국 북부의 개항장을
보면 거의 매년 막대한 무역적자를 기록하고 있으며, 적자의 폭은 1890
년대 중반 이후 급격하게 증가하고 있다.[34] 그렇다면 연대의 수출입비

중은 어떠했을까?

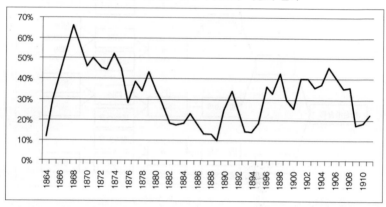

〈그림4-3〉 연대항 무역 수입초과 비중의 변화

출전: 『부록』에 근거하여 작성함.
비고: 수입초과 비중=수입초과 무역액/무역총액.

위의 <그림4-3>에서 나타나는 바와 같이 1864~1910년 사이 연대
항의 무역구조는 모든 해에 수입초과를 나타내고 있다. 수입초과 비중은
10%~60% 사이에서 증감되고 평균 30%의 비중을 차지하고 있다. 변화
추세를 살펴보면, 무역초과의 비중은 대체로 네 시기로 나눌 수 있다.
개항 초기에 수입초과의 비중이 계속 급증하였는데 그 원인은 외국상품
의 대량수입에 기인한 것이다. 그 후 1890년까지 수입초과 비중은 감소
추세를 보여 1889년에 최저치인 9%에 이르렀다. 이는 연대항 현지 중국
상품의 대량 수출과 연관되어 있다. 1899~1906년 사이의 수입초과 비
중은 증감 폭이 요동치면서도 대체로 증가하는 추이를 보였는데 이는 외
국에서 직접 수입되는 외국 상품의 증가 때문이다. 그러나 그 후 대부분
의 외국 상품이 청도항을 통해 수입되었기 때문에 수입초과 비중은 다시

34) 박혁순, 앞의 논문, 124쪽.

하락세로 돌아섰다.

연대항이 수입초과 항구가 된 요인은 중국무역의 환경과 밀접한 관련이 있다. 제2차 아편전쟁 이후 중국은 외국상품의 소비시장으로 전락하였기에 연대항의 수입초과는 당연한 결과였다. 또한, 연대항을 관리하는 동해관이 영국인에 의해 장악당한 상황에서 그들이 목적, 즉 면포 등 영국 상품의 수입을 도모하는 것에 맞게 운영되는 것도 당연한 일이었다. 마지막으로, 산동의 상품을 살펴보면 콩류와 짚공예 등 주요 수출품이 부가가치가 낮은 상품들이어서 무역 적자의 폭을 줄이는 데 한계가 있다.

〈그림4-4〉 연대항 무역의 각 부문별 비중(1864~1910)

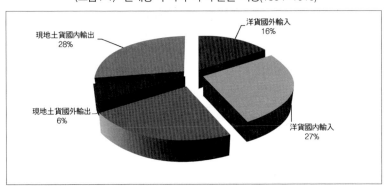

출전: 『부록』에 근거하여 작성함.

<그림4-4>에서 나타난 바와 같이 연대항 개항 이후 무역총액에서 수입의 비중은 66%이고 수출은 34%였는데 이를 통해 연대항의 수입초과 현상을 다시 한 번 확인할 수 있다.

무역의 각 부문을 보면, 외국 상품수입이 43%로 연대항 교역에서 매우 중요한 지위를 차지하고 있다. 그 중에서 외국 상품의 국외 수입과 국내 수입이 각각 16%·27%의 비중을 차지하는데 연대항으로 들어온 외국 상품은 국내의 다른 개항장을 통해 들어온 것이 더 많았다. 중국

상품의 국·내외 반출은 34%의 비중을 차지하는데 그 가운데 국내로 반출된 상품이 28%이고 국외로 수출된 것은 6%에 불과했다. 따라서 산동 내륙 배후지에서 생산된 물자와 상품은 주로 국내로 유통되었음을 알 수 있다. 외국 상품의 국외수입과 중국 상품 국외수출 등 국제무역은 모두 22%의 비중으로 연대항을 통해 거래되는 교역은 대부분 중국 국내교역임을 알 수 있다. 즉, 장기적으로 관찰했을 때, 연대항의 무역구조는 국내 개항장 간 무역이 중심을 이루고 외국 상품 수입과 중국 상품 반·출입의 성격을 보여 주고 있다.

연대항 교역 각 부문의 비중을 아래의 그림을 통해 분석해 보자.

〈그림4-5〉 연대항으로 반입된 외국 상품의 출발 항구별 추이(1864~1910)

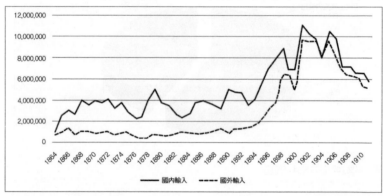

출전: 『부록』에 근거하여 작성함.
단위: 1865년 芝罘兩, 1875년부터 海關兩. 1海關兩≒1.044芝罘兩.

위의 <그림4-5>에서 드러나듯이 각 시기별로 국·내외에서 연대항으로 반입된 외국 상품의 비중은 차이가 명확하다. 1864년을 제외하고 국내의 다른 항구를 통해 연대항으로 들어온 수입 상품은 전체 외국 상품 수입량의 평균 70% 이상의 높은 비중을 차지하고 있다. 1895년부터 외국에서 직접 연대항으로 들어오는 외국 상품이 증가하기 시작하였는데 특히 1901년 이후에는 연대항으로 들어오는 외국상품 중 외국에서 직접 들어오는 상품이 국내의 다른 개항장을 통해 반입되는 물동량과 거의 같은 비중을 차지하게 되었으며, 특히 1904년에는 국내의 다른 개항장에서 수입된 외국 상품보다 더 많은 액수를 기록하기도 했다. 이는 외국에서 수입한 수입 포목이 늘어났기 때문이다.[35] 1901년에 외국 수입 원단이 가장 많이 증가하였는데 일본에서 직접 수입된 소원단(小原布), 면사와 등유의 증가폭이 제일 크고 미국의 무늬원단(斜紋布)과 거친원단(粗布)도 증가하였다.[36] 1900년까지 수입된 외국 상품의 양은 대체로 증가하는 추세였지만 그 후로는 뚜렷한 하락세가 나타났다. 청도 개항 이후 대부분의 외국 상품이 청도항을 통해 수입되었기 때문이다.

1894년까지는 국내의 다른 개항장을 거쳐 반입된 외국 상품이 연대항 교역량 중에서 큰 비중을 차지했지만 그 후 외국에서 직접 수입된 외국 상품의 증가로 1900년 이후 외국 상품의 교역량이 국내의 다른 개항장을 통해서 들어온 양과 외국에서 직접 들어온 양이 같아졌는데 이는 연대항이 국제항으로서의 역할이 커진 것을 보여준다. 이전에 연대항은 영국 등 유럽 국가들과의 직교역이 있었기는 하지만 무역량이 많지는 않았다. 그러나 청일전쟁 이후 연대와 일본 사이에 직항로가 개설되고 일본의 면포와 면사 등 제품이 연대항을 통해 산동내부지역으로 수입되었기 때문에 연대항 외국 상품의 수입량이 급증하였다. 1894년 이전 연대항은 국내무역망을 통해서 산동 내륙 배후지를 화중 경제권과 연결시키는 중계항의 역할을 하였지만 그 후로는 국제무역망을 통해서 일본 경제권과 긴밀한 관계가 형성되었다.

---

35) 『光緖二十二年烟台口華洋貿易情形論畧』, 108쪽. "査本口貿易情形除復出口不計外, 其進出口兩項貨値與上年比較, 多關平銀二百萬兩. 此兩年中貨物所多, 以洋布疋爲最."

36) 『光緖二十七年烟台口華洋貿易情形論畧』, 119~120쪽. "原布進口最盛, 較上年多十三萬九十三疋. 小原布較上年多十萬四百六十九疋. 其中日本者每百分得九十分."

〈그림4-6〉 연대항의 중국상품 국내·외 반출 비중(1864~1910)

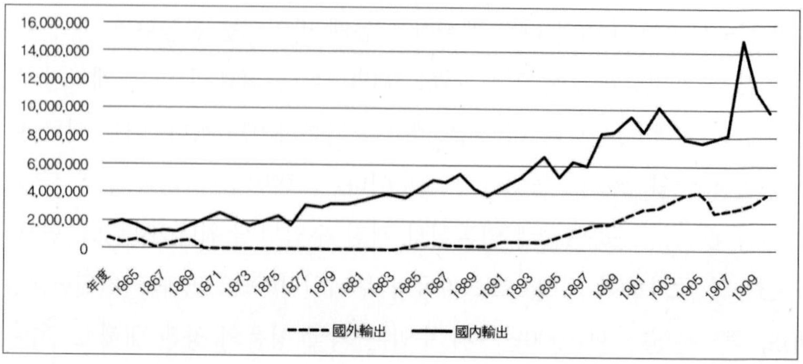

출전: 『부록』에 근거하여 작성함.

단위: 1865년 芝罘兩, 1875년부터 海關兩. 1海關兩≒1,044芝罘兩.

위의 <그림4-6>은 연대항에서 중국상품반출이 대체로 증가 추세를 보이는데 그 중 다른 지역으로 반출한 중국상품이 절대적으로 많음을 보여주고 있다. 연대항을 통해 국내의 다른 항구로 반출되는 중국 상품이 많았다. 자세히 보면 국내·외로 반출된 중국상품은 세 단계로 나눌 수 있다. 제1기는 개항 초기의 1860년대로 국내수출은 평균 70%를 차지하고 있다. 제2기는 1870~1880년대로 국내수출이 평균 90%를 차지하고 있다. 제3기는 1890년대 이후인데 국내반출 비중의 감소 추세가 나타나기 시작했고 특정년도에는 60%로 떨어진 것을 볼 수 있다. 이러한 변화 추이가 나타난 것은 외국으로 수출한 중국 상품의 증가에 기인하는데, 면화, 면포, 짚공예품, 잡화 등이 주요 수출상품이었다. 1900년 이후 해외로 수출된 중국 상품은 국내의 다른 지역으로 매출된 양보다 적기는 하지만 그 증가폭이 적지 않다. 이를 통해 중국 상품의 해외수출에서도 국제항으로서 연대항의 역할이 커진 것을 알 수 있다.

〈그림4-7〉 연대항의 중국상품 반입 변화 추이(1864~1910)

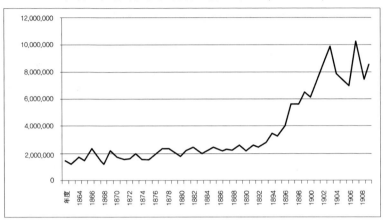

출전: 『부록』에 근거하여 작성함.
단위: 1865년 芝罘兩, 1875년부터 海關兩. 1海關兩≒1,044芝罘兩.

위의 <그림4-7>을 참고하여 국내의 다른 항구에서 연대항으로 반입된 중국상품 교역액의 변화 추이를 세 시기로 나누면 다음과 같다. 1861~1892년 사이에는 대체로 200만 냥 선을 유지하다가, 1893~1903년 사이에는 급성장했으며, 1904년을 전후하여 해마다 증감폭이 요동치면서 전체적으로 침체기로 접어든다. 1893년 이후 중국 상품 수입량의 증가는 상해항에서 반입된 중국상품량의 증가에 힘입었다. 1893년에 상해에서 연대항으로 반입된 중국상품액은 130만 냥이었고 1897년에는 223만 냥, 1904년에는 579만 냥에 이르렀다.[37] 또한, 1899년부터 무호(芙湖)에서 들어오는 중국 상품의 양도 증가하기 시작했다. 1899년에 무호에서 반입된 중국 상품 교역액은 159만 냥, 1904년에는 186만 냥에 달했다. 우장에서 들어온 중국 상품도 130만 냥에 달했다.[38] 이처럼 상해의 부흥과 무호, 우장에서 반입된 중국 상품의 증가로 연대항 중국 상

37) 『中國舊海關史料』, 20권, 98쪽; 25권, 113쪽; 39권, 204쪽.
38) 『中國舊海關史料』, 29권, 116쪽; 39권, 204쪽.

품의 반입은 1893년 이후 급속한 증가세를 보였다. 장기간에 걸쳐서 보면 연대항으로 들어오는 중국 상품의 공급시장이 다양해지고 있는 것을 알 수 있다.

이상을 통해서, 연대항은 국내항과 국제항의 역할 중에서 국내 교역망에서 더욱 큰 역할을 했다는 것을 알 수 있다. 연대항에서 국내의 다른 항구로 반출된 중국상품은 시종 절대적인 비중을 차지했고 1900년까지 국내의 다른 항구에서 반입된 외국 상품도 큰 비중을 차지했다. 연대항은 주로 중국 국내의 남북 교역망에서 외국 상품 반입과 중국 상품 수출항의 역할을 담당했다. 이것은 상해가 중국 경제의 중심이며 전국 개항장에서 모인 중국 상품을 수출하고 수입된 외국 상품을 전국으로 분산하는 핵심 기지였기 때문이다. 상해는 매년 국내의 다른 항구에서 대량의 중국상품이 집결되어 그 중 일부가 소비되고 대부분의 상품이 상해에서 외국으로 수출되었다. 수입의 경우도 마찬가지여서 해외에서 수입된 대부분의 외국 상품이 국내의 각 개항장으로 재반출되었다.[39] 수출을 하기 위해 연대항에서 상해로 옮겨진 상품과 상해항으로 수입된 외국 상품이 연대항으로 옮겨지는 과정은 국내교역으로 통계되기 때문에 연대항의 국내무역 비중이 더욱 높아지게 된다.

---

39) 張仲禮, 『近代上海城市研究1840-1949』(上海文藝出版社, 2008), 132쪽.

〈그림4-8〉 연대항 국내교역과 국제무역의 변화추이(1864~1910)

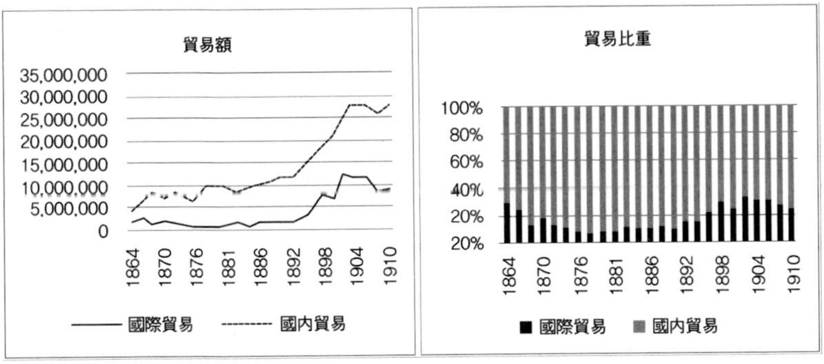

貿易額	貿易比重

출전: 『부록』에 근거하여 작성함.
단위: 1865년 芝罘兩, 1875년부터 海關兩. 1海關兩≒1,044芝罘兩.

위의 <그림4-8>을 보면 연대항 무역총액에서 국제무역과 국내무역의 변화추이를 더욱 명확히 알 수 있다. 여기서 나타나듯이 연대항의 무역총액에서 국내교역은 국제무역의 액수보다 더 많은 비중을 차지하고 있다. 먼저 교역 액수를 살펴보면, 청일전쟁 이전 국제무역총액은 평균 100만 냥에 그친 반면에 국내교역은 이미 700만 냥에 달했다. 그 후 국내교역액과 국제무역액이 모두 성장하기 시작하였는데 그중 국제무역액의 증가폭이 더욱 컸다. 청일전쟁 이후, 국제무역액은 100만 냥으로부터 1000만 냥까지 10배가량 증가하였고 국내교역은 1000만 냥으로부터 3000만 냥으로 3배 증가하였다. 다음으로, 국내교역과 국제무역의 비중을 살펴보면, 연대의 무역총액에서 국제무역은 20~30%의 비중을 차지하고 있는데, 개항 초기에 30%를 차지하다가 1870~80년대에 10%를 차지하였고 청일전쟁 이후에는 다시 30%의 비중으로 증가하였다.

청일전쟁 이후 연대 국제무역의 무역액과 비중의 증가는 국제정세의 변화와 밀접한 관계가 있다. 청일전쟁 이후 일본의 성장으로 연대항과 일본의 국제무역액도 대폭으로 증가했다. 개항 초기 홍콩과 영국은 연대의 주요 외국 상품 공급지였던 반면 일본이 차지하는 비중은 10%에 불과하였다. 그러나 청일전쟁, 특히 1900년 이후에는 연대항으로 수입된 외국 상품중에서 일본 상품의 비중이 40%를 초과하였다. 일본에서 연대 항으로 수입된 주요 품목은 면사와 성냥이었는데 그 중에서 면사가 가장 큰 비중을 차지하고 있었다. 또한, 인천개항 이후 연대-조선의 무역도 성 장하기 시작했다. 1883년 인천개항 초기에 연대와 조선의 무역액은 미 미하였지만 1894년 이후 조선에서 대량의 인삼이 수입되기 시작하면서 연대-조선의 무역액이 연대항 국제무역 중에서 10%를 차지하였다. 이처 럼 1900년부터 연대와 일본 및 조선의 무역은 연대항 국제무역의 절반 이상을 차지하게 되었다. 또한, 연대항의 중국 상품 수출도 1900년 이후 연대-일본의 비중이 50% 이상을 차지하게 되었다. 개항 초기에 일본으 로 수출한 상품은 주로 견주(繭紬: 중국 산둥 지방에서 나는 명주), 약품 과 콩류였다.[40] 1898년 이후 대일본수출에서 가장 큰 비중을 차지한 품 목은 야잠사(野蠶絲)와 견주였는데 일본은 이것을 가공한 후 다시 유럽 으로 수출하였다. 연대항에서 조선으로 수출된 중국상품은 2~3%의 비 중이었다. 이에 반해 연대-홍콩의 비중은 개항 초기의 90%로부터 40% 로 감소했다.[41] 즉, 연대항 무역의 주요 대상국이 영국(홍콩을 포함)으로 부터 동아시아의 일본과 조선으로 바뀌기 시작했음을 알 수 있다.

　1895년 이후 연대와 미국 사이의 무역도 증가했다. 1904년에 이르기 까지 미국에서 연대항으로 수입된 물량은 130만 냥으로 연대항의 외국 상품 수입 총액에서 16%를 차지했다. 그 가운데 등유(燈油)가 가장 큰 비중을 차지했다. 러시아로 수출한 중국 상품의 무역량은 1899년 이전 까지 러시아 현지에 거주하는 산동인의 증가로 인해 지속적으로 성장되 는 추세가 나타났다. 수출상품은 주로 당면(粉絲), 의류, 곡식과 육류였 다. 그러나 1904년 이후 연대-러시아의 무역이 중단되었는데 러일전쟁

40) 『中國舊海關史料』, 2권, 9쪽; 3권, 132쪽.
41) 『中國舊海關史料』, 各年版을 참조.

에서 러시아의 패배와 산동이민의 감소 등이 주요한 원인이다.

개항 이후, 1860년대에 연대항에서 거래되던 상품들의 종류가 개항 이전에 비해 많이 증가하였는데 해관통계를 보면 수입품은 50여 종, 수출품은 10여 종이었다. 1880년에 이르면 수입품은 70여 종, 수출품은 30여 종으로 늘고 1900년대에 들어오면 수입품이 100여 종, 수출품은 40종이 넘었다.[42] 연대항에서 취급되던 수출입 상품을 다음 <표4-2>를 통해 분석해 보자.

<표4-2> 연대항으로 수입된 주요 상품들(1865~1910)

연도	아편(담)	면제품(필)	금속품(담)	오일(갤런)	설탕(담)
1865	2,685	247,237	26,758	1,006	183,722
1870	4,194	907,269	39,080	1,841	202,753
1875	3,189	738,163	13,373	3,388	334,537
1880	2,402	968,433	38,146	17,406	254,089
1885	422	1,307,104	66,568	53,082	207,667
1890	309	1,411,876	161,572	613,036	295,975
1895	454	1,145,172	148,136	2,585,487	255,096
1900	934	1,303,977	174,822	4,844,342	140,102
1905	440	2,160,353	259,980	10,073,669	358,217
1910	288	2,166,838	90,391	3,458,214	201,557

출전: 『中國舊海關史料』, 각년판에 근거하여 작성함.
비고: 1담=60.453kg, 1필=6丈, 1갤런(미)=3.785리터

1888년 이전까지 중국으로 들어온 수입상품 중에는 아편이 가장 큰 비중을 차지했으나 1882년 이후 중국 국내산 아편의 풍작 등으로 인해

---

42) 『中國舊海關史料』, 2권, 34~35쪽; 11권, 93~95쪽; 41권, 275~277쪽.

외국산 아편 수입은 크게 감소했다.[43] 이러한 결과는 연대항의 교역에
서도 그대로 나타났다. 위의 <표4-2>에서 드러나듯이 아편은 연대 개
항장의 중요한 수입품으로 개항 이후 대량으로 수입되어 1880년 이전
외국 상품수입총액에서 40%가량의 비중을 차지하였다. 그러나 위의 표
에 나타난 무역량은 실제 아편수입의 70%이며 나머지 30%가량의 아편
은 밀수로 수입되었다.[44] 연대항으로 수입된 아편의 종류는 다섯 가지
였는데[45] 그 중에서 白皮土(Malwa)가 90% 이상의 높은 비중을 차지하
고 있었다.

연대항으로 수입된 아편은 해외에서 직접 수입한 것이 아니라 주로
상해항으로 수입된 것을 다시 반입한 것이다. 1865년에 상해에서 반입
된 아편은 모두 2,180담으로 아편수입총액에서 80% 이상의 큰 비중을
차지했다.[46] 중국 최대 중계항구로서의 상해가 연대항 아편교역에서 큰
역할을 한 것이다.

1880년대 이후 아편수입이 급감하였는데 이는 수입 아편의 소비가
감소한 것이 아니라 산동 현지에서 아편재배를 시작하였기 때문이었
다.[47] 연주(兗州)의 등현(藤縣)과 제령(濟寧)의 금향(金鄕)이 아편의 주
요 생산지역이었는데 금향은 생산지이자 거래중심지이기도 하였다. 매
년 금향에서 등주부(登州府)의 황현(黃縣)으로 1,050담, 래주부(萊州府)

---

43) 박정현, 「1868-1913년 중국 대외무역의 구조와 특징」,(『대구사학』87, 2007), 11~12쪽.

44) *Embassy and consular commercial reports in 1878*, p.47. "It would therefore appear,
   roughly speaking, that only 70 percent. of the opium imported into China, passes
   through the Foreign Inspectorate of Customs."

45) Malwa, Patna, Benares, Persian, Prepared.

46) 『中國舊海關史料』, 2권, 24쪽.

47) *Embassy and consular commercial reports in 1888*, p.2. "The import of the foreign drug
   is dependent upon the supply of the native product, and the increased import in
   the years 1886 and 1887 is due to the failure in those years of the native crop.
   ...... it was solely caused by the successful competition of the native drug."

의 액현(掖縣)으로 2,450담을 운송하였는데 그 중에서 1,750담이 연대, 위해 등 인근 지역으로 재판매되었다. 수광현(壽光縣), 안구현(安邱縣) 과 청주부(靑州府) 모두 아편의 생산지였는데 매년 1,000담이 생산되었 다. 그 밖에 제남부(濟南府), 동창부(東昌府), 태안부(泰安府), 무정부(武 定府), 임청부(臨淸府), 기주부(沂州府)와 조주부(曹州府)도 모두 아편의 생산지였다. 이처럼 산동성에서 매년 28,400담, 482만 냥 가량의 아편이 생산되었다.[48]

아편 다음으로 중국의 대외무역에서 큰 비중을 차지했던 상품은 면직 물이었다. 이 가운데 면제품이 가장 많았고, 면사도 적지 않아 1898년에 는 전체 중국의 무역품목중 교역량 수위를 차지했다.[49] 연대항의 경우 를 보면 면제품은 1865년의 24만 필에서 1910년에는 217만 필로 9배, 연평균 4만 냥씩 증가하였다. 1880년대 이후 100만 필을 넘어선 이후에도 지속적으로 증가세를 보이면서 전체 외국 상품 수입 중에서 큰 비중을 차 지하여 1890년대에는 40%를 차지하게 되었다.[50] 면제품의 종류는 20~30 여 종에 달했는데 그 중에서 무명천(本色細布: Grey Shirting), 거친원단(粗 布: T-Cloths), 면포(Sheetings) 등이 중요한 면제품이다. 1890년대 이후 면사는 면제품 중에서 가장 많은 비중을 차지하게 되었다. 1890년대 연 대항의 면사 수입액은 전중국 면사 수입액의 10%를 차지하였다.[51] 처 음에는 영국과 인도의 면사가 많이 수입되었으나 1890년대 들어서면서 일본 면사가 가장 많이 수입되었다.[52] 1890년 이전 면제품의 주요 수입 경로는 아편과 마찬가지로 상해를 통해 재반입된 것이다. 그러나 그 후 일본과의 교역이 왕성해지면서 면제품의 수입 경로는 일본과의 직교역

48) 『中國舊海關史料』, 152권, 63~64쪽.
49) 박정현, 앞의 논문(2007), 13쪽.
50) 『中國舊海關史料』, 152권, 43쪽.
51) 『中國舊海關史料』, 152권, 43~44쪽.
52) 『中國舊海關史料』, 153권, 61쪽.

으로 바뀌었다.

금속품은 아편과 면제품에 이어 교역량이 많은 품목이다. 1865년의 2.6만 담에서 1905년의 26만 담으로 증가하여 10배 가량 증가하였다. 금속품의 종류도 철, 주석, 도금주석, 납, 구리, 강철과 수은 등 여러가지가 있는데 그 중에서 철, 특히 고철(Old Iron)이 가장 높은 비중을 차지했다. 1887년 이후에는 고철의 수입 비중이 가장 많았다. 이는 연대의 교통상황과 관계되는데 산동은 산길이 많고 상인들은 주로 노새를 이용하여 화물을 운송하다 보니 노새의 편자에 대한 수요가 많았기 때문이다. 또한 농기구, 마차설비, 밥솥과 자전거 등에도 수요가 발생되었다.

기름(Oil)은 개항 초기인 1860년대에 수입되기 시작하여 1880년대 이후, 특히 1890년대 이후 수입량이 급증하면서 연대의 중요한 수입품으로 부상하였다. 오일은 수입량이 적었던 동유(Wood Oil)를 제외하면 대부분이 등유(Kerosene Oil)였는데 그 중에서 미국 등유가 절대적으로 많은 비중을 차지하고 있었다. 특히 1905년 미국 등유의 수입이 1,000만 갤런으로 최고치를 기록했고 그중 650만 갤런의 등유가 미국에서 연대로 직접 수입되었다.[53] 등유가 대량으로 수입된 것은 과거에 쓰던 두유(豆油)에 비해 가격이 저렴하고 더 밝았기 때문이다.[54] 등유는 연대항으로 수입된 미국 상품 중 가장 대표적인 상품이었다. 등유는 연대를 미국 경제권과 연결시킨 매개체이며 연대항의 국제항의 성격을 보여준다.

설탕은 연대항으로 반입된 중국 상품 중에서 가장 큰 비중을 차지하고 있었다. 화남 경제권의 산두와 복주 등 지역은 설탕의 원료인 사탕수수의 주요 생산지이다. 수입 설탕은 황설탕(Brown Sugar), 백설탕(White

---

53)『光緖三十一年烟台口華洋貿易情形論畧』, 10쪽.

54)『中國舊海關史料』, 152권, 56쪽. "Of the reasons given for the rapidly increasing popularity of Kerosene Oil among the Chinese, the most feasible seem to be its cheapness and its superior light when compared with Bean Oil."

Sugar)과 사탕(Candy Sugar) 등 세 종류였는데 그 중에서 황설탕의 수입이 가장 많았다. 설탕의 반입량은 다른 수입품에 비해 상대적으로 안정적이었는데 평균 20~30만 담이 연대항으로 반입되었다. 1874년 설탕의 반입량은 중국 상품의 전체 반입량 중에서 60%를 넘었으며 1880년대 내내 평균 40%~50%의 높은 비중을 차지하였다.[55] 1892년 이후에는 동남아 설탕의 대량 수입으로 중국 국내산 설탕의 반입이 감소하기 시작하였다. 1910년에 이르기까지 해외 설탕의 수입은 국내 설탕 반입량의 4배를 초과하였다.[56] 그 원인은 연대에 주재하는 복건, 광동의 상인들이 중국 남방의 설탕을 반입하면서 산동의 콩류를 반출하였고, 동시에 자바 설탕의 위탁판매에 종사했기 때문이었다. 설탕의 수입은 태고양행(太古洋行), 이화양행(怡和洋行)과 삼정양행(三井洋行)에서 주로 취급했다.[57] 설탕은 원래 연대항 국내 교역 품목 중에서 대표적인 상품이었으나 동남아 설탕의 수입으로 공급원이 국외로 바뀌었다.

〈표4-3〉 연대항의 주요 수출품(1865~1910)

연도	두병	콩류	짚공예(草辮)	사(絲)	당면
1865	756,324	470,471	607	402	31,378
1870	769,142	399,229	4,087	1,306	50,482
1875	1,066,814	286,638	17,072	1,402	77,435
1880	967,717	189,873	33,368	7,218	103,320
1885	1,263,722	169,793	32,938	11,095	114,547
1890	1,087,505	89,148	40,614	13,939	151,743
1895	817,675	132,126	50,406	19,301	115,068

55) 『中國舊海關史料』, 5권, 861쪽; 8권, 515~516쪽; 16권, 97쪽.
56) 『中國舊海關史料』, 52권, 375쪽.
57) 木村增太郎, 『支那の砂糖貿易』(糖業研究會, 1914), 334~335쪽.

1900	1,159,638	65,047	35,737	23,115	151,851
1905	1,233,180	75,302	10,836	22,376	163,385
1910	468,823	27,569	21	35,241	236,473

출전: 『中國舊海關史料』, 각年版에 근거하여 작성함.
단위: 담

위의 <표4-3>과 같이 연대항을 통해 반출된 품목 가운데 두병·콩류
가 가장 큰 비중을 차지하고 있었는데 개항 후 최초 10년 동안에는 중국
상품 매출 총액에서 50%가량을 차지하였다. 그 후 다른 수출품목의 증
가로 그 비율이 점차 떨어졌다. 두병은 연대항의 중요한 수출품으로 개
항 초기 70만 담에서 청 말기에 100만 담 이상으로 증가하였으며, 산두,
하문과 복주 등 화남지역으로 많이 판매되어 현지에서 당류작물(糖類作
物: 사탕수수 등)의 비료로 많이 쓰였다.[58] 콩류의 매출은 개항 초기에
40만 담에 달했다가 그 후 산동의 당면과 기름공장의 부흥에 따라 점차
감소되었으나 만주지역에서의 콩류 반입은 계속 증가하고 있었다.[59]

두병과 콩류의 반출은 연대의 대표적인 반출품으로서 연대항이 국내
교역망과 국제 교역망에서의 역할을 뚜렷하게 보여주는 상품이다. 청일
전쟁 시기까지 두병은 주로 산두 등 중국 남방지역으로 판매되었는데 이
는 국내무역망에서 연대항의 위치와 역할을 보여주고 있고 그 후 일본으
로 대량 수출되었다는 것은 연대항이 가지는 국제항의 성격을 보여준다.
그뿐만 아니라 연대 인근 지역에서 생산되는 콩만으로는 그 양이 부족했
기에 우장에서 많은 양의 콩류를 반입하여야 했고 이는 또 산동지역과
동북지역의 경제를 연결시키는 매개체가 되었다.

연대 지역 특산품인 짚공예품의 수출은 개항과 더불어 성장하기 시작

---

58) *Embassy and consular commercial reports in 1892*, p.6. "Beancake goes principally to
   Swatow to be used as manure for the sugar-cane grown there."
59) 莊維民, 『近代山東市場經濟的變遷』(中華書局, 2000), 41쪽.

하였다. 짚공예품의 수출은 1865년의 600담에서 1895년의 5만 담으로 증가한 뒤 점차 감소하다가 1910년 청도의 개항으로 인해 거의 사라졌다. 청일전쟁 이전 짚공예품의 수출액은 연대항 무역에서 20%를 차지하고 전국의 짚공예품 수출에서 60% 이상의 비중을 차지하고 있었다.[60] 연대 짚공예품의 수출 경로는 두 가지였는데 하나는 영국 미국 등의 국가로 직접 수출하는 것이고, 다른 하나는 상해나 천진 등 다른 개항장을 거쳐 해외로 재수출하는 것이었다. 후자가 짚공예품의 주요 수출경로였다.

짚공예는 연대항의 주요 수출품으로서 연대항의 수출에서 중요한 역할을 차지했을 뿐만 아니라 전국의 짚공예품 수출에서도 절반 이상의 비중을 차지했다. 그러나 짚공예품의 수출은 청도항의 개항 이후 연대항의 쇠퇴와 더불어 사라졌다. 이는 연대와 청도의 배후지가 겹치고 연대항과 배후지 사이의 교통조건이 불편하였기 때문이다. 청도항은 교제철도를 통해 산동 내륙 배후지의 짚공예품 집산지였을 뿐만 아니라 발달한 국제 항로를 통한 직접 유럽으로 수출하는 곳이기도 하였다. 1913년 연대항의 짚공예품 수출이 이미 완전히 사라졌을 때에도 청도항에서는 모두 8.7만 담을 수출했는데, 그 가운데 해외로 직수출한 것은 7.1만담으로 80% 이상의 비중을 차지했다.[61]

사(絲)의 수출은 1880년대 이후 급속히 증가하기 시작하였는데 1865년의 402담에서 1910년에는 3.5만 담으로 증가하여 놀라운 속도로 성장하였다. 사의 수출은 주로 견주(Silk Pongees), 생사(Raw Silk), 황사(Yellow Silk)와 폐사(Refuse silk) 등으로 구성되었다. 사는 상품가치가 높기 때문에 연대항의 중국상품 수출에서 20~40%의 높은 비중을 차지하게 되었다. 사와 짚공예품의 수출액은 연대 중국상품의 절반 이상을 차지하였다.

---

60) 『近代山東沿海通商口岸貿易統計資料』, 170~171쪽.

61) 『近代山東沿海通商口岸貿易統計資料』, 141쪽.

연대는 사의 중요한 생산지였다. 1877년 연대에서 최초의 소사공창(繅絲工廠)이 나타나 연대 주재 영국영사관의 주의를 끌었다.[62] 독일 보흥양행(寶興洋行)이 만든 이 공장은 연대소사국(煙臺繅絲局)이라고 불렀는데 설립 당시 직기(織機) 200대가 있었다. 기계를 외국에서 도입하여 사용하였고 관리원으로 외국기사를 고용하여 엄격히 품질을 관리하여 이 공장에서 생산한 제품은 품질이 좋았다.[63] 1903년에 이르기까지 연대의 기계식 소사공장은 3개, 수동식 소사공장은 16개가 설립되었고 근로자는 모두 5,500명에 달하였으며 연간 8,250담의 생산량을 갖추었다.[64] 따라서 사의 수출증가는 관련 산업의 발전을 촉진하고 근로자들을 불러 모으는 요인이 되었다.

당면도 연대항의 중요한 수출품으로 1865년의 3만 담에서 1910년의 24만 담으로 증가하여 연평균 10%의 증가율을 기록하였다. 산동의 황현(黃縣)은 당면의 주요 생산지였는데 매년 생산액이 200만 냥이었고 주로 홍콩으로 수출되었다. 당면의 생산원료인 녹두는 봉천(奉天) 등지에서 작은 배로 연대로 반입되었다.[65] 홍콩으로 수출한 상품은 대부분 해외로 수출되었는데, 이 또한 연대항의 국내교역과 국제무역항의 역할을 동시에 보여주는 것이다.

---

62) *Embassy and consular commercial reports in 1877*, p.39. "I may mention that premises for silk-reeling on somewhat extensive scale, and with the most approved European machinery, have been erected at this port by a German firm during the year under review."

63) 孫毓棠, 『中國近代工業史資料』(科學出版社, 1957), 75쪽.

64) 『光緒二十九年烟台口華洋貿易情形論畧』, 13쪽.

65) 『中國舊海關史料』, 152권, 80쪽.

3. 무역과 연대 상인

상방(商幇)은 같은 지역 출신의 상인들로 구성된 동향(同鄕) 상인단체
이다. 개항 이전부터 광방(廣幇: 광동[廣東]), 조방(潮幇: 산두[汕頭]),
건방(建幇: 복건[福建]), 영파방(寧波幇: 영파[寧波]), 관리방(關裡幇: 직
례[直隸]), 금방(錦幇: 동북[東北]) 상인들이 연대에서 상업과 무역에 종
사하였다. 그러나 연대의 상호(商號)는 20~30호에 불과하였다.[66] 남방
의 상인들은 남방의 종이, 죽제품, 설탕 등 물품을 연대로 운송하고 연대
의 당면, 소금과 생선 등의 상품을 남쪽으로 운송하여 판매하였다.[67] 연
대 개항 이전에는 주로 남방 상인들의 북진 양상이 뚜렷하여 연대의 상
인들은 남방 상인들이 주류를 이루었다.

개항 이후 각지의 상방들이 연대에서 큰 세력을 유지하며 경쟁하였는
데 그 중 산동 상방이 가장 큰 세력을 가지고 있었다. 1880년대 연대항
의 무역량은 2,000만 냥 정도에 이르렀는데 그 중 산동 상인은 1,400만
냥을 취급하여 70%의 큰 비중을 차지했으며, 산두 상인은 160만 냥, 직
례 상인은 100만 냥, 하문 상인은 80만 냥, 광동 상인은 60만 냥, 기타
상인은 200만 냥의 비중을 차지하였다.[68] 20세기 초에는 산동 상인이
70%, 광동 상인이 15%, 영파 상인이 10%, 나머지 5%가 복건 상인과
기타 상인들이었다.[69] 1907년이 되면 산동 상인의 세력이 더욱 늘어나
70~80%가량의 시장을 점유하게 되었다.[70]

연대항을 무대로 활동하던 상인은 주로 중국 연해지역 출신의 상인들

---

66) 民國 『福山縣志稿』, 卷5, 商埠志, 緣起.
67) 王守中, 郭大松, 『近代山東城市變遷史』(山東敎育出版社, 2001), 105쪽.
68) 『中國舊海關史料』, 152권, 58쪽.
69) 莊維民, 앞의 책, 305쪽.
70) 『淸國事情』, 218쪽.

이다. 그들은 연해무역에서 쌓은 경험을 이용하여 점차 연대의 산동 중
국상품 수출과 국내산 상품 반입을 독점하였다. 연대의 상방은 대부분
상방 소재지의 상품을 취급하였다. 이는 그들이 빠른 시간에 세력을 확
장할 수 있었던 배경이 되었다. 영파의 소주와 종이, 우장의 콩류, 산두
와 하문의 설탕 등 상품을 모두 현지의 상방들이 취급하고 있었다.71)

1880년대 연대와 산두 사이에 교역이 번창했을 때는 산두상인의 비
중이 컸다. 그들은 개항 초기의 아편 유통을 독점했고 설탕, 두병, 당면,
생선 등의 상품을 취급하여 산두와 연대 간의 무역에 종사하던 다른 경
쟁자들을 따돌렸다. 그러나 남방 설탕 반입량의 감소에 따라 산두상인의
세력도 쇠퇴하기 시작했다. 하문상인 역시 초창기에는 대만과 연대 간의
유통을 장악했으나 대만이 일본에게 할양된 후 거래량이 줄어들기 시작
하여 하문상방도 연대 시장에서 사라지게 되었다.

남방 상방의 쇠퇴와 더불어 산동 상인들은 현지인이라는 장점을 이용
하여 점차 세력을 확장하였다. 청 초기부터 연대 개항까지 산동 상인들은
주로 운하연안(運河沿岸), 교동(膠東: 산동반도 교래하[膠萊河]의 동쪽,
청도, 연대, 위해 등 산동반도의 동쪽 대부분 지역이 포함됨)의 등주, 래
주 지역과 교주(膠州)의 인근 지역에 분포하고 있었다. 운하연안의 상인
들은 남북을 연결하는 운하무역에 종사하였는데, 비단, 차, 도자기 등 전
통적인 품목을 취급했다. 교동상인들은 동북지역과의 무역에 종사하였는
데, 소금과 곡물을 취급하는 상점이 많았다. 또한, 교주상인들은 발달한
내륙하천과 운하를 이용하여 민선교역(民船貿易)에 종사하였다.72) 이처
럼 오래전부터 산동 상인들은 현지의 조건에 맞춰 상업 활동을 하였다.

개항 이후, 상인들은 점차 연대로 모여들어 개항장 교역에 종사하기

---

71) 『中國舊海關史料』, 153권, 64쪽.

72) 莊維民, 「近代山東商人資本地域分佈結構的變動及影響」(『齊魯學刊』 157, 2000),
157~158쪽.

시작했다. 산동 상인들은 주로 연대와 국내 개항장 사이의 거래에 종사
했다. 이들 상인들은 지역별 특성을 가지고 있는데 제남 상인은 면포를
주로 취급했고 청주와 래주 상인은 비단을 취급했으며 황현 상인은 당면
교역에 종사했다. 상해는 중국 경제중심지이자 산동 상인의 주요 활동무
대이기도 했다. 1870년대 중반 이후 연대와 상해 간의 교역이 활성화되
면서 상해에 주재하는 연대 상인의 숫자도 늘어났다. 홍콩은 연대항에서
운송된 상품들이 수출되는 중요한 국외수출항이었는데 산동 상인들은
홍콩과의 무역에서 중요한 역할을 하였다. 산동 상인들이 홍콩에 지점을
설치하여 연대와 홍콩 간의 거래에 종사했던 광동상행이 22개 지점에서
8개 지점으로 감소하였다.[73] 산동의 본점과 상해, 홍콩 등 큰 개항장에
개설된 대리점은 산동 상인들의 교역망을 확장하고 다른 지역 상인들과
의 경쟁에서 우위를 점하게 해주는 전제조건이자 관건이었다. 산동 상
인, 특히 연대 상인들의 교역망은 국내에 한정되지 않고 조선, 일본, 러
시아를 비롯한 국외시장으로도 적극 확장되었다. 1890년의 『관보초존통
상보고(官報抄存通商報告)』를 보면 조선, 일본과 러시아에서 무역에 종
사하는 산동상호가 40여 호 이상이었는데, 이들은 주로 행잔(行棧: 숙박,
화물보관, 매매와 중개 등의 업무를 하는 업종), 잡화와 미역 무역에 종
사하였다. 그 중 대표적인 상호는 대성잔(大成棧)과 만순영(萬順永)이었
는데 자본금이 각각 80만 냥과 20만 냥 이상이었다.[74] 연대-조선 간의
무역에는 연대 상인들이 거의 시장을 독점하였다. 인천개항 이후 조선과
산동 간의 범선무역은 대부분 연대항을 중계항으로 이용한 것이었다.[75]
이렇듯 연대 상인들은 중국 각지의 상인들과 경쟁하면서 산동 내륙 배후
지, 상해와 홍콩 등 중계항 및 일본과 조선의 주요항구를 포함한 무역망

73) 『中國舊海關史料』, 152권, 59쪽.

74) 古田和子, 앞의 책, 110~114쪽.

75) 『淸季中日韓關係史料』, 1770~1775쪽.

을 넓혀 나갔고 이 무역망을 이용하여 중국 상품 수출과 외국 상품 수입 등의 교역을 하였다. 무역망을 만든 것은 상인들이 이윤을 추구한 결과 이지만 이는 또한 연대 무역의 발전을 촉진시키는 역할을 하였다.

아편전쟁 이후 개항장과 내지의 화상(華商)들은 서양 상인과 직접 거래하지 않고 대부분 행잔상인(行棧商人)을 통해 거래하였다.[76] 연대 개항 이후 교역량이 증가함에 따라 상호가 증가하기 시작했는데 그 중에서 행잔이 가장 큰 비중을 차지했다. 행잔은 일종의 중계무역상으로, 행잔상인들이 행장을 경영하면서 특정한 상품을 취급하기도 했다. 자본이 풍부한 상인은 주로 곡물, 설탕, 목재와 잡화를 취급했는데 자본금이 5만 냥을 넘는 상호가 26개에 달했으며, 자본총액은 600여 만 냥을 넘었다. 이 중 자본금이 10만 냥 이상인 상호는 대성잔(大成棧)이 100만 냥, 서공순(西公順)이 20만 냥, 쌍순태(雙順泰)가 20만 냥, 서성(瑞盛)이 15만 냥, 만순영(萬順永)이 50만 냥, 쌍성태(雙盛泰)가 100만 냥, 만순항(萬順恒)이 100만 냥, 만성잔(萬盛棧)이 10만 냥, 이미(怡美)가 13만 냥, 만성화(萬盛和)가 10만 냥, 진성(晉盛)이 30만 냥 등이 있었다. 이런 상호들은 일본, 조선, 러시아 등지에 지점을 설립하였는데 이들의 거래는 시장에 큰 영향을 미쳤다. 또한 광동방(廣東幫)과 영파방(寧波幫)은 연대에도 20여 개 큰 상호를 설립했다.[77]

연대에서 행잔 상인의 증가는 개항 이후 무역의 발전과 상품유통의 확대에서 비롯되었다. 먼저, 연대 개항 이후 상품유통의 구조가 바뀌었다. 산동 배후지의 자원이 연대에서 1차 집산되고 수출되었으며, 연대항으로 수입된 화물도 상인을 통해 산동 내륙으로 유통 되었다. 이러한 상품 유통과정의 모든 과정은 모두 상인이 관여하여야 가능하다. 다음으로, 두병, 짚공예, 당면 등 수공업의 발전으로 원재료의 공급과 생산품의

---

76) 莊維民, 앞의 책, 245쪽.

77) 東亞同文會編纂局, 『支那經濟全書』 第7輯(東亞同文會編纂局, 1908), 190~192쪽.

판매에 새로운 유통과정이 요구되었다. 전통 상인이 무역의 변화와 요구에 호응하지 못하는 경우 행잔이 나타나 새로운 유통과정에서 필요한 수요를 채워준 것이다. 즉, 행잔 상인의 출현은 무역발전의 결과라고 말할 수 있다.

〈표4-4〉 청말 연대의 주요 업종별 상호의 수량

업종	잡화상	사탕상 (砂糖商)	운송업	객잔 (客棧)	목재상	약재상	통관업 (報關行)
수	60	30	28	26	25	25	21
업종	곡물상	노새운송 (騾棧)	도기상 (陶器商)	견주상 (絹紬商)	서적상 (書籍商)	도료상 (漆店)	기선업 (汽船業)
수	20	16	6	4	4	4	3

출전: 『淸國事情』, 218~222쪽.

위의 <표4-4>를 통해 몇 가지 사실을 확인할 수 있다. 첫째, 개항 이후 40여 년 동안 연대 상인의 세력은 크게 성장하였다. 상인들은 연대항의 주요한 반출품목인 곡물, 설탕, 목재, 사(絲)제품과 기타 잡화를 취급하는 비중이 높아 전체 상호의 절반 이상인 150여 개에 달하였다. 둘째, 무역이 성장함에 따라 화물운송과 관련된 업체가 많이 나타났다. 당시 연대와 내륙지역의 교통은 대부분 산길이므로 노새를 이용한 운송 상호가 16개에 달했고, 현대사회의 물류회사와 비슷한 성격의 운송업체도 28개에 이르렀다. 셋째, 무역서비스를 제공하는 업체가 많았다. 상인의 왕래로 말미암아 숙박을 경영하는 객잔(客棧)이 많이 생겨서 모두 26개에 달했다. 눈여겨 볼만한 것은 통관수속을 대리하는 업체도 26개로 많이 나타났다는 점이다. 이러한 업체들의 출현은 연대항의 무역 활성화와 출입국 인원의 확대를 보여준다. 넷째, 일반 서민들을 위한 서비스업도 출현하여 연대의 도시규모가 일정한 규모를 갖게 되었음을 알 수 있다. 인구가 증가함에 따라 약국도 많이 생겨나서 모두 25개에 달했는데 그 중 대표적인 동인당(同仁堂)은 아직도 곳곳에서 그 명맥을 이어오고 있다. 서점도 나타나기 시작했고 청상(淸商)들이 운영한 기선회사도 있었다.

연대 개항 이후 외국 상인들은 양행을 설치하여 무역을 하였다. 1864년 영국 상인이 연대에서 처음으로 화기양행(和記洋行)과 회창양행(匯昌洋行)을 설치하여 무역과 화물운송을 경영하였다. 개항 초기 대부분의 양행은 국제무역에 종사했고 면제품의 수입을 독점하다시피 했다. 1890년까지 모두 13개 양행이 설립되었는데 그 중에서 영국양행은 6개(화기양행[和記洋行], 이기양행[履記洋行], 자대양행[滋大洋行], 부리양행[傅利洋行], 복래양행[福來洋行], 뉴문반점[鈕門飯店])로 제일 많았고 독일양행은 3개(앙사양행[盎斯洋行], 합리양행[哈利洋行], 순덕반점[順德飯店])가 있었으며 덴마크양행(安比格牛奶鋪)과 네덜란드양행(新美洋行)이 각 1개씩 있었으며 일본양행은 2개(삼정양행(三井洋行), 고교호(高橋號))가 있었는데[78] 이들 양행은 1894년에 이르러 대부분 파산하고 연대에 있는 양행중 서양 상인들이 운영하는 양행은 11개만 남게 되었다.[79] 청일전쟁 이전까지 연대의 서양계(西洋系) 양행의 세력, 특히 영국양행의 세력이 가장 크고 외국 상품수입에서 가장 큰 영향력을 가지고 있었다.

청일전쟁 이후 청나라가 외국 상인의 중국내 직접 투자를 승인하자 양행이 많이 설립되기 시작하였으며 특히 일본인이 연대시장에 대거 진출하기 시작했다. 승전과 함께 일본은 경제권 장악을 노리며 양행을 설립하여 연대의 영국 무역에 대항하기 시작하였다. 일본양행과 영국양행의 경쟁은 무역을 통해 진행되었다. 일본은 연대항으로부터 면사를 대량으로 수입했다. 일본의 면사수입은 1893년부터 시작되었는데 그 해의 수입은 인도와 영국의 면사수입이 많았고 연대항에서 수입된 면사의 비

---

78) 『檔案』, 「咨報現住煙台各國領事姓名並洋商行棧字號由」.
79) 『檔案』, 「咨報本年秋季煙台口岸各國領事姓名洋行字號由」.

중은 전체의 6%밖에 되지 않았다. 그러나 이후에는 증가폭이 매우 컸다. 1894년에 영국면사의 수입량을 초과하였고 1897년에는 인도의 수입량을 초과하였으며 1900년에 이르면 전체 면사수입의 90% 이상을 차지하게 되었다. 성냥 매매의 점유율은 1895년 20%에서 1900년에는 거의 100%를 차지하게 되었다.[80) 결국 1900년대부터 연대항 국제 무역에서 일본 상인은 절대적 우세를 차지하게 되고 연대 면사시장의 가장 큰 도매상인이 되었다.

연대 양행의 수는 1891년의 11개로부터 1901년의 26개로 급증했다. 그 중에서 일본 양행이 제일 많아 10개에 달하였고 영국 양행이 7개로 제2위를 차지했으며 독일은 4개, 미국은 3개, 프랑스는 2개가 있었다.[81) 1902년까지 연대에 설립된 43개 양행 가운데 일본양행이 26개에 달했다.[82) 1911년에 이르면 중국 상인과 양행의 경쟁으로 총 29개 양행이 남았는데 일본 양행이 13개였고 영국 양행은 4개밖에 없었다.[83) 청일전쟁 시기부터 청 말까지 15년 동안은 일본인 양행의 성장과 서양인 양행의 위축이라는 특징을 보여주고 있다. 양행의 성쇠는 중국에 대한 각국의 영향력과 관계가 있다. 1907년 이전 연대에 양행의 영업범위를 정리하면 아래와 같다.

80) 『中國舊海關史料』, 20권, 93쪽; 22권, 97쪽; 23권, 82쪽; 25권, 107~109쪽; 31권 105~108쪽.
81) 『中國舊海關史料』, 153권, 69쪽.
82) 『中國舊海關史料』, 155권, 234쪽.
83) 『中國舊海關史料』, 156권, 204쪽.

〈표4-5〉 1907년 연대 양행의 현황

국가	상호	영업범위
일본	상정양행(三井洋行)	인삼, 면화, 면직물, 사탕, 연초, 석탄, 맥분, 목재수입, 두병, 콩기름, 잠사수출, 잠사제조
일본	횡빈정금은행(橫濱正金銀行)지부(芝罘)출장소	은행업
일본	암성상회(岩城商會)	석탄상
일본	등전양행(藤田洋行)	귀금속보석, 시계
일본	태신양행(泰信洋行)	선박업
일본	기화양행(其和洋行)	선박업
일본	산현양행(山縣洋行)	선박업
일본	화화양행(和華洋行)	선박업, 석탄, 목재상
일본	백석양행(白石洋行)	잡화상
일본	화신양행(華信洋行)	잡화상
일본	대삼양행(大森洋行)	잡화상
일본	강야회생당(岡野回生堂)	약품매매상
일본	동양관(東洋館)	사진업
일본	애국정(愛國亭)	숙박업
일본	고교여관(高橋旅館)	숙박업
일본	청수여관(淸水旅館)	숙박업
독일	앙사양행(盎斯洋行)	선박업, 보험대리, 초변(草辮) 및 작잠사(柞蠶絲)수출
영국	태고양행(太古洋行)	선박업, 사탕(砂糖)수입, 보험 및 은행, 대리점
영국	화기양행(和記洋行)	선박업, 은행 및 보험대리, 초변(草辮) 및 작잠사(柞蠶絲)수출, 잠사제조
영국	성기양행(盛記洋行)	경매류(競賣類), 선박검사
독일	첩성양행(捷成洋行)	선박업, 은행대리
?	Momullan & co.	잡화
러시아	사미양행(士美洋行)	은행, 보험대리, 주류상, 선박업
-	합리양행(哈唎洋行)	잡화상
미국	미부양행(美孚洋行)	석유
?	Zimmerman & Co.	선박업
?	춘성양행(春生洋行)	잡화
?	Beach Hotel	숙박업

출전: 『淸國事情』, 223~225쪽.

위의 <표4-5>에서 확인할 수 있듯이 청 말에 이르면 연대에서 일본 양행의 세력이 크게 성장하여 숫적으로도 절대적 비중을 차지하고 업무의 범위도 매우 광범했다. 삼정양행(三井洋行)은 일본양행 가운데 경영 범위가 가장 광범위하여 두병, 콩기름(豆油), 작잠사(柞蠶絲: 산누에고치에서 켠 실), 면화(棉花), 면직물(綿織物), 사탕(砂糖) 등 연대항에서 주요 상품들을 취급했을 뿐만 아니라 담배, 석탄, 밀가루, 목재 등의 상품도 취급했다. 그 외에 태신양행(泰信洋行)과 기화양행(其和洋行) 및 산현양행(山縣洋行) 등 선박을 경영하는 양행이 있었고 화신양행(華信洋行)과 대삼양행(大森洋行)을 비롯한 잡화상과 고교여관(高橋旅館) 등 숙박업, 횡빈정금은행(橫濱正金銀行) 지부출장소(芝罘出張所)와 같은 금융업도 있었다. 일본양행은 항운, 상품유통, 금융업과 잡화 경영으로 영업 범위를 확대했을 뿐만 아니라 많은 숙박시설과 사진업 등의 서비스업으로도 영역을 확대하였다. 숙박시설의 증가는 이 시기에 연대에 출입하는 일본인이 급증하였기 때문이다. 20세기 초반에 이르면 일본인이 경영하는 양행이 연대에서 숫적으로 절대적인 비중을 차지하게 되었다.

한편, 서양인이 경영하는 양행의 숫자는 줄어들었지만 연대에 미치는 영향은 결코 줄어들지 않았다. 영국의 화기양행(和記洋行)은 여전히 항운업을 장악하였고 짚공예품과 사(絲)의 유통에서도 큰 비중을 유지하고 있었으며 은행과 보험도 대리하고 있었다. 미국의 미부양행(美孚洋行)은 석유업의 전문업체로서 미국에서 연대항으로 수입되는 등유 유통을 독점하고 있었고, 독일의 첩성양행(捷成洋行)은 항운업과 은행업을 경영하고 있었다.

이상에서 확인하였듯이 개항 초기에는 영국인 소유의 양행이 연대에서 큰 비중을 차지했지만, 그 후에는 일본인의 양행이 연내 양행의 대세를 장악하였다. 연대 개항 이후 외국 상인들이 양행을 설치하여 외국 상품 수입을 주도하였으나 연대항의 교역에서는 주로 중국 상인들이 상권을 장악하였다. 외국의 아편, 면제품과 금속 등 상품을 수입하는 외국 상인들은 1891년까지 세력이 축소되었다. 짚공예품과 사제품(絲製品)을 제외한 중국 상품의 수출도 대부분의 유통을 중국 상인들이 장악하고 있었다.[84] 연대에서 산동상인을 중심으로 한 중국 상인들이 만든 무역망은 상품유통에서 더욱 큰 영향력을 발휘하였다고 할 수 있다.

다른 시각으로 볼 때, 연대항의 교역에서 산동상인들이 양행을 압도한 것은 '개항은 제국주의 세력의 식민지 침략과 착취를 위한 통로'라는 기존의 이론에 허점이 있음을 보여 주고 있다. 연대의 개항은 서양국가의 경제적 요구에 의한 것이었지만 산동상인들에게 얻기 힘든 상업 기회를 제공해 주었다. 연대가 개항되자 중국 국내의 전통적인 상품을 기존의 방식대로 유통시키던 산동상인들이 개항장으로 이동하여 외국 상품을 수입하고 중국 상품을 수출하기 시작했다. 이 중 많은 상품은 기존에 없었던 것들이며 유통과정 또한 새로운 과정이었다. 대부분의 상품유통 과정을 산동상인들이 장악했다는 것은 기존의 이론과 다른 개항의 긍정적인 측면을 보여주고 있다. 따라서 개항에 대한 평가는 식민지 착취를 위한 원인과 과정이 있었던 반면, 결과적으로 나타난 긍정적인 측면 또한 소홀이 다루어서는 안될 것이다.

---

84) 『中國舊海關史料』, 152권, 58쪽. "The trade here lies principally in the hands of Native merchants, Among the Imports, several varieties formerly dealt in by Foreign firms, such as Foreign Opium, Piece Goods, and Metals, have reverted to Chinese hongs. Among the Exports, Straw Braid and Silk are mostly dealt with by Foreign merchants, but the trade in other goods is in Native hands."

Ⅴ. 연대와 조선의 항로와 무역

1. 연대와 조선 사이의 항로[1]

(1) 정기항로의 개설과 기선의 운항

19세기 중엽부터 급속도로 진행된 교통·통신수단의 기술혁신, 1869년 수에즈 운하 개통, 미국 대륙횡단철도 개통 등은 세계교통망을 양적·질적으로 크게 변화시켰다.[2] 1861년에 등주가 아닌 연대를 개항한 것은 영국 등 서구열강들의 경제적 필요에 의한 일방적 대체 개항이었으나, 연대를 중심으로 놓고 보면 연대가 중국 무역시장에 편입되고 개항장의 구성원이 된 결정적인 계기가 되었다. 지리적으로 보면, 연대는 중국 북쪽의 중심지역에 위치한 남북교통의 중추 항구이다. 연대를 개항하기 전에는 상해 북쪽의 넓은 지역에 개항장이 없었기 때문에 상해에 집산된 외국상품을 북방으로 판매하는 것에 한계가 있었다. 천진조약이 체결된 후, 연대, 우장, 천진이 연이어 개항되어 중국 북방의 3항체제가 형성되었는데 그 중 연대는 북방3항 가운데 제일 남쪽에 위치하고 상해와 가장 가까운 북방 개항장이었으므로 남북개항장 사이의 중계항구가 되었다.

소풍수웅(小風秀雄)의 연구에 따르면 1873년까지 청의 정기항로는 상해-산두(汕頭), 상해-천진, 상해-연대-천진-우장, 상해-한구(漢口), 상해-산두-홍콩-광주(廣州), 상해-영파(寧波), 상해-여송(呂宋: 필리핀 루손섬(Luzon)), 상해-나가사키(長崎)-고베(神戶) 등으로 상해를 중심으로 국내

1) 이 부분은 「근대 煙臺와 仁川 간의 항로」(『한중인문학연구』40집, 2013)라는 제목으로 발표하였다.
2) 小風秀雄, 『帝國主義下の日本海運－國際競爭と對外自立』, 山川出版社, 1995, 11쪽.

외 주요 개항장이 연결되어 있었다.3) 아편전쟁 이후 상해가 개항되어 중
국의 핵심적인 무역항으로 성장하였고 1883년 인천개항에 이르러 조선
과의 무역이 해관통계에 공식적으로 나타나기 시작했다.4) 즉, 상해는 중
국 국내·국외의 핵심적인 물류와 교통의 중심지였으나 조선과의 사이에
는 직항로가 개설되지 않고 있었음을 보여준다.

1882년 8월 체결된 조청상민수륙무역장정(朝淸商民水陸貿易章程)은
한중 양국 사이에 체결된 최초의 근대적 통상장정이다. 양국의 역사적·
전통적 관계에 비추어볼 때 이것은 획기적이고 전환적인 역사적 사건이
며 나아가 무역부문에서도 근본적인 변화를 가져오게 된 괄목할만한 일
이다.5) 장정은 개항장에 상무위원의 파견, 조선내 중국인의 치외법권,
양국상선의 왕래, 양국상민의 무역, 식량과 용수공급을 위한 어선의 해
안 정박 등 내용이 명문화되어 있다. 장정에는 영사재판권에 대한 규정
등 조선의 주권을 무시한 불평등한 내용이 포함되어 있고 청의 지위가
조선 내에서 우위를 점하는 기초가 될 수 있어,6) 이 장정이 양국을 종속
관계로 규정하고 있다는 해석의 여지가 남아 있지만 그 중 많은 내용은
양국이 근대 국제관계체제로 전환되고 있음을 보여준다고 해석할 수 있
다. 특히, 이 장정이 체결된 이후 양국 간 무역관계는 전통적 조공체제로
부터 근대적 조약체제로 변화되었다.

이 장정에서 무역과 관련된 주요 내용은 해상교통의 개방과 무역의
자유화이다. 관련된 조약내용은 아래와 같다.

> 제3조 양국 상선은 피차 통상 항구에 들어가 교역을 할 수 있다. 모든 싣고
> 부리는 화물과 일체의 해관에 바치는 세금은 모두 양국에서 정한 장정에 따

---

3) 小風秀雄, 앞의 책, 61~64쪽.
4) 『中國舊海關史料』, 11권, 12~13쪽.
5) 김종원, 「조·중상민수육무역장정에 대하여」, 『역사학보』 32, 1966, 120쪽.
6) 김종원, 위의 논문, 167쪽.

라 처리한다. 피차 바닷가에서 풍랑을 만났거나 얕은 물에 걸렸을 때에는 장소에 따라 정박하고 음식물을 사며 선척을 수리할 수 있다. 일체의 경비는 선주의 자비로 하고 지방관은 타당한 요금에 따른다. 선척이 파괴되었을 때에는 지방관은 대책을 강구하여 구호해야 하고, 배에 탄 여객과 상인과 선원들은 가까운 항구의 피차 상무위원에게 넘겨 귀국시켜 앞서 서로 호송하던 비용을 절약할 수 있다. ……

제4조 양국 상인이 피차 개항한 항구에서 무역을 할 때에 법을 제대로 준수한다면 땅을 세내고 방을 세내어 집을 지을 수 있게 허가한다. ……

제7조 다만 조선에는 현재 병상(兵商)의 윤선이 없다. 조선 국왕은 북양대신과 협의하고 잠시 초상국의 윤선을 매월 정기적으로 한 차례 내왕하도록 할 수 있으며, 조선 정부에서는 선비 약간을 덧붙인다. ……[7]

위의 내용을 보면 양국의 선박은 상대국의 항구에 정박하여 세금을 낸 후 무역할 수 있게 되었으며, 각국이 서로 상대국의 선주(船主)와 상인을 보호할 의무가 있었다. 또한 상민무역의 편리를 위해 토지임대와 주거건축 등의 권리를 상호 부여하였다. 제7조에서는 기선이 없었던 조선의 해로 통상을 위하여 초상국(招商局) 윤선의 정기운항 및 청 병선의 조선연해왕래와 정박을 규정하였다. 이처럼 조청상민수륙무역장정의 체결은 양국의 해상자유무역에 법률적 근거를 제공하였다.

1882년에 장정이 체결된 후 양국의 상선(商船)은 상대국의 개항된 항구에 정박하여 무역을 할 수 있게 되었다. 그러나 1883년 인천이 개항되고 연대와 조선 사이에 무역창구가 열렸음에도 양국 간의 무역은 활발하

---

7) 王鐵崖, 『中外舊約章彙編』第一冊, 三聯出版社, 1957, pp.404~407. "第三條 兩國商船聽其駛入彼此通商口岸交易. 所有卸載貨物與一切海關納稅則例, 悉照兩國已定章程辦理. 倘在彼此海濱遭風, 擱淺, 可隨處收泊. 購買食物, 修理船隻 一切經費均歸船主自備, 地方官等妥爲照料. 如船隻破壞, 地方官當設法救護, 將船內客商水手人等送交就近口岸, 彼此商務委員轉送回國……; 第四條 兩國商民前往彼此已開口岸貿易, 如寧分守法, 准其租地, 賃房, 建屋……; 第七條 "……惟朝鮮現無兵商輪船, 可由朝鮮國王商請北洋大臣暫派商局輪船, 每月定期往返一次, 由朝鮮政府協貼船費若乾……".

게 진행되지 못하다가 1886년에 이르러서야 조선과의 무역이 활성화하기 시작하였는데[8] 이것은 1886년까지 연대와 조선 간의 정기항로가 개설되지 못하여 왕래한 선박이 매우 적었기 때문이었다.[9]

1886년까지 조·청 사이에 왕래한 선박이 매우 적었던 이유는 무엇인가. 우선, 청의 병선이 조·청 간에 자주 왕복하였기 때문이다. 임오군란 때 출병한 청군 3,000명이 남양만(南陽灣)·한성·수원 등에 주둔하였고, 군함이 수시로 왕래하였으므로, 초상국 윤선의 운항이 시급하지 않았다. 청상(淸商)은 남양만이나 마산포에 항상 정박해 있던 군함으로 왕래하면서 한성까지 진출하였다.[10] 또한, 청은 조선과의 무역에 대해 손실을 걱정했기 때문에 항로 개설에 적극적이지 않았다.

1883년 11월 1일 장정의 제7조에 근거하여 조선총리각국사무아문(朝鮮統理各國事務衙門)과 중국상해윤선초상총국(中國上海輪船招商總局)은 조중수선왕래협약장정(朝中輪船往來合約章程)을 체결하였는데 초상국은 한 달에 한 번씩 윤선 1척을 파견하여 상해-인천 간의 항해를 담당하되 초상국 선박의 운영과정에서 손실이 발생하면 조선이 인천항의 세금으로 보상해야 한다[11]는 내용이 포함되었다. 그래도 청은 조청무역에 대한 믿음이 없고 선박운영의 손실을 걱정하였기 때문에 1884년 1월 후

---

8) 『中國舊海關史料』, 152권, 54쪽. "Corea was opened to Foreign ships in 1882, and it was anticipated that Chefoo would do a brisk trade with the peninsula; but this was not the case, as, until 1886……."

9) 『中國舊海關史料』, 152권, 54쪽. "Vessels to and from Corea were few and far between till, in 1886……"

10) 나애자, 「개항후 청·일의 항운업침투와 조선의 대응」, 『이화사학연구』 17·18, 1988, 418쪽.

11) 亞細亞問題研究所, 『舊韓國外交文書』, 高麗大學校亞細亞問題研究所, 1965~1983. (이하는 『舊韓國外交文書』로 약칭함.) 『淸案』, 1册, 6쪽. "朝鮮國願保招商局周一年不致虧缺資本, 由此合約開辦, 初次來船之日起計十二個月之後, 即按右列第二條章程, 將該船所賒之水脚及所費, 各使用之帳清算總結, 若招商局果有虧缺資本若干, 則朝鮮國自願照數由仁川口海關填賠."

속조약을 맺어 청은 운송비의 이익을 보장 받기 위해 특정한 선박 1척을 파견하여 상해-인천 간을 왕래하되, 연대·인천·부산·나가사키·상해 혹은 나가사키·부산·원산·연대·상해를 경유하겠다고 결정하였다.[12] 이렇듯 상해-인천 항로는 연대를 비롯한 많은 기항지의 증설을 보장 받은 다음에야 개설되었다.

그 후 초상국 윤선 부유호(富有號)가 연대와 조선 간에 왕래하기 시작하였는데, 상인과 승객의 이용이 많지 않아 1883년 11월과 12월, 1884년 1월 3차례 운항한 뒤 중단되었다. 상해와 조선 사이에 왕래하는 상인이 적고, 조청무역이 단시간에 증가하지 않았으며, 선박의 왕래에 따른 손실의 증가로 초상국이 조선 측에 요구하는 배상액이 많아졌기 때문이다.[13] 배상액이 많아진 조선은 1884년 7월, 청에게 선박을 더 이상 파견하지 말라고 요청하였다.[14] 이렇게 조청 간의 정기항로가 폐지된 후, 청상(淸商)은 이화양행(怡和洋行)의 정기선으로 매달 2회씩 상해로부터 회항하는 남승호를 이용하였다. 그러나 남승호도 적자운항을 이유로 1884년 10월에 운항을 중단하여 인천항의 청상은 대개 수출입품의 운송을 일본의 정기선에 의뢰하였다.[15] 이처럼 인천개항 이후 조청은 정기항로 개설을 시도했으나 무역량이 기대에 미치지 못하여 선박의 운행이 매우 부정기적이었기 때문에 상인 왕래가 불편했다. 이는 또한 조청무역의 발전에 장애로 작용하였다.

---

12) 『舊韓國外交文書』, 『淸案』, 1册, 19쪽. "訂定輪船每月來往一次, 生意難期興旺, 該船恐致虧賠, 不如請招商局專派一船, 常川來往上海·朝鮮, 兼繞走烟台·長崎各埠, 該船可多得水脚, 而仁川·釜山兩埠生意必大加興旺, 關稅必大有裨補, 實爲兩益之事……"

13) 『舊韓國外交文書』, 『淸案』, 4册, 124~125쪽. "朝滬來往客貨寥寥, 商務急切, 尙難暢旺, 敝局若再派船行走虧折, 旣難自認, 朝鮮賠累, 亦恐愈久愈多……"

14) 『舊韓國外交文書』, 『淸案』, 4册, 128쪽. "査按月派船, 寔爲利益本國起見, 但本國諸港商務尙未興旺, 目下兩相見虧, 急切難補, 理應暫停月派, 俟商務稍旺, 再行照章辦理, 實爲公便……"

15) 나애자, 앞의 논문, 419~420쪽.

연대와 조선 간 정기항로의 개설은 1886년 이후에나 이루어졌다. 이
때 조청 항운을 담당한 것은 주로 일본우선회사(日本郵船會社)의 기선
이었다. 1883년 우편기선 미쯔비시 회사 부산 지점의 출장소가 처음 설
치된 후, 1885년 10월 공동운수회사와 합병을 결정하였고 이를 일본우
선회사가 인계하였다.16)   1886년에 일본우선주식회사(日本郵船株式會
社)의 선박 2척이 고베와 천진 사이를 총 64회 항해하였고 부산, 인천과
연대에 기항하였다. 이 항로는 조선에 증가하던 청국상인 및 청국으로부
터의 수입품 대부분을 운송하였다.17) 이때부터 연대는 공식적으로 조선
과 중국의 무역망에 편입되었다.

그 후 1889년 일본우선회사는 블라디보스톡-상해선을 신설하여 정기
운항하였다. 이 항로로 인해 연대는 원산과도 직접 항로가 연결되었
다.18) 1889년 연대와 조선의 무역총액은 13만 냥으로 기록되었는데 이
는 상해-연대-조선-훈춘(暉春) 간의 항로를 새롭게 개설한 영향이다.19)
또한 일본우선주식회사는 1891년 고베·우장선(牛莊線)을 개통하였는데
기선 1척이 4주에 1회씩 양쪽에서 출발하며 왕복 모두 연대에 기항했다.
단, 우장항이 결빙하면 연대까지만 운항하였으며, 대개 세 번에 한 번은
양쪽에서 출발했다.20) 일본이 조청항운업을 독점할 수 있었던 것은 내

---

16) 정혜중 번역·해제, 양윤모 역주, 『譯注仁川事情』, 인천광역시 역사자료관 역사문
    화연구실, 2004, 36쪽.(青山好惠, 『仁川事情』, 朝鮮新報社, 1892.)
17) 황은수, 「개항기 한중일 정기 해운망과 조선상인의 활동」, 『역사와 현실』 75,
    2010, 207쪽.
18) 『中國舊海關史料』, 152권, 54~55쪽. "In 1889 the Japanese line commenced to
    run a steamer between Shanghai and Vladivostock via Chefoo and Corean ports,
    thus bringing Chefoo and Yuensan in touch."
19) 『光緒十五年烟台口華洋貿易情形論畧』, 44쪽. "……本年之數倍多於上年祇以初開
    新路, 係自上海駛烟台往朝鮮再暉春, 此路輪船不往東洋."
20) 樂師寺知朧·小川雄三 편집, 김석희 옮김, 『신찬인천사정』, 인천대학교 인천학연
    구원, 2007, 56쪽.(樂師寺知朧·小川雄三, 『新撰仁川事情』, 朝鮮新報社, 1898.)

부적으로는 자국 기선회사들의 경쟁을 방지하기 위해 회사의 통합을 유도하여 거대 기선회사를 출범시켰고, 외부적으로는 기선회사에 보조금을 지급하였기 때문이다.[21] 그러나 일본항운세력의 확장은 중국과 조선 사이에 항운 부족의 공백을 채워 결과적으로 연대와 조선의 무역왕래를 촉진시키는 역할을 하기도 하였다.

1891년 일본우선회사의 독점운항을 이용한 횡포에 블라디보스톡에 있는 청상이 반발하는 일이 발생하여 청상들은 세베레브 기선회사와 기선 블라디미르호(900톤)를 이용하는 계약을 체결하고 블라디보스톡-상해선을 개설하여 원산, 부산, 나가사키, 연대를 기항하였다.[22] 이때부터 러시아 기선도 연대와 조선의 항운에 참여하게 되었다.

조선개항 이후 조선시장에 진출한 청상이 많아졌으나 양국 간을 왕래한 상선은 없었다. 범선들은 항해의 안전성을 확보하기 어려웠기 때문에 청상들은 일본우선회사의 기선을 이용할 수밖에 없었다. 그러나 일본우선회사는 양국 간의 항운을 독점하고 중국 상인을 협박하거나 속이는 경우가 많아서 청상들이 상당히 불만스러워했다. 그래서 인천에 거주하던 청상들은 1887년부터 원세개(袁世凱)에게 조청해로에 중국 선박을 투입해 달라고 요청하였다.[23] 윤선초상국은 청상의 요청을 받아들여 1888년부터 중국 윤선초상국의 광제호(廣濟號)가 상해와 인천 간의 항로를 개통하여 연대에 기항하게 되었다.[24] 적재량 313톤급인 광제호는 왕복운

---

21) 황은수, 앞의 논문, 207쪽.

22) 나애자, 『韓國近代海運業史硏究』, 국학자료원, 1998, 126~128쪽.

23) 中央硏究院近代史硏究所, 『淸季中日韓關係史料』, 泰東文化社, 1972, 2597쪽. "朝鮮自通商以來, 華人前去貿易日多. 仁川一口前年稅計四萬餘元. 惟中國商輪不往, 民船冒險, 只能搭日本輪船. 致被壟斷抑勒, 挾制盜騙之案疊出. 衆華商積憤難平……因招商局不敷駛費中止, 而日本輪船竟欲獨霸口岸……袁世凱稟請囑商務稅司飭煙滬在華商赴朝鮮稅項內, 每年酌提津貼, 益以華商年包水脚, 卽租招商局一船來往仁川煙滬……"

24) 『中國舊海關史料』, 152권, 54~55쪽. "In 1888 the China Merchants' Steam

행에 약 20일이 걸렸다.[25] 해관통계에 근거하여 윤선초상국의 항운 상
황을 살펴보면 아래와 같다.

〈표5-1〉 초상국 윤선의 연대-조선 운항 횟수와 화물 적재량(1888~1893)

연도	조선 입항		연대 출항		총계	
	회수	적재량(톤)	회수	적재량(톤)	회수	적재량(톤)
1888	14	4,355	14	4,355	28	8,710
1889	17	12,278	17	12,278	34	24,556
1890	18	7,660	18	7,660	36	15,320
1891	17	10,841	17	10,841	34	21,682
1892	17	14,243	17	14,243	34	28,486
1893	18	14,011	18	14,011	36	28,022

출전:『中國舊海關史料』,14권, 557쪽; 15권, 612쪽; 16권, 638쪽; 17권, 634쪽; 19권, 188쪽;
21권, 168쪽.

위의 <표5-1>에 나타난 바와 같이 1888~1893년 사이에 초상국의
윤선이 정기적으로 조선을 왕래하고 있었음을 알 수 있다. 1888년을 제
외하면 연평균 17~18차례 항해하였으며, 연간 적재량은 8천~2만여 톤
에 이르렀다. 운항으로 발생한 적자를 메우기 위해 청 정부는 매년 세관
의 수입에서 12,000냥을 보조했다.[26]

초상국의 상해-연대-인천 항로의 개설을 적극적으로 추진한 것은 쌍

Navigation Company, under subsidy from Government, ran a steamer between
Shanghai and Chemulpo, calling, both coming and going, at Chefoo."

25)『中國舊海關史料』, 14권, 554쪽.

26)『淸季中日韓關係史料』, 3155쪽. "由煙滬兩關在華商到韓稅項下, 每月酌提銀一千兩,
以資津貼, 試辦三再視情形酌覆辦理. 現屬三年期滿. 旣准北洋大臣轉飭査明, 朝鮮商
務驟難興旺, 近日由滬煙等處運貨赴仁川覓見色, 其由仁川運回貨物毫未加多……如
使煙滬兩關津貼裁減, 並無別項養船之策. 商局喫虧, 勢必卽議停止. 擬於保護華商,
維持藩屬之初意, 難以久持……"

성태(雙盛泰)와 유증양(裕增詳) 등 산동상호(山東商號)였다. 이 산동 상호의 본점은 연대에 있었는데 쌍성태의 본점은 1890년에 자본금이 이미 10만 냥을 넘어 연대에서 규모가 가장 큰 상호 중의 하나가 되었다. 이 항로의 개설을 추진한 것은 연대에 본점을 두고 있던 중국 상호들이 함께 세웠던 계획인데 이들 상호는 모두 30여 개에 달했다. 그들은 함께 상해-인천 항로를 개설하여 화물을 운송하기로 하였는데 이들이 취급하는 화물은 바로 상해로 수입된 서양면포를 연대로 운송하여 인천으로 다시 수출하는 것이었다.[27] 청국의 기선은 정부의 보호와 지원 아래 연대를 거쳐 상해와 인천 사이를 운항하며 청국 상인의 무역권익을 보호하는 데 큰 역할을 하였던 것이다. 그러나 1894년 청일전쟁의 발발로 이 항로는 폐지되고[28] 청국과 조선을 왕래하던 상인들은 또 다시 일본 기선을 이용할 수밖에 없었다.

〈표5-2〉 청일전쟁 이전 연대-조선 간의 주요 항로

국가	회사명	연도	선명	총톤수	항로명칭	주요 기항지
일본	우선회사	1886	玄海丸	1,917	고베-천진선	나가사키-부산-인천-연대
일본	우선회사	1889	肥後丸	1,354	블라디보스톡-상해선	원산-부산-인천-연대
일본	우선회사	1891	尾張丸	1,125	고베-우장선	나가사키-부산-인천-연대
러시아	세베레브기선회사	1889	블라디미르호	900	블라디보스톡-상해선	원산-부산-나가사키-연대
청	윤선초상국	1888	廣濟號	313	인천·상해선	연대

출전:『中國舊海關史料』, 152권, 54~55쪽;『신찬인천사정』, 56~57쪽;『譯注仁川事情』, 37쪽;『日本郵船會社五十年史』(1935), 630~632쪽; 나애자,『韓國近代海運業史硏究』, 126~136쪽.

---

27) 古田和子,『上海ネットワークと近代東アジア』, 東京大學出版會, 2000, p.100.

28)『신찬인천사정』, 57쪽.

위의 <표5-2>를 보면 1886년부터 중국, 일본과 러시아가 모두 연대 항로를 개설한 것을 알 수 있다. 일본우선회사는 모두 3개 항로를 개설하여 한중일 삼국의 개항장을 연결시켰는데, 총적재량이 4,500여 톤에 이르렀다. 러시아는 한중일 삼국을 관통하는 항로를 개설하였는데 적재량은 900톤에 불과하였다. 청의 항운세력이 이들 중 가장 미약하였는데, 인천과 상해선만 개설했고 적재량은 300톤으로 일본의 7%에도 미치지 못하는 규모였다. 항로의 수, 거리, 선박의 수량과 적재량 등 모든 방면에서 일본 항운회사가 압도적으로 큰 규모를 유지하였다.

청일전쟁이 발발하자, 위의 <표5-2>에 명기된 일본기선은 모두 징발되어 운항이 중단되었다.[29] 1895년 이후 일본은 종전의 고베-천진선, 고베-우장선의 운항을 재개하고 블라디보스토크(海參崴)-상해선을 연장하였는데[30] 모두 연대에 기항하였다.[31] 이때부터 일본은 연대와 조선 간의 항운을 독점하였다.

일본이 청국과 러시아 등의 국가와 경쟁하며 동아시아에서 적극적으로 항로를 개설하고자 한 것은 무역에서 더욱 적극적인 이윤을 추구하였기 때문이다. 일본은 영국제 면직물의 중계무역을 통해 조선에서 상당한 이익을 취하고 있었는데, 당시 인천의 개항과 더불어 면직물에 대한 수요가 증대함에 따라 청상 및 구미(歐美)무역상이 급증하여 일본의 상권을 위협하고 있었다.[32] 일본인의 이익 추구는 결과적으로 연대를 동아

---

29) 『日本郵船會社五十年史』(1935), pp.127~129.
30) 『신찬인천사정』, 56~57쪽. "기선 2척으로 운항하여 4주에 1회씩 양쪽에서 출발한다. 갈 때는 상해·연대·인천·나가사키·부산·원산에 기항하며, 올 때는 원산·부산·나가사키·시모노세키·고베·지룽·복주·하문 등 항구에 기항한다. 단, 블라디보스톡 항이 결빙되면 1척으로 줄여서 4주마다 홍콩과 고베에서 출발하고, 갈 때는 상해·인천·시모노세키에, 올 때는 사모노세키·기룽·하문에 기항한다."
31) 나애자, 앞의 책, 126~127쪽, 135~136쪽; 東亞同文會館, 『對華回憶錄』, 商務印書館, 1959, 428쪽.
32) 황은수, 앞의 논문, 209쪽.

시아 항운망에 편입시키게 되었고 1900년 이후 연대 국제무역이 증가하는 원인 중 하나가 되었다.

〈그림5-1〉 동아시아의 정기항로(1876~1904)

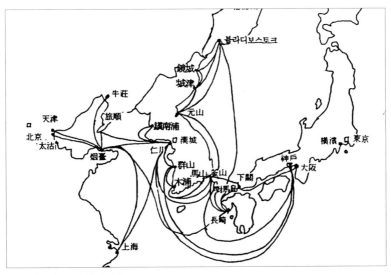

출전: 나애자, 앞의 책, 287쪽.

위의 <그림5-1>을 살펴보면 상해와 인천 간의 직항로를 제외한 조청간의 모든 항로가 연대를 경유하고 있어 연대가 조청 양국 항운망에서 매우 중요한 역할을 하는 항구임을 알 수 있다. 그렇다면 연대항이 중국과 한반도의 중계항이 될 수 있었던 원인은 무엇인가.

우선, 지리적으로 보면 연대는 산동의 최동단에 위치하고 한반도와 바다를 사이에 두고 마주 보고 있어 거리가 가깝기 때문에 선박이 연대에 기항하면 멀리 돌아가지 않아도 된다. 인천항에서 출항한 선박이 중국으로 갈 때 연대에 기항하지 않으면 천진이나 우장에 기항해야 하는데, 이 두 개 항구는 모두 발해만 안쪽의 서단과 북단에 위치하기 때문에 연대에 비해 인천에서 모두 멀리 떨어져 있다. 또한 연대와 상해 사이에 개항장이 하나도 없으므로 연대에 기항하지 않으면 직접 상해에 가야 한다. 당시 선박의 항운능력을 고려했을 때 톤수가 큰 배가 아니면 기항지 없이 멀리 항해하는 것은 쉬운 일이 아니었다. 따라서 지리적 근접성은 연대가 조청간의 중계항으로 성장할 수 있는 가장 기본적인 조건이 되었다.

다음으로, 중국개항장에서의 위상을 보면, 연대는 화북지역에서 천진에 이어 두 번째로 큰 개항장이자 양자강 북쪽에서 두 번째로 큰 개항장이다. 연대는 중국 남북을 관통하는 국내무역망에서 중요한 위치를 차지하고 있는데, 상해와 홍콩으로 수입된 외국 상품이 여기에 집산되고 산동과 화북지역의 중국 상품 역시 여기에 집산된 후 다른 항구로 중계된다. 따라서 연대에서는 외국 상품과 중국상품이 모두 유통되고, 일본의 상품도 연대를 통해 중국의 국내무역망에 유입되기 때문에 상업이익을 추구하는 일본상인들이 연대에 기항하는 것을 거절할 리가 없었을 것이다.

마지막으로, 조청상민무역장정을 체결한 이후 조청간 인적교류가 확대되면서 연대는 조청왕래의 중심지역이 되었다. 조선에 거주하거나 상업에 종사하는 청인들의 증가는 산동에서의 화물의 수입을 촉진시켰다. 산동물자가 조선에서 유통되는 것은 연대항이 기항지의 성격을 갖게 되는 데 큰 영향을 미쳤을 뿐만 아니라 인적왕래도 연대와 조선의 항운발전을 촉진시키는 작용을 하였다. 즉, 인적왕래의 확대는 연대항이 기항지 성격을 갖게 되는 또 하나의 원인이다.

이처럼 연대항은 발달한 해로망으로 인해 산동 내륙 배후지를 조선 경제권과 연결시켜 줌과 동시에, 더 나아가 중국의 국내교역망과 조선 및 일본의 경제권을 연결시키는 역할을 하였다. 해관사료에 따르면 연대항을 통해 조선으로 수출된 것은 고철, 성냥, 유리, 면제품과 식품 등이었고, 조선에서 연대항으로 수입된 것은 종이, 어교(魚膠), 가죽과 황철석(黃鐵石) 등이었다.[33] 대부분의 고철, 성냥, 유리와 면제품은 외국에서 홍콩이나 국내 다른 개항장에 수입되었다가 연대로 운송된 다음 조선으로 재수출된 것이었다. 식품의 재수출 경로는 다양했는데 외국에서 수입되었다가 연대를 경유하여 조선으로 재수출된 것도 있고 연대에서 직수출된 상품도 있었다. 반면에 조선에서 수입된 물품은 주로 조선의 상품이었다.

(2) 연대 범선의 화물운송

개항 이후 연대항과 우장항은 조선과의 무역에서 가장 큰 경쟁 상대가 되었다. 우장에서 봉황성(鳳凰城)을 거쳐 조선으로 화물을 운송하려면 200리 육로를 거쳐야 했으므로 연대에서 해로로 화물을 수출하는 것이 더욱 편리했다. 1870년대에 연대와 조선 사이에는 밀무역이 성행했는데 상인들은 위해(威海) 등 지역을 우회해서 중국인의 배를 타고 조선 연해의 섬에 도착했다가 조선인의 배를 갈아타고 조선 본토로 갔다. 밀수 상인들은 조선으로 면직물을 밀수출한 후 동일한 경로를 이용하여 조선의 인삼을 연대로 들여왔는데 1878년의 경우를 보면 모두 5,000필의 면포를 밀수출 하였다.[34] 이처럼 인천개항 이전까지 연대와 조선 사이의 무역은 주로 밀수의 형식을 취하고 있었으며, 항해를 담당하는 선박은 주로 적재량이 적은 범선이었다.

---

33) 『中國舊海關史料』, 152권, 55쪽.

34) British parliamentary papers: China, 1977, *Embassy and consular commercial reports in 1878*, Irish University Press, p.48. "foreign textiles, mostly white shirtings, are sent hence by a circuitous route by Wei-hui-wei and Shih-tao, whence they find their way in Chinese junks to islands on the Corean coast, whence again they transhipped in Corean junks to the Corean mainland, where they are bartered for ginseng. The number of white shirtings exported hence to Corea is about 5,000 pieces annually."

인천개항 초기, 연대와 인천 사이의 기선은 부정기적으로 운항되었다.
이 시기에는 정기항로가 개설되지 않았으므로 화물은 주로 범선으로 운
송되었다. 인천이 개항되던 1883년 8월 23일(음력)에 화양호(和祥號)가
곡덕흥(曲德興) 범선을 이용하여 연대에서 인천으로 화물을 수입했고,
같은 해 11월 12일에 중화흥(中華興)과 함께 여보흥범선(呂寶興帆船)을
이용하여 연대에서 화물을 수입했다는 기록이 있다.[35] 1884년에 왕래한
산동범선의 상황을 살펴보면 아래와 같다.

〈표5-3〉 光緖10年(1884) 인천항을 출입한 산동범선(Junks)

	수입지	범선명	적재량(톤)	입항일(음력)	출항일(음력)
1	연대	源順興	58	1.12	2.3
2	연대	源順泰	56	1.23	2.15
3	연대	福順興	12	1.28	2.4
4	연대	協隆泰	37	2.6	3.11
5	연대	趙福昌	53	2.8	2.24
6	연대	苗新春	59	3.12	4.5
7	연대	梁永興	25	3.24	3.29
8	연대	王湧裕	42	4.8	5.7
9	연대	雙源利	50	5.13	5.28
10	연대	源順興	27	閏5.15	閏5.21
11	연대	楊長盛	7	7.1	8.14
12	리도(俚島)	王長順	7	7.1	8.14
13	연대	寶成順	31	7.18	8.16
14	위해	呂長興	6	7.24	9.25
15	연대	趙福昌	53	8.25	9.18
16	연대	于順興	6	8.12	9.24
17	리도(俚島)	于元利	6	8.13	8.21
18	리도(俚島)	王長盛	5	8.16	9.14
19	리도(俚島)	楚順興	6	8.16	9.16

---

35) 『舊韓國外交文書』, 『淸案』, 1册, 102~103쪽. "伏査商號自上年[1883]八月二十三
   日, 由烟台曲德興帆船一隻進口, 又於十一月十二日, 呂寶興帆船, 由烟台進口, 此船
   係與中華興商號夥裝一儎, 以上兩船儎來各色華洋雜貨, 俱已納稅在案."

20	석도(石島)	周吉利	5	9.23	10.4
21	리도(俚島)	陳元興	5	8.27	10.28
22	위해	孫連興	6	8.30	10.8
23	위해	孫利順	8	8.30	8.8*
24	서도(西島)	陳福楨	4	9.18	10.20
25	위해	王永利	8	9.29	10.22
26	위해	戚二興	6	10.6	12.25
27	리도(俚島)	二合順	6	10.6	12.21
28	리도(俚島)	雙合順	5	10.6	12.21
29	연대	陳興順	58	11.10	12.3
30	리도(俚島)	許增順	58	11.10	12.3
31	리도(俚島)	三合順	4	11.29	12.27
32	리도(俚島)	王永利	8	12.20	12.24
33	연대	任福興	5	12.21	12.23
34	연대	同順興	21	12.21	12.25
35	연대	孫義順	19	11.25	12.29

출전: 『淸季中日韓關係史料』, pp.1770~1775.
비고: 孫利順帆船의 출항일은 원문에 오기가 있음. 원문에 적재량의 단위는 담[상자: 60kg]인데 필자는 해관단위환산표에 근거하여 1담당 60kg의 기준을 하여 톤으로 환산했음.

위의 <표5-3>과 같이 인천을 왕래한 범선은 모두 산동범선이었다. 전체 35회 가운데 연대는 18회를 차지하였고 이도, 위해와 석도 등의 항구도 연대와 가까운 동해관의 관할 지역에 속했다. 이 범선들의 적재량은 매우 적어서 기선과 비교가 되지 않았다. 그 중에서 50톤급의 범선은 거의 모두 연대에서 출발한 것이고 이도와 석도 등 지역에서 출발한 범선은 1척을 제외하면 대부분 5~6톤 급의 작은 범선들이었다. 1884년에 산동범선의 총적재량은 762톤에 달했는데 그 중 연대 범선은 619톤으로 81%의 절대적 비중을 차지하였다. 왕래횟수를 따져보면 왕영리(王永利), 원순흥(源順興)과 조복창(趙福昌)이 두 번 왕래하였고 나머지는 모두 한 번만 인천으로 입항하였다. 입출항 날짜를 보면 인천에 며칠 정박하다가 곧바로 돌아온 선박도 있고 두 달 이상 머문 범선도 있는 등 범선의 왕래는 정기적이지 않았다.

위의 <표5-3>의 통계는 산동 연대 및 인근 지역에서 출발하여 인천
해관에 등록한 범선뿐이다. 그 이외에 각종 원인으로 인해 인천해관에
등록하지 않고 조선의 다른 항구에 도착한 산동범선도 있었다. 1883년
부터 1884년 2월까지 마포(麻浦)에 정박한 산동범선으로 양장홍(楊長
興), 곡덕흥(曲德興), 원순흥(源順興), 원화순(原和順), 이태흥(李泰興),
쌍원리(雙源利) 등 6척이 있었다. 양장홍범선은 귀국할 때 길을 잃어서
당산(黨山)에서 가라앉았다. 그후 이태흥범선은 사고선박의 영구를 운송
하러 마포에 도착했다. 곡덕흥범선과 쌍원리범선은 조선항행이 초행이
라 항로를 몰라서 마포에 도착했고 원화순범선은 징발당하여 군선(軍船)
으로 사용되고 있었다. 이 외에 모든 선박은 모두 인천세관에 등록되어
있었다.36) 조선해관의 통계에 근거한 1884년 35차례 범선왕래는 연대항
과 조선 사이의 범선왕래 현황을 반영하고 있다고 볼 수 있다.

인천개항 이후, 연대 상인들은 지리적 장점을 이용하여 조선시장에 진
출하기 시작했다. 범선의 왕래 목적은 두 가지였는데, 하나는 연대와 인
천의 무역을 위한 것이다. 앞의 <표5-3>의 원순흥범선은 화물을 연대항
에서 인천으로 운송한 다음, 조선에서 쌀을 비롯한 화물을 구입하여 연대
로 운송하였다는 기록이 있다.37) 또 한성에 상점을 개설하기 위해 인천
에 입항한 범선도 있었다. 1884년 3월 연대 이원호(利源號) 상인 손백천
(孫百泉), 우화정(于化亭)과 이태호(利泰號) 상인 왕경주(王景州) 등은
양영흥(梁永興)범선에 탑승하여 한성에 상점을 개설하기 위해 인천에 도

---

36) 『舊韓國外交文書』, 『淸案』, 2冊, 46~47쪽. "山東商船自上年[1883]以來至麻浦者,
有楊長興·曲德興·源順興·原和順·李泰興·雙源利等不下六七船. 除楊長興帆船迷路,
至黨山失事破沉, 曲德興船初來, 無領道帶水人, 未識水路……原和順船係防營華軍
雇用, 非商船可比. 李泰興船歸帆係在黨山, 裝楊長興失事船之棺柩內渡. 雙源利船初
來, 無帶水人, 未識水路……其餘進出口華船, 無不赴仁川納稅者."

37) 『舊韓國外交文書』, 『淸案』, 2冊, 47~48쪽. "上年[1883]商人源順興帆船載貨由烟
台仁川關納稅, 駛至麻浦卸貨. 九月內蒙貴衙門協辦發給護照, 採購大米貨物. 面諭,
中國人到此通商, 莫妙於自置船隻來往販貨, 可獲利益."

착했다. 그들은 연대 화물을 운송하는 범선이 곧 도착한다고 했으나 상인
들이 인천항에 정박해 보니, 원순홍범선과 원순태범선(위의 <표5-3>참
조)이 실어온 화물은 모두 모래사장에 압수되어 한성으로 운송되지 못하
고 있었다. 상인들이 원인을 물어보니 조선에서 임대할 수 있는 보관창고
가 없고 화물을 운송하는 마차가 적으며 현지 민선이 적은데다가 운송비
가 매우 비싸다고 하였다. 그리하여 손백천 등 상인은 어쩔 수 없이 화물
을 다시 연대로 운송하였다.[38] 양영홍범선은 인천해관에 등록하지 않고
바로 귀항하였기 때문에 위의 <표5-3>에 나타나지 않는다. 이처럼 인천
개항 초기 연대와 인천 사이에 무역 왕래가 빈번했던 주요한 원인은 연
대 상인들이 지리적 장점을 이용하여 상업이익을 추구하였기 때문이다.

<표5-4> 인천항에 입출항한 청국 범선(1885~1893)

연도	입항		출항		총계	
	회수	적재량(톤)	회수	적재량(톤)	회수	적재량(톤)
1885	32	594	27	500	59	1,094
1886	21	320	24	396	45	716
1887	5	107	6	117	11	224
1888	15	240	13	210	28	450
1889	13	133	14	160	27	293
1890	41	272	39	266	80	538
1891	27	422	28	413	55	835
1892	31	757	31	676	62	1,433
1893	19	365	20	422	39	787

출전: 『中國舊海關史料』, 11권, 448쪽; 12권, 475쪽; 13권, 549쪽; 14권, 557쪽; 15권, 612쪽; 16권, 638쪽; 17권, 634쪽; 19권, 188쪽; 21권, 168쪽.

---

38) 『舊韓國外交文書』, 『淸案』, 2冊, 58쪽. "本月[1884年3月]二十三日下午, 有山東帆
船一隻進口, 二十四早, 據船戶姜館面稟, 該船名梁永興, 由烟台裝載利順號商人孫百
泉·于化亭, 利泰號商人王景州等雜貨出口前來……隨帶貨物, 搭梁永興船來, 前往漢
城開設行棧, 尙有貨物裝載帆船數隻, 隨後駛來, 日間可到. 目下商人到此, 見前到之
源順興, 源順泰兩船貨物現扣留在海灘上, 不准原船運入漢城……商人現來之貨皆粗
重物件, 萬不能報關起卸, 迫得准由原船運回烟台."

위의 <표5-4>는 1885~1893년 사이에 인천해관에서 작성한 모든 청국범선에 대한 통계이다. 이 통계에는 산동범선이라고 직접 언급 기록되어 있지 않지만 여기에 나타난 청국범선은 거의 모두가 연대 연해지역의 범선으로 간주해도 무방하다. <표5-3>에서 확인한 것처럼 1884년 인천으로 왕래한 청국 범선은 전부 연대 및 인근 지역의 범선이었고, 위의 1887년에 5회 인천항으로 입항한 범선은 모두 연대에서 온 것으로 인천해관통계에 기록되어 있기 때문이다.[39)]

위의 <표5-4>를 살펴보면 1885년의 경우는 1884년과 유사하여 1년에 30여 차례 왕래하였고 600~700톤의 화물이 인천으로 운송되었다. 1886년 일본우선주식회사와 1888년 윤선초상국 정기항로의 개설로 인해 연대 인근지역과 인천 간의 범선왕래가 뚜렷하게 감소하였고 적재량은 평균 200톤 수준으로 떨어졌다. 특히 1887년에는 인천으로 5차례만 입항하였고 화물은 100톤만 운송되었다. 1890년대 이후 범선의 항운이 조금 늘어났으나 평균적으로 보면 1885년 이전의 적재량을 초과하지 못했다. 이처럼 연대와 인천 간의 정기항로를 개설하기 이전에는 부정기적으로 운항한 범선이 부족한 화물운송수단을 보완하였다. 특히, 이들은 연대 개항 초기에 정기항로가 없는 상황에서 연대 상인의 조선시장진출에 큰 역할을 하였다. 정기항로가 개설된 이후에도 산동의 범선은 상인과 무역의 왕래에서 보충적 역할을 하였으나 범선 운송능력의 한계로 연대 지역과 인천 사이 항운의 주력은 기선이었다.

범선에서 취급한 물품에 대한 고찰은 흥미로운 것이지만 직접적인 사료가 없다. 다만 1884년 등주 범선 두 척이 개항장이 아닌 충청남도 강경포에 정박하여 화물을 판매하다가 현지 관아에 나포되었고, 이 사건을 해결하기 위해 교섭하면서 두 범선에 적재된 화물을 빠짐없이 기록해 놓은 것이 있다.

---

39) 『中國舊海關史料』, 13권, 545쪽. "Of Chinese junks, only five arrived, all from Chefoo, four with cargo and one in ballast."

〈표5-5〉 나포된 범선에 적재된 물품

물품	수량	물품	수량	물품	수량
돈신양포(惇信洋布)	9疋	풍유양표(豊裕洋標)	5疋	의기양표(義記洋標)	49疋
보순양표(寶順洋標)	13疋	백생포(白生布)	10疋	가위	10개

출전:『淸季中日韓關係史料』, pp.1496~1497.

위의 〈표5-5〉를 보면 연대 인근 지역인 등주에서 충남 강경포로 온 범선 두척에 적재된 화물은 가위 10개를 제외하면, 돈신양포, 풍유양표, 의기양표, 보순양표, 백생포 등 모두 면포이다. 이는 중국에서 생산된 면포가 아니고 외국에서 수입된 각종 면포였다. 사료에서는 어느 나라 면포인지 확인할 수 없으나 당시 연대항으로 수입된 면포의 대부분이 상해로 수입된 영국산인 것을 감안하면 영국면포일 가능성이 높다. 따라서 관련된 사료가 없는 상태에서 인천개항 초기에 연대항에서 범선으로 운송된 물품은 주로 연대를 통해 수입된 외국 상품, 특히 면제품이라고 추측할 수 있다.

또한, 1894년에 화상(華商) 왕덕창(王德昌) 등이 원리민선(源利民船)을 고용하여 잡화를 싣고 인천으로 가다가 조선 장연현(長淵縣) 근처에서 풍랑을 만나 파손된 선박을 수리하던 중 현지의 관원들이 화물을 모두 강탈하여 도망간 사건이 있다. 강탈당한 화물은 두유(豆油), 등유, 서양면포, 서양면제품과 서양 잡화였다.[40] 이로 미루어볼 때 산동상인들은 산동에서 생산된 상품 이외에 서양의 상품을 조선으로 판매하고 있었음을 알 수 있다. 이처럼 연대와 조선 사이에 왕래한 범선은 서양 외국 상품의 조선 보급을 촉진시키는 역할을 하였다.

그러나 1894년 이후 조선술의 발달로 연대항과 조선 사이의 항운은 점차 기선의 시대로 접어들기 시작했다. 당시 연대와 조선 간의 항운을 담당한 범선에 대한 통계는 없지만, 연대와 조선 사이의 기선의 증가를

---

40) 『舊韓國外交文書』, 『淸案』, 29冊, 282쪽.

감안하면 범선의 운항은 점차 감소했을 것으로 추정할 수 있다. 이상을 통해 알 수 있는 것은 범선은 연대항과 조선 사이의 항운에서 중요한 역할을 하였지만, 범선의 항해안전과 적재량의 한계로 그의 역할은 제한적이었다는 점이다.

2. 연대항과 조선 사이의 무역

(1) 인적왕래의 추이

인천개항 이후 연대와 조선 간 정기항로의 개설과 부정기적 범선의 운항은 양국 간의 인적왕래를 촉진시켰다. 동해관의 해관자료에 근거하여 작성한 연대와 조선 간의 여객운송 상황은 아래와 같다.

〈표5-6〉 연대항과 조선 사이의 여객운송 상황 (1883~1910)

연도	연대에서 조선으로(단위: 명)				조선에서 연대로(단위: 명)				합계
	범선(帆船)		운수선(輪船)		범선(帆船)		운수선(輪船)		
	외국인	중국인	외국인	중국인	외국인	중국인	외국인	중국인	
1883	0	0	4	290	0	0	6	418	718
1884	0	0	0	0	0	0	0	50	50
1885	0	0	2	5	0	0	0	1	8
1886	0	0	1	0	0	0	2	1	4
1887	0	0	18	1,230	0	0	19	349	1,616
1888	0	0	11	815	0	0	9	739	1,574
1889	0	0	26	899	0	0	23	1,340	2,288
1890	0	0	37	2,449	0	0	47	1,320	3,853*
1891	0	0	56	2,299	0	0	88	2,243	4,686
1892	0	0	44	1,585	0	0	71	2,501	4,201
1893	5	4	60	3,138	0	67	33	1,944	5,251

1894	2	3	24	2,403	6	196	27	2,938	5,599
1895	3	153	18	448	1	2	10	555	1,190
1896	1	4	36	2,807	0	0	42	883	3,773
1897	4	0	69	4,194	0	0	72	2,748	7,087
1898	0	0	85	1,205	0	0	213	2,639	4,142
1899	0	0	80	1,852	0	0	133	2,850	4,915
1900	0	0	225	1,578	0	0	227	6,170	8,200
1901	0	0	105	1,546	0	0	211	2,091	3,953
1902	0	0	177	1,633	0	0	297	2,138	4,245
1903	0	0	166	1,514	0	0	278	2,263	4,221
1904	0	0	258	1,582	0	0	447	1,421	3,708
1905	-	-	449	3,897	-	-	763	2,910	8,019
1906	-	-	225	1,988	-	-	234	3,644	6,091
1907	-	-	113	2,313	-	-	225	3,191	5,842
1908	-	-	52	4,418	-	-	100	4,964	9,534
1909	-	-	42	3,742	-	-	107	4,388	8,279
1910	-	-	80	3,693	-	-	126	3,624	7,523
총계	15	164	2,463	53,523	7	263	3,810	60,323	120,570

출전: 『中國舊海關史料』, 各年版에 근거하여 작성함.

비고: 1890년의 통계는 일본으로 간 여객을 포함. 1905년 이후 범선으로 왕래한 여객에 대한 통계가 없음.

〈그림5-2〉 연대와 조선의 여객운송추이(1883~1910)

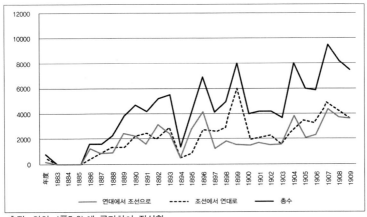

출전: 위의 〈표5-6〉에 근거하여 작성함.

위의 <표5-6>과 <그림5-2>를 통해 알 수 있듯이 인천개항 직후인 1883년, 연대와 조선 간의 여객이 처음으로 등장하였고 1887년부터 여객운송사업이 활성화되었다. 1890년대 이후 평균 매년 수천 명의 여객이 연대와 조선 간을 왕래하고 있었는데 1910년에 이르기까지 모두 12만 명이 왕래하였으며 여객들은 주로 기선을 이용하였다. 1893년에 범선을 이용한 여객이 나타났다가 1897년 이후 범선을 이용한 여객은 없어졌다. 범선을 이용한 여객은 수백 명에 불과하여 기선을 이용한 여객과 비교할 수 없을 정도였다.[41] 양 지역 간 여객운송 사업의 발달은 기선을 중심으로 한 정기항로의 개설과 밀접한 관계가 있다. 국적을 보면 여객 중에는 일부의 외국인도 있었지만 대부분은 중국인이었다.

인적왕래의 추이를 검토해보면 여객운송 사업이 기본적으로 성장하는 추세였음을 알 수 있다. 1883년의 700명에서 1910년의 7천여 명으로 10배가량 증가하였다. 1908년에는 최고치인 9,500여 명에 달했다. 청일전쟁 이전 조선으로 간 사람이 상대적으로 많았는데 이들의 이동은 조선에서 청상(淸商)과 화교(華僑)사회의 형성과 밀접한 관계가 있다. 청일전쟁 시기에는 대부분의 일본선박이 전쟁에 징용되어 조선항구가 불통되었으므로 인적왕래가 뚜렷하게 감소하였다. 청일전쟁 직후인 1895년부터 1910년 사이에 조선으로 간 여객은 3.8만 명인 반면 조선에서 연대로 이동한 여객은 4.6만 명에 이른다. 그 중 대부분은 러시아나 일본에서 출발하여 조선을 경유하여 다시 연대에 온 사람이었는데 청일전쟁 이후 중국인의 귀국추세는 조선에서 일본상인의 세력 확대와 청상(淸商) 세력의 위축 현상을 반영하고 있다.

또한 1900년을 전후하여 연대로 이동한 여객 수가 뚜렷하게 많아졌는데 이는 의화단운동과 깊은 연관을 갖고 있는 것으로 보인다. 일본의

---

41) 여기에서 나타는 범선은 정기항로에 운항하고 있는 범선을 가리킨다. 따라서 전술한 산동의 범선은 정기운항이 아니었기에 해관통계 대상에서 제외하였다.

고베, 나가사키 등지와 조선의 청상(淸商)들은 대부분 산동 출신이었다. 의화단운동의 주요 활동무대가 산동이라는 소식을 접한 조선과 일본의 청상들이 가족의 생사가 염려되어 귀국을 서둔 것이다.[42] 연대 주재 일본영사관 보고에 따르면 산동 사람들은 매년 여순, 우장, 블라디보스톡 등으로 가서 일하다가 겨울이 오기 전에 돌아왔는데, 1900년에는 전쟁이 발생하자 서둘러 돌아왔다.[43]

<표5-6>에서 나타난 여객들이 구체적으로 어떤 직업에 종사했는지는 사료에 드러나지 않지만 당시 연대항와 조선의 무역상황을 감안하면 대부분이 상인이었을 것으로 생각된다. 따라서 연대항과 조선항구 간의 인적왕래 변화 추이는 상인왕래의 추이를 일정정도 반영하고 있다고 할 수 있다.

(2) 산동인의 조선시장 진출[44]

1882년 6월 조선에서 일본식 군제도입과 민씨 정권에 대한 반발로 임오군란이 일어났다. 일본은 군함 4척과 병력을 조선으로 파견하였고 청국은 임오군란의 평정을 이유로 오장경(吳長慶) 제독을 총지휘자로 하는 청군을 조선에 파견했다. 이들 청군과 함께 40여 명의 청국 상인들이 동행했는데 이들 상인들의 역할은 조선에 주둔하고 있는 오장경의 군대에 각종 생필품을 공급하는 것이었다. 40여 명의 군역 상인은 임오군란 시기부터 1885년의 청·일 양국 군대의 퇴각 시기까지 약 3년간 조선에서

---

42) 김종성, 「韓淸通商條約이 양국 간 무역에 미친 영향에 관한 연구」(『사림』 25, 2006), 33쪽.
43) 차경애, 「의화단운동진압전쟁이 한국의 사회,경제에 미친 영향」(『중국근현대사연구』 23, 2004), 64쪽.
44) 이 부분은 「근대 煙臺와 조선의 무역왕래」(『한중인문학연구』36집, 2012)의 일부로 발표하였다.

활동했다.[45] 따라서 당시 상인의 조선 진출은 '병상동일주의(兵商同一主義)'라는 기본전략 아래 이뤄졌다고 볼 수 있다.[46] 이옥련은 초기 한국 화교 사회의 구성이 주로 남방 상인을 중심으로 형성되었다는 사실에 비추어 40여 명 군역 상인의 대부분이 남방 상인이었을 것으로 추정하였다.[47] 그러나 당안 사료를 살펴보면 청군의 군함이 연대에 기항한 적이 있었는데[48] 사료에서 이들 40여 명 상인을 언급하지는 않았지만 그들이 산동 출신이었을 가능성 또한 배제할 수 없다. 그들이 어디에서 왔든지 산동상인의 조선시장 진출에 기초를 어느 정도 다진 것만은 사실이다.

1882년 10월 조청양국은 상민수륙무역장정(商民水陸貿易章程)을 체결하였는데 산동상인의 조선시장 진출과 관련된 내용은 아래와 같다.

> 제1조: 앞으로 북양대신의 신임장을 가지고 파견된 상무위원은 개항한 조선의 항구에 주재하면서 전적으로 본국의 상인을 돌본다.
> 제2조: 중국 상인이 조선 항구에서 만일 개별적으로 고소를 제기할 일이 있을 경우 중국 상무위원에게 넘겨 심의 판결한다.
> 제3조: 양국 상선은 피차 통상 항구에 들어가 교역을 할 수 있다.
> 제4조: 양국 상인이 피차 개항한 항구에서 무역을 할 때에 법을 제대로 준수한다면 땅을 세내고 방을 세내어 집을 지을 수 있게 허가한다. 중국 상인이 조선의 양화진(楊花鎭)과 서울에 들어가 영업소를 개설한 경우를 제외하고 각종 화물을 내지로 운반하여 상점을 차리고 파는 것을 허가하지 않는다.[49]

---

45) 이옥련, 『인천화교사회의 형성과 전개』(인천문화재단, 2008), 44~46쪽.
46) 『중앙일보』, 「華僑」, 1979년 9월 21일.
47) 이옥련, 앞의 책, 45쪽.
48) 『檔案』, 「護朝鮮事已派撥兵輪駛往煙台聽候調遣」.
49) 王鐵崖, 『中外舊約章彙編』(第一册), 三聯書店, 1957, 404~407쪽. "第一條: 北洋大臣箚派商務委員前往駐紮朝鮮已開口岸, 專爲照料本國商民; 第二條: 中國商民在朝鮮口岸如自行控告, 聽歸中國商務委員審斷; 第三條: 兩國商船聽其駛入彼此通商口岸交易; 第四條: 兩國商民前往彼此已開口岸貿易, 如安分守法, 准其租地, 賃房, 建屋, 中國商民准入朝鮮楊花津, 漢城開設行棧."

조청상민수륙무역장정의 체결은 근대한중관계사에 있어서 큰 의미가 있으며 이 장정에 의거하여 조청양국이 해상무역을 하면서 양국상인이 서로 상대국의 개항장에 가서 상업활동을 할 수 있게 되었다. 이 장정은 조청 양국상민의 거주와 상업활동에 대해 법적인 보증을 제공한다. 이 장정이 체결된 이후, 중국 상인이 조선 진출이 본격적으로 시작되어 한성, 인천, 부산, 원산 등 개항장을 중심으로 무역 및 상업에 종사하는 중국인들이 본격적으로 등장하게 되었다.[50] 청 정부는 인천개항 이후 조선에 청국 상인이 증가하자 진수당(陳樹棠)을 총판조선상무위원(總辦朝鮮商務委員)으로 임명하여 조청무역의 관리를 맡겼다.[51]

진수당은 1883년 9월 16일 한성에 도착했는데, 17~18일에 바로 청상과 조선정부의 관원을 만났고, 20일부터 조선과의 업무를 공식적으로 처리하기 시작했다.[52] 그는 1885년 9월 23일까지 2년의 짧은 재임기간 동안 조청간의 교섭, 국경획정(邊界), 부두개방(開埠), 군사(軍事), 인사(人事)와 상무(商務) 등 다방면의 일을 하였다.[53] 특히, 조청상무(朝淸商務)와 관련된 외교활동은 청국 상인의 조선시장 진출에 커다란 작용을 하였다. 우선, 조선은 새로운 업종의 상호개설에 편의를 제공하였다. 그는 왕익겸(王益謙), 육항생(陸港生), 서안방(徐安邦) 등 상인의 목욕탕 운영에 회답을 주었고[54] 탕정구(湯程九) 등 상인의 벽돌기와가마(磚瓦

---

50) 강진아, 「근대동아시아의 초국적 자본의 성장과 한계 -재한화교기업 동순태(同順泰)(1874?~1937)의 사례-」(『경북사학』27, 2004), 51쪽.

51) 『淸季中日韓關係史料』, 「咨送派員駐紮朝鮮辦理商務酌擬章程及派陳樹棠充總辦摺片稿」, 1176쪽.

52) 『檔案』, 「朝鮮商務委員陳樹棠申報行抵漢城及開辦館務日期」.

53) 『檔案』, 『總理各國事務衙門』 全宗, 『駐韓使館保存檔案』 系列, 陳樹棠 부분을 참조. 한-중 교섭 방면에서 韓人入內地遊歷과 朝鮮亂黨戕官 등 일을 처리하였고 국경획정 방면에서 中朝土門江界를 획정하였으며, 開埠 방면에서 인천의 개항과 인천항의 건설을 하였고 인천에 청국조계를 설정하였다. 그 이외에 한성에서 中國總辦商務委員公署를 설치했고 인천, 부산과 원산에 상무분서(商務分署)를 설치했다.

窯) 개설에 도움을 주었으며[55], 화상(華商) 수재전(水財全) 등의 사설 우
체국(信局) 개설을 도와주었다.[56] 또한, 청상이 조선에서 어려움에 처하
면 적극적으로 도와 주었다. 1884년 산동 등주 범선 두 척이 개항장이
아닌 강경포에 정박하여 서양 화물을 판매하다가 조선정부에 적발되었
을 때도 그는 화물과 선박의 반환 과정에 도움을 주었다.[57] 청국상선의
인천해관 구류에 대해 항의하기도 하고, 청국상선의 양화진 진입불허에
대해 따졌으며, 청국상선의 마포 하역을 요구하기도 하였다.[58] 이 밖에
조선과 상해를 연결하는 정기항로를 개설하는 데도 역할을 하였으며, 청
국인의 내지행상(內地行商)에 대한 호적발급, 토지구매, 양국인 간의 분
쟁 해결 등등 많은 일을 하였다. 그리하여 청국인은 거주·영업·여행 등
의 방면에서 큰 구속을 받지 않고 조선인과 평등한 대우를 받을 수 있었
다.[59] 인천개항 초기 진수당의 외교활동은 산동상인의 조선시장 진출에
유리한 조건을 제공하였다.

　진수당이 부임한 후 1883년부터 청나라의 주조선기구(派員辦理朝鮮
商務章程內閣)가 매년 연말에 조선의 화상 왕래와 세금납부 상황을 총
리각국사무아문(總理各國事務衙門)에 상주하였다. 대만에 소장되어 있
는 문서에는 광서(光緒)9년(1883)부터 광서(光緒)12년(1886)년에 걸친
청상의 조선왕래 기록이 상세하게 남아 있다.

---

54) 『檔案』, 「王益謙, 陸港生, 徐安邦等稟請開設浴堂案」.
55) 『檔案』, 「湯程九等稟請開設磚瓦窯卷」.
56) 『檔案』, 「華商水財全等稟請開設信局卷」.
57) 『檔案』, 「登州二帆船潛入江鏡浦卷」.
58) 『舊韓國外交文書』, 『淸案』, 2册, 42~46쪽.
59) 손정목, 앞의 책, 203~204쪽.

〈표5-7〉 지역별 상주/왕래 청상(淸商)총수와 산동상인 통계

	1883		1884		1885		1886	
	청상(淸商)	산동상인	청상	산동상인	청상	산동상인	청상	산동상인
한성	82	59 (72%)	352	234 (66%)	110	55 (50%)	120	65 (54%)
인천	54	19	202	90	50	0	205	79
부산	-	-	102	25	-	-	87	11
원산	-	-	63	18	92	17	57	11
계	136	78 (57%)	719	367 (51%)	252	72 (29%)	469	166 (35%)

출전: 『청계중일한관계사료』, 「陳樹棠申呈光緖九年份華商到漢城麻浦仁川三處人數及完納海關
　　　進出口稅並船紗銀數」, 1337~1339쪽; 「咨送光緖十年份在韓華商名册及關稅數目淸摺」,
　　　1775~1803쪽; 「咨送光緖十一年份朝鮮仁川各口及漢城華商名册」, 2045~2065쪽; 「袁世
　　　凱咨送朝鮮四口海關進出口貨稅及華商名籍數目」, 2209~2236쪽.
비고: 1883년 부산과 원산에 대한 통계는 없음. 1885년 부산에 대한 통계는 없음. 1886년 한성
　　　에 대한 통계는 용산을 중심으로 한 것임.

위의 <표5-7>를 보면, 1883년 조선에 상주하거나 왕래하였던 청상
은 모두 136명이었는데 산동상인은 78명으로 57%를 차지하였다. 그 가
운데 한성에 있는 산동상인이 제일 많은 수인 59명으로 13개의 상호(중
화흥(中華興), 화흥순(和興順), 회기(匯記), 화상(和祥), 항태흥(恒泰興),
공화순(公和順), 인풍잔(仁豐棧), 복상성(複祥盛), 영원순(永源順), 복유
호(福有號), 덕흥성(德興成), 공성화(公盛和), 복흥(福興))에 분포하였다.
한성에서 산동상인이 가장 높은 비중을 차지한 해는 1883년으로 72%에
달했다. 반면 개항장인 인천의 산동상인은 19명으로 차지하는 비중이 크
지 않다. 이는 인천에서 활동하는 상인은 주로 남방 상인으로 구성되었
기 때문이다. 인천이 개항되던 해부터 산동상인은 개항장인 인천보다는
한성으로 진출하여 조선 시장의 주력이 되었다.
　　1883년 10월 한성에 진출한 산동상호 공성화(公盛和)의 주인은 당시
33세로 불과 60냥어치의 잡화로 개업한 후, 한 달반 만에 중부장통방(中
部長通坊)에 13간반(19평)짜리(1,200냥 상당) 건물과 토지를 매입할 정

도였다. 이밖에도 1883년 9월에서 1884년 말까지 불과 1년 반 동안 한성 산동상호 이성신(利成信) 등 13명이 2만4천여 냥을 들여 13건의 건물 및 대지 450여 간(약612평)을 매입하였다.[60] 청국 상업기구가 완비되지 않은 관계로 1883년 부산과 원산에서의 청상 활동과 관련한 통계는 없다. 인천개항 원년에 78명의 산동상인이 조선시장에 진출하여 전체 청상에서 큰 비중을 차지하게 된 것은 정기항로의 개설과 범선의 빈번한 왕래에서 비롯되었다. 또한, 조선내 청상의 발전은 진수당의 적극적인 역할에 힘입은 바가 큰데, 한국화교 진유광(秦裕光)은 그의 회고록에서 진수당 부임 직후의 업적을 높이 평가하였다.[61]

1884년에 조선시장으로 진출한 청상의 수는 전년도 동기대비 529%나 증가하여 719명에 이르렀다. 그 가운데 산동상인은 367명으로 여전히 51%라는 큰 비중을 차지했다. 한성만 놓고 봐도 산동상인은 전년도 동기대비 429%나 증가하여 총 352명으로 66%의 절대적인 비중을 차지하고 있었다. 여기에 주목할 만한 것은 한성의 청상 가운데 자호(字號)가 있는 상인은 164명이었는데, 이들 중 48명이 상점에서 일한 반면에 자호가 없이 소무역에 종사하는 청국인이 188명에 달했다는 점이다. 산동상인의 경우도 마찬가지로 한성의 산동상인 234명 가운데 자호가 있는 상인은 110명인 반면에 자호가 없는 산동인도 124명에 달했다. 이처럼 자본이 많은 일부 상인은 상호를 개설하여 경영할 수 있었지만 자본이 많지 않아서 행상(行商)으로 살아가는 산동출신 소상인도 많았다. 1884년에 산동출신 상인은 조선시장에서 여전히 수적 우세를 차지하고 있었지만 그들 중 많은 수는 부유한 상인이 아니라 생계를 위해 이주한 행상과 소상인이었다.

---

60) 『중앙일보』, 「華僑」, 1979년 9월 21일.
61) 秦裕光, 『旅韓六十年見聞錄』, 南亞彩色印製公司, 1983, 13~14쪽.

〈표5-8〉 1884년 산동상인의 상점(상호) 및 고용인수(명)

永來盛 (6)	중화흥 (中華興) (6)	利成信 (6)	同裕號 (5)	源盛號 (5)	공성화호 (公盛和號) (5)	和順號 (4)
福有號 (2)	永源順號 (2)	三和順 (3)	雙興號 (4)	生順號 (2)	利順號 (1)	恒泰興 (2)
吉昌號 (5)	公成福 (1)	利泰恒 (1)	三泰號 (3)	匯記 (1)	吉盛號 (4)	恒義和 (1)
公和順	聚昌號 (2)	齊魯信 (2)	公源利 (4)	雙合祥 (1)	福源號 (1)	福順義 (3)
聚盛號 (4)	義合居 (4)	復興館 (3)	福茂盛號 (3)	義和齋 (3)	合興號 (2)	福興號 (2)
三合義號 (3)	東海興號 (3)					

출전: 『檔案』, 01-25-018-01-008(諮送光緒十年份在韓華商名册及關稅數目清折).

위의 〈표5-8〉에서 보는 것처럼 산동상인의 상호는 1883년에 비해 크게 늘었다. 고용인수를 따져보면 중화흥과 공성화 등 1883년에 개설한 상호의 규모가 가장 큰데 모두 5~6명을 고용하였다. 산동상호는 일반적으로 3~4명을 고용하고 있는데, 1~2명만 고용한 초창기의 상호의 비중도 적지 않다.[62] 1884년 산동인의 조선시장 진출을 촉진시킨 원인으로 여러 가지가 있는데 그중 가장 큰 영향을 미친 것은 진수당의 활동이다. 이는 청국정부 차원에서 산동인의 조선시장 진출을 적극적으로 권장한 결과라고 볼 수 있다. 조선에서 청상의 지위가 향상됨으로써 더 많은 청상들이 조선시장에 진출하게 되었다.

1885년에 조선으로 진출한 청상은 모두 252명이고 그 중 산동상인은 72명으로 29%를 차지했는데 평년에 비하면 산동상인의 비중은 크지 않았고 특히, 인천으로 진출한 산동상인은 한 명도 없었다. 그러나 여전히 많은 수의 산동 상인들이 한성으로 집중 이주하여 산동상인의 비중은

---

62) 『駐朝鮮使館檔』, 「諮送光緒十年份在韓華商名册及關稅數目清摺」.

50%를 차지했다.

1885년 조선의 청상인수(淸商人數)는 1883년에 비해 증가하였지만 전년도 동기대비로는 35% 감소하였다. 1885년 조선에 청상인수의 감소는 한성의 사회·상업 환경의 혼란에서 기인한 것으로 보인다. 1884년에는 이범진사건(李範晉事件)이 일어나는 등 양국 민중들 간에 크고 작은 시비나 소송 사건이 연달아 일어났다. 1885년에 들어와서는 양국인 간에 채무를 둘러싼 분쟁과 중국인 점포·가옥에 대한 도난사건이 연이어 발생했고, 도시 내 치안이 불안하였을 뿐만 아니라, 정부의 행정 처리도 복잡하고 불편하였다. 그러나 그중 가장 중요한 원인은 민간 일본인들이 한성에 입주한 것이다.[63] 또한, 당시는 한·중양국간 한성철잔의 교섭시기였고, 청상에 불리한 사건이 자주 발생하여 조선에 진출한 청상의 숫자가 감소하였다. 또한 1885년 6월 조선주재 청군이 전부 철수하였는데, 이 사건 역시 청상의 조선시장 진출에 큰 영향을 미쳤다.

1886년의 상황은 1885년에 비해 호전되어 469명의 청상이 조선시장으로 진출하였는데 그 중 산동상인은 166명으로 35%의 비중을 차지했다. 조선시장 전체를 보면 산동상인이 절반에 못 미치는 숫자였지만 한성에서는 여전히 산동상인이 65명으로 54%의 큰 비중을 차지하고 있었다. 한성을 제외한 다른 지역, 즉 인천, 부산, 원산 등지의 산동상인은 큰 세력을 유지하지 못했다.

1886년에는 청상의 숫자가 다시 증가하였는데 그 원인은 원세개(袁世凱)의 외교활동에서 찾을 수 있다. 원세개는 1885년 10월 서울에 부임했다.[64] 주찰조선총리교섭통상사의(駐紮朝鮮總理交涉通商事宜) 원세개는 1885년 파견된 뒤 1894년 6월 청일전쟁으로 귀국할 때까지 9년 간 재임하였다. 원세개는 조선에서 이권을 획득하기 위해 노력하는 한편, 조선의

---

63) 손정목, 『한국 개항기 도시변화과정연구』, 一志社, 1982, 205쪽.
64) 김원모, 「袁世凱 한반도 안보책(1886)」, 『동양학』 16, 1986, 231쪽.

내정과 외교에 적극적으로 개입하여 종주권을 강화하고자 했다.[65] 그는
부임 직후 조청교섭은 물론 조계, 개항, 중한상무, 세금징수, 교무(僑務:
교민업무), 광업, 어업, 군사(軍事), 인사(人事), 여권발급, 소송사건, 윤선
초상국(輪船招商局), 건축·보수공사 등 문제에 이르기까지 관여하지 않은
것이 없었다.[66] 원세개는 부임 이후 중한무역에 관해 진수당보다 더 많은
일을 하였다. 1884년 진수당 시기 한성상무총서의 인원이 13명이었는데,
1886년 원세개 시기 한성총리공서의 인원은 23명으로 늘었는데[67] 원세개
부임 이후의 이러한 적극적인 외교활동은 청상들에게도 영향을 미쳐 청상
들의 조선시장 진출을 촉진시키는 역할을 하였다.

전체적으로 보면, 1883~1886년의 4년간 조선 시장으로 진출한 청상
숫자는 대체로 증가 추세를 보였다. 1885년 이후 조선 시장에서 산동상
인들은 인원수는 절반에 미치지 못하였지만 한성에서는 계속 50% 이상
의 비중을 차지하고 있었다. 인천개항 초기 인천에서 청상의 주류세력이
중국의 남방출신이었던 반면 한성의 청상은 산동상인이 꾸준히 절반 이
상을 차지하는 큰 비중을 유지하였다.

〈표5-9〉 1889년 산동상인의 점포 및 고용인수

同慶和 (10)	源順號 (6)	東升永 (4)	天成義 (3)	公興盛 (3)	榮豊盛 (2)
雙盛泰 (9)	寶泰園 (5)	公源興 (4)	增祥號 (3)	吉泰號 (3)	廣信記 (2)
匯泉居 (7)	福興號 (5)	協增號 (4)	登萊館 (3)	仁記 (3)	鴻祥號 (2)
湧順福 (7)	恒利昌 (5)	義和成 (4)	玉詳號 (3)	義興號 (3)	益順磨房 (1)
錦成東 (7)	公和順 (5)	義順盛 (4)	仁德堂 (3)	和興成 (3)	雙興成 (1)
寶興盛 (7)	吉昌東 (5)	東順利(4)	雙興德 (3)	義盛號 (3)	永利鐵鋪 (1)

65) 이은자, 「淸末 駐韓 商務署 組織과 그 位相」, 『明淸史硏究』 30, 2008, 373쪽.
66) 『駐朝鮮使館檔』, 『總理各國事務衙門』 全宗, 『駐韓使館保存檔案』 系列, 袁世凱 부
분을 참조.
67) 이은자, 앞의 논문, 378쪽.

永來盛 (7)	鳳華泰 (5)	永順公 (4)	東興永 (3)	德昌祥 (2)	義聚號 (1)
和順號 (7)	仁昌盛 (5)	天順泰 (4)	複盛號 (3)	義和興 (2)	永盛和 (1)
北公順 (6)	福昌興 (4)	聚興號 (4)	義和興 (3)	三合順 (2)	同興號 (1)
公源利 (6)	裕和昌 (4)	吉和成 (4)	大興順 (3)	源興號 (2)	泰和祥 (1)

출전: 『檔案』, 01-41-040-19(華商人數清册: 漢城華商及西, 日人姓名清册卷).

　1889년에 이르기까지 조선시장에 진출하는 청국 상인이 계속 증가하여 한성만 해도 청상의 상호가 모두 100개로 늘어났고 인원수는 513명에 달했다. 그 중에서 산동상인들이 개설하거나 산동 사람을 고용한 상호는 모두 60개였고, 산동사람이 없는 상호는 16개였다. 산동사람이 없는 상호는 주로 중국 남방 상인들이 개설한 상호였는데 광동, 절강, 강소와 직례 상인들이 주를 이루었다. 또한, 산동상인과 상호의 피고용인은 230여 명 이상이었고 각 상호 및 숙소에 거주하고 있는 산동에서 온 일반노동자와 소상인의 수는 모두 140여 명에 달했다.[68] 청상(清商)의 상호(商號) 중에서 산동출신 상인의 상호가 절대적 비중을 차지하고 있었고 특히 한성에 있는 청상 중의 대다수가 산동인이었다. 산동인의 상호는 대체로 3~7명의 동향인(同鄕人)으로 구성되었고 외향인(外鄕人)을 고용하는 경우는 많지 않았으며 조선인을 고용한 경우는 없었다.[69] 이러한 신분구조가 상업비밀을 지키는데 유리하였기 때문이었다.

---

68) 『駐朝鮮使館檔』, 「華商人數清册, 漢城華商及西·日人姓名清册卷」.
69) 위의 당안.

〈표5-10〉 지역별 상주 민상(民商)의 인원 및 비중

연도	한성		인천		부산		원산		총계
1891	751	50%	563	38%	138	9%	37	2%	1,489
1892	957(127%)	53%	637	35%	148	8%	63	3%	1,805(121%)
1893	1,254(131%)	57%	711	33%	142	7%	75	3%	2,182(120%)

출전:『檔案』,「咨送光緒十七年份朝鮮各口華商淸冊」;「咨送朝鮮漢城等處鋪戶人數淸冊」;「咨送光緒十九年份朝鮮各口華商總數淸冊」.
비고: 괄호 안에 있는 비중은 전년도 동기대비임.

　위의 <표5-10>에서 볼 수 있듯이 1891~1893년 사이에 한성, 인천, 부산과 원산에 거주하는 청상의 인원수가 계속 늘어나고 있었는데 3년 동안 청인의 인원수가 전년도 동기대비 120~130%로 증가했다. 특히 한성에 거주하는 상인과 일반인이 제일 많고 증가의 폭도 가장 컸다. 1893년까지 한성의 상호는 모두 142호에 달했고 자산총액은 35만 냥을 넘었다. 북양대신 이홍장은 당시 조선에서의 상무(商務)가 날로 번성하고 인원이 많아지자 총리아문(總理衙門)에 상주했다.[70] 이 시기 산동상인에 대한 통계는 없지만 산동상인의 인원수도 증가했을 것으로 추측된다.

　1894년 6월에 청일전쟁이 일어나자 원세개는 6월 17일(음력) 밤에 변복(變服)한 후 가마를 타고 인천을 경유하여 도망치다시피 귀국하였기 때문에 청국공사관은 빈집이 되어 버렸다. 청국 경찰들은 모두 철수해버렸으며 청상들은 문을 닫고 영업을 중지했다. 인천에서 산동으로 가는 배들은 이들을 실어 나르느라 모두 만선이 되었다. 이 때 일본상인들은 군대의 보호 아래 조선시장에 진출하기 시작했다. 전쟁이 끝난 1895년, 청상들이 다시 조선시장에 돌아와서 종전과 같은 장소에서 상업에 종사하기 시작하면서 일본상인과 본격적인 경쟁이 시작되었다.[71] 그 후

---

70)『駐朝鮮使館檔』,「咨送光緒十九年份朝鮮各口華商總數淸冊」.

71) 손정목,『韓國開港期都市變化過程硏究』, 209쪽.

1897년부터 1904년까지 8년 동안 인천의 청국인 수는 대체로 증가하는
추세에 있었는데 1,000~2,000명 선을 꾸준히 유지하고 있었다.[72] 인천
개항부터 청일전쟁 시기까지 조선으로 진출한 청인의 수가 지속적으로
증가하였는데 이것은 조청 간 항운의 발달과 밀접한 관계가 있으며 특히
지정학적으로 유리한 위치에 있던 산동인들이 많이 진출하였다.

청 말기, 산동인의 조선 시장진출이 계속되면서 개항 초기에 산동인
이 소수였던 부산에도 그 수가 점차 많아져서 1906년에는 165명의 청인
가운데 산동인이 133명으로 80%를 차지하였다. 이들 중 비단을 취급하
는 상호가 51명으로 가장 많았고 나머지는 주로 잡화와 음식점을 경영
하고 있었다.[73] 조선에 거주하는 청인이 증가함에 따라 야채를 재배하
는 청인도 나타났는데 1887년 경기도 부천에서 야채를 재배한 산동인
2명이 나타난 이후, 조선에서 야채 재배에 종사하는 청인이 급속히 증가
하여 1910년에는 1,500명에 이르렀다.[74]

1888년 12월 서수붕(徐壽朋)은 당소의(唐紹儀)의 뒤를 이어 주조선상
무총판(駐朝鮮商務總辦)에 임명 되었다. 그는 1899년 당시 조선에 거주
하던 청상의 호적조사를 하였는데 이 사료에는 조선에서 활동하던 산동
인들의 출신지역과 상점 정보가 기록되어 있다.[75] 그 해 한성에는 광동
상인(廣東商人), 절강상인(浙江商人)과 직소상인(直隸商人)도 있었지만
산동상인이 인원수와 점포수 모두 절대적인 비중을 차지하고 있었다. 산
동상인은 모두 744명이었는데 농업(菜農) 10명, 점포의 임시 거주자 9명
과 일반 거주자 48명을 제외한 677명이 상업에 종사하고 있었으며 이들
은 124개 점포에 분포되어 있었다. 동흥목포(東興木鋪)를 비롯한 큰 점

---

72) 김종성, 「韓淸通商條約이 양국 간 무역에 미친 영향에 관한 연구」, 『사림』 25,
    2006, 33쪽.
73) 『駐朝鮮使館檔』, 「華商人數淸冊: 各口華商淸冊」.
74) 秦裕光, 앞의 책, 31쪽.
75) 『駐朝鮮使館檔』, 「華商人數淸冊: 華商戶口名冊」.

포에는 20명, 작은 점포에는 2~3명의 점원이 분포되어 있었으며 각 점
포별 평균 고용인수는 5.5명이었다. 이처럼 당시 산동상인의 점포는 이
전보다 큰 규모로 성장하였다. 이러한 점포는 주로 북대가(北大街), 이궁
가(二宮街), 초동(草洞), 대정동(大貞洞), 홍하문(紅夏門)과 대서문(大西
門)에 분포하고 있었다. 구체적인 내용은 아래와 같다.

〈표5-11〉 1899년 한성의 산동인 점포 상황(명)

安合號 (5)	聚盛火食鋪 (6)	包子鋪 (7)	北源棧 (4)	成記 (12)	誠德號 (3)
德聚盛 (3)	三合興磨坊 (5)	東昌恒 (7)	東昌盛 (3)	東昌義 (3)	東來號 (3)
東升號 (5)	東盛福磨坊 (4)	東盛義 (5)	東順興 (7)	東泰興 (10)	東興隆 (3)
德盛興 (3)	恒豐益磨坊 (3)	豐盛永 (4)	福昌奶鋪 (4)	福興居 (2)	福增興 (3)
阜盛號 (2)	同順昌磨坊 (3)	傅利局 (5)	乾順泰 (8)	乾祐興 (4)	公和順 (6)
公盛同 (9)	隆福泰磨坊 (3)	公源利 (6)	廣盛泰 (5)	廣順號 (3)	廣興隆 (4)
合昌 (3)	合發堂 (3)	合盛磨房 (1)	和春園 (6)	和豐成 (8)	和盛泰 (4)
和信記 (5)	恒發祥 (3)	東興順 (8)	恒利成 (4)	恒盛興 (3)	洪順福 (10)
洪泰東 (12)	洪泰興 (7)	洪興館 (5)	洪興居 (7)	滙泉居 (5)	火食鋪 (13)
餃子鋪 (2)	金升泰 (4)	錦成東 (9)	九成園 (5)	連陞東 (5)	公源福 (8)
賣花生 (9)	東興木鋪 (21)	仁興利 (5)	瑞盛春 (12)	潤發盛 (4)	三合堂 (4)
磨房 (4)	是亦堂藥局 (3)	雙合成 (5)	雙和義 (9)	雙盛泰 (10)	雙興號 (5)
雙興泰 (3)	雙興義肉店 (2)	水屋子 (3)	泰生春記 (3)	剃頭鋪 (5)	天成仁 (8)
天和泰 (7)	天聚恒 (5)	天興義 (4)	天興齋 (3)	同和東 (3)	同和祥 (6)
同慶和 (7)	同盛義磨坊 (4)	復合興 (2)	同順成 (9)	同興福 (5)	同興順磨房 (4)
瓦匠 (3)	同源興火食鋪 (4)	萬源興 (7)	洗衣鋪 (3)	仙蘩居 (2)	協昌盛 (2)
協成號 (3)	益興順肉店 (4)	興茂盛 (6)	興盛居 (4)	義成號 (3)	義和成 (9)
義盛號 (4)	義順成 (4)	義順興 (15)	益盛泰 (7)	信局 (5)	永豐福 (5)
永福源 (4)	湧泰磨坊 (4)	永來當 (6)	永盛東 (6)	永合信 (5)	裕成義 (3)
裕豐盛 (3)	裕盛館 (3)	裕盛仁 (12)	元春盛 (4)	源發順 (4)	源興號 (2)
雜貨鋪 (5)	增盛和 (10)	增盛同 (3)	珍香源 (9)		

출전: 『档案』, 01-41-056-04(華商人數清册: 華商戶口名册

비고: "包子鋪"와 "火食鋪"에 대한 통계는 총수이다. 일부 점포가 점포명이 없어서 통계에 누락되
    었기 때문이다.

위의 <표5-11>에서 알 수 있듯이 한성에 있는 산동인의 점포는 수

적으로 증가하였고 경영범위도 다양해졌는데 그 범위는 전통적인 상업·무역 뿐만 아니라 음식, 서비스, 우유, 정유, 약국 등 업종으로도 확산되었다.

우선, 북방(北幇: 산동방)은 전체 744명 중 등주부인(登州府人)이 626인으로 84%를 차지하고 래주부인(萊州府人)은 100인으로 13%를 차지했다. 이 밖에 산동의 다른 지역 출신은 많지 않았다. 이렇게 볼 때 당시 한성에 진출했던 산동인의 주력은 등주부인(登州府人)이었다고 할 수 있다. 등주부인의 출신지역을 기록한 내용을 보면 612인의 출신지역 분포는 아래와 같다.

〈표5-12〉 조선 거주 등주인의 출신지역 분포

지명	복산현(福山縣)	영해현(寗海縣)	황현(黃縣)	蓬萊	문등(文登)
인수(명)	205	201	78	73	22
지명	萊陽	榮城	昭遠	棲霞	海陽
인수(명)	13	8	4	4	3

출전: 『駐朝鮮使館檔』, 「華商人數淸冊: 華商戶口名冊」에 근거하여 작성함.

위의 〈표5-12〉에서 보듯이 등주부인 가운데 복산현인(福山縣人), 영해현인(寗海縣人), 황현인(黃縣人), 봉래인(蓬萊人)이 모두 557명으로 91%라는 큰 비중을 차지하였다. 이처럼 대부분 조선거주 산동인의 출신지는 산동 등주부와 래주부의 연해지역이었으며 그 가운데 복산현과 영해현 출신이 가장 많았다. 황현과 봉래를 포함한 4개 지역은 현재 연대의 관할지역에 속하기 때문에 당시 조선거주 산동인의 대부분은 연대 사람이었다고 할 수 있다.

산동, 특히 연대인이 조선으로 많이 이주한 이유는 연해지역의 사람들이 해로교통을 이용하여 조선에 쉽게 진출할 수 있었기 때문이다. 산동인 뿐만 아니라 조선에 절강상인과 광동상인이 많은 것도 같은 이유이다. 이에 반해 산동내륙지역인 제남 등지에서 조선으로 이주한 상인과 노동자는 거의 없었다.

당시 산동인의 연령구조를 살펴보면 최연소자가 12세, 최연장자는 68세였고 전체산동인의 평균 연령은 30세였다. 소아와 노인이 없는 것은 이들 대부분이 돈을 벌기 위해 조선으로 이주하였음을 보여준다 상인의 평균연령은 29세로 조선의 산동상인은 주로 젊은층으로 구성되었다. 그러나 대부분의 상호에는 연장자가 한 명씩 있었다. 즉, 산동의 상호에는 '일로다소(一老多小)'의 현상을 흔히 볼 수 있다. 한편 채소농사를 짓는 사람들의 평균 연령은 42세로 상대적으로 나이가 많은 사람들이었다.

산동 출신 청상들은 남방 상인에 비해 상업 자본이 많지 않았다. 자본이 많은 소수의 상인들은 산동과 인천 간의 무역에 종사했고 대다수의 영세한 상인들은 조선 국내의 상업에 종사할 수밖에 없었다.[76] 1884년 한성에 거주한 220여 명 산동상인 가운데 점포가 없는 행상이 120여 명에 달했는데 이들 대부분의 산동 행상은 연대 등주(登州)지역 출신들이었다.[77] 이들 중 일부 부유한 상인을 제외하면 대부분의 산동 상인은 피난민이라고 해도 무방할 것이다.

지리적 근접성 이외에 산동의 소상인이나 피난민이 조선시장으로 진출하게 된 사회적 배경을 살펴보자. 아편전쟁 이후 산동인구가 증가함에 따라 인구, 토지, 계급 등을 둘러싼 복합적인 갈등이 격화되었다. 함풍말년에 산동의 인구는 3,400만 명에 달했고 1인당 토지는 3무(畝: 1무=666.67m²) 밖에 되지 않았는데 이는 생계를 유지하기에도 어려운 정도여서 인구의 유동을 초래하였다. 많은 농민들이 생존을 위해 토지를 팔았고 경제 환경의 악화와 토지의 상실로 많은 농민들이 생계수단을 찾아 타향으로 이주하거나 마적으로 전락하였다.[78] 아편전쟁 이후 산동 농민 생활환경의 악화는

76) 마중가, 『山東華僑硏究』(新星出版社, 2005), 38쪽.
77) 『駐朝鮮使館檔』, 「咨送光緖十年份在韓華商名册及關稅數目淸摺」.

산동이민 증가의 원인이 되었다.

　이와 동시에 혼란스러운 환경을 피해 생존하기 위해서 많은 중국인이 해외로 이주하기 시작했다. 광동과 복건 등 남방 지역의 사람은 대부분 동남아로 이주하였고 산동인은 주로 한반도로 진출했다. 한국 화교 진유광(秦裕光) 부친의 조선이주 원인을 보자.

> 아버지가 고향을 떠나 한국으로 간 것은 반드시 돈을 더 벌어야겠다는 생각에 서만은 아니었다. 고향에선 목숨을 지탱하기가 어려워졌기 때문에 이주한 것이다. 아버지가 신의주로 떠나던 1910년은 청조말(淸朝末)로, 사회 정세는 매우 불안하였는데 곳곳에 마적이 있었다. 국가의 행정력이 마비되고 사회질서는 크게 흔들렸다. 마적은 우리집안처럼 돈 많은 토호(土豪)를 표적으로 약탈을 일삼았다. 한번이라도 마적 습격을 받으면 재산을 빼앗기는 것은 물론 남자들은 생명조차 부지하기가 어려운 형편이었다. 더구나 산동을 중심으로 한 화북지방 일대에서는 1898년 의화단운동이 일어났다. …… 이렇게 되니 폭동의 진원지였던 산동의 형편은 말이 아니었다. 이후 몇 년간 많은 남자들은 혼자서 혹은 가족을 이끌고 가장 가까운 외국인 조선 땅으로 이주해갔다.[79]

　위의 글을 보면, 조선에서 산동인이 증가한 가장 큰 원인은 산동지역의 사회 불안이었다. 사람들은 생존을 위해 어쩔 수 없이 고향을 떠나 조선으로 이주해갔다. 이처럼 조선의 청상 가운데 큰 비중을 차지하는 소상인과 난민의 증가원인은 산동지역의 혼란스런 사회상황에서 기인한 바가 크다. 아편전쟁 이후 농민생활환경의 악화와 계급분화는 산동인의 조선시장 진출을 촉진시키는 배경이 되었다.

---

78) 逄振鎬·江奔東, 『山東經濟史』, 濟南出版社, 1998, 2~7쪽.
79) 秦裕光, 앞의 책, 4~5쪽.

(3) 무역의 추이와 성격80)

인천개항 이전에 연대와 조선 사이의 무역은 주로 밀무역의 형식을 취하고 있었는데 인천개항 이후에는 인천항이 공식적인 무역창구가 되었다. 특히 조선시장에 진출한 산동상인의 증가와 기선항운업의 발달은 무역의 성장에 지대한 역할을 하였다. 1883~1904년의 무역통계는 아래와 같다.81)

〈표5-13〉 연대항과 조선 간의 무역(1883~1904)

연도	수입총액	수출	재수출		수출·재수출 총액	무역총액
		중국상품	중국상품	외국 상품		
1883	189	-	-	-	0	189
1884	0	666	2,163	2,946	5,775	5,775
1886	7,878	6,601	5,718	12,488	24,807	32,685
1887	7,475	10,830	11,135	33,036	55,001	62,476
1888	24,462	14,234	6,291	32,008	52,533	76,995
1889	65,535	24,567	8,197	32,196	64,960	130,495
1890	6,781	23,649	18,667	36,118	78,434	85,215
1891	19,657	27,608	12,746	39,450	79,804	99,461
1892	9,389	21,291	6,492	27,452	55,235	64,624
1893	6,407	29,310	12,926	22,460	64,696	71,103
1894	328,179	26,437	9,426	17,116	52,979	381,158
1896	321,997	69,350	21,739	27,896	118,985	440,982
1897	466,178	77,511	21,778	24,846	124,135	590,313

---

80) 이 부분은 「근대 煙臺와 조선의 무역왕래」(『한중인문학연구』36집, 2012)의 일부로 발표하였다.
81) 1905년부터 해관통계 체제의 변화로 연대와 조선의 무역에 대한 통계가 없다.

1898	760,265	131,770	21,419	32,056	185,245	945,510
1899	462,619	56,430	14,260	26,505	97,195	559,814
1900	407,841	88,676	29,455	39,912	158,043	565,884
1901	423,392	84,354	54,767	46,132	185,250	608,642
1902	1,079,168	84,860	48,646	28,147	161,653	1,240,821
1903	948,096	120,993	55,427	70,764	247,184	1,195,280
1904	782,817	77,581	65,011	60,076	202,668	985,485

출전: 『中國舊海關史料』, 10~20권의 내용에 근거하여 작성함.
비고: 사료에 1885년의 통계가 없음.
단위: 해관냥

〈그림5-3〉 연대항과 조선의 각 연도별 무역액 변화 추이

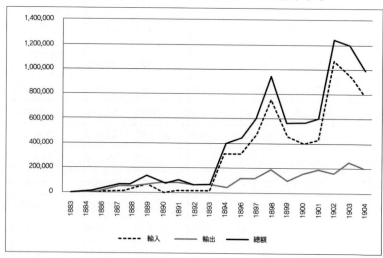

출전: 〈표5-10〉의 통계에 근거하여 작성함.

앞의 <표5-13>와 <그림5-3>을 보면 연대항과 조선의 무역액은
1893년을 전후하여 큰 차이가 나는 것을 알 수 있다. 전기에는 양국의
무역액이 완만하게 증가하였고 후기에는 급속도로 증가하였다. 무역액의

급성장은 조선에서 연대항으로 수입된 상품이 급속히 증가하였기 때문이다. 이에 반해 연대항에서 조선으로의 무역은 20여 년 동안에 느리게 성장하거나 큰 변화가 없었다. 1883~1893년의 11년 사이에서 1889년을 제외하면 10만 냥을 초과하지 못하였지만 1894년~1904년의 11년 사이에 무역총액은 1893년의 7만 냥으로부터 1894년의 38만 냥으로 증가하였고, 1900년대 초기에는 100만여 냥으로 증가하였다. 1900년을 전후하여 무역총액이 뚜렷하게 감소하는 현상이 나타났다. 이러한 현상은 후술하는 바와 같이 조선에서 연대항으로 판매하는 인삼무역의 감소에서 기인된다. 구체적으로 살펴보면, 연대와 조선의 무역은 각 시기에 완전히 다른 양상을 나타냈다.

우선 1883~1893년의 무역을 살펴보자. <표5-13>과 같이 연대항과 조선 간의 무역은 조선으로부터의 수입, 조선으로의 중국상품수출, 중국상품 재수출과 외국 상품 재수출로 구성된다. 1883년 연대항과 조선 간의 무역이 처음으로 시작된 이래 1886년 이후 차이는 있으나 전반적으로 증가하는 추세를 보였으며 특히 1889년에는 두드러진 증기세를 보였다. 1890~1893년의 무역액은 감소했는데 조선에서 연대로 수출한 상품이 대폭 감소하여 무역총액도 감소하였다. 이 시기 연대항과 조선의 무역구조를 다음의 <표5-14>를 통해 살펴보자.

〈표5-14〉 1883~1893년 연대항과 조선의 무역구조

	수입총액	중국상품수출	중국상품재수출	외국상품재수출	수출총액
무역액(냥)	147,773	158,756	84,335	238,154	481,245
비중	23%	25%	13%	38%	77%

출전: 〈표5-13〉의 통계에 근거하여 작성함.

연대항과 조선 간의 무역구조를 좀더 자세히 보면, 위의 <표5-14>에

서 나타나듯이 이 시기에 연대항의 수출총액은 48만 냥으로 77%를 차
지하는 반면에 수입총액은 14.7만 냥으로 차지하는 비중이 23%에 불과
하다. 즉 이 시기 연대항과 조선의 무역은 수출초과 현상을 나타내고 있
다. 연대항의 대조선 수출은 중국상품 수출, 외국 상품 재수출, 중국상품
재수출의 3가지로 나눌 수 있는데 그 중에서 외국 상품 재수출이 38%로
가장 큰 비중을 차지하고 중국상품 재수출은 13%이다. 이처럼 연대항의
대조선 재수출은 무역총액에서 51%를 차지하였기 때문에 조선과의 무
역은 중국상품과 외국 상품의 재수출이 가장 중요한 교역이었다고 할 수
있다. 또한 연대항에서 외국으로 재수출되는 외국 상품은 조선으로 수출
되는 비율이 90% 이상을 차지하여 러시아와 일본을 향한 수출보다 압
도적으로 많았다.[82] 따라서 1883~1893년 사이 연대항과 조선의 무역은
주로 대조선 재수출무역이 중심이 된 수출 위주의 무역으로 구성되었음
을 알 수 있다.

　청상들은 외국에서 중국으로 수입된 서양면직물 및 잡화와 중국산 견
직물 및 한약재 등을 조선에 판매하였으며, 조선으로부터는 인삼, 곡물,
소가죽, 해산물 등을 수입하였다.[83] 연대항에서 거래된 물품을 보면 조
선으로 수출된 것으로 고철, 성냥, 유리, 면제품과 식품 등이 있었고 조
선에서 연대항으로 수입된 것으로 종이, 어교(魚膠), 가죽과 황철석(黃鐵
石) 등이 있었다.[84] 대부분의 고철, 성냥, 유리와 면제품은 외국에서 홍
콩이나 국내 다른 개항장으로 수입된 것을 다시 연대항으로 반입하여 최
종적으로 조선으로 재수출된 것이었다. 식품의 재수출 경로는 다양했는
데 외국에서 수입하여 연대항을 경유한 후 조선으로 재수출된 것이 있는
가 하면 연대에서 직수출된 상품도 있었다. 반면에 조선에서 수입된 물

---

82) 『中國舊海關史料』, 12~16권의 통계를 참조.
83) 한우근, 『韓國開港期의 商業研究』, 一潮閣, 1970, 55쪽.
84) 『中國舊海關史料』, 152권, 55쪽.

품은 주로 조선의 상품이었다.

조공무역체제 하에서 중국이 조선으로 수출한 물품 중에서는 식품이 중요한 품목이었으며, 조선에서 중국으로 반입된 물품 중에서는 종이, 가죽, 어류와 광석이 큰 비중을 차지하였다.[85] 고려 종이는 청 초기부터 중국에서 계속 수요가 있어 조선의 공물 중 중요한 품목이었으며 모피는 조선의 수출물품중에서 청말까지 주종을 이루었다.[86] 인천개항 이후 연대항을 통한 대조선 수출은 전통적인 조공무역 시기의 상품과 함께 근대적인 무역품목이 나타났고 반대로 조선의 대청 수출은 주로 전통적 조공무역의 품목에서 크게 벗어나지 못하였다. 이러한 현상을 초래한 원인은 아편전쟁 이후 많은 서양국가가 중국 시장에 진출하여 근대공업제품들이 폭발적으로 늘어난 반면에 조선은 상대적으로 폐쇄되어 있었고 공업발전 수준이 낮았기 때문이다. 이와 함께 조선의 대외 개방 항로는 중국, 일본, 러시아의 3국만으로 개설되어 서양 국가의 근대공업제품을 얻으려면 연대를 비롯한 타국의 개항장을 통해 재수입하지 않으면 안 되었다.

조공체제 하에서 황금은 수출금지품이었지만 심양무역 시기에 이미 중국으로 수출하고 있었다. 조선에서 얼마나 많은 양의 황금이 유출되었는지에 대한 자세한 기록은 찾기 어려우나, 1885년 조선 해관 세무사의 통계에 따르면 매년 12만 파운드에 달하는 것으로 나타나고 있다.[87] 인천개항 이후 조선의 황금은 조공체제의 성격을 이어 계속해서 중국으로 수출되고 있었다. 1886~1893년 사이 조선의 금은유통 상황은 아래와 같다.

---

85) 張存武, 『淸韓宗藩貿易』, 中央硏究院近代史硏究所, 1978, 115쪽; 143~146쪽.

86) 장존무, 『근대한중무역사』, 교문사, 2001, 147쪽(위 책의 번역본).

87) 장존무, 위의 책, 148~149쪽.

〈표5-15〉 연대항과 조선 간의 금은유통 (1886~1893)

구분	수입(냥)			수출(냥)		
	금	은	총액	금	은	총액
1886	15,000	0	15,000	0	0	0
1887	700	400	1,100	0	200	200
1888	0	4,760	4,760	0	13,280	13,280
1889	-	-	-	-	-	-
1890	17,000	13,465	30,465	0	29,475	29,475
1891	4,150	0	4,150	0	13,600	13,600
1892	25,999	23,129	49,128	5,197	13,873	19,070
1893	14,000	8,200	22,200	1,190	5,700	6,890
총액	76,849	49,954	126,803	6,387	76,128	82,515

출전: 『中國舊海關史料』, 12~20권의 내용에 근거하여 작성함.
비고: 1889년의 통계는 없음.

위의 <표5-15>에서 나타나듯이 1886~1893년간에 조선으로부터 12.6만 냥의 금은이 연대항으로 유입되었으며 연대항에서 조선으로 유출된 금은은 8.2만 냥 정도였다. 조선으로 유출된 금은은 산동상인들의 자본금으로 조선에서 토지를 구입하거나 화물을 수입하는 데 주로 사용되었다. 조선에서 유입된 금은 금은유통에서 60%를 차지하는 반면, 조선으로 유출된 금은 금은유통에서 차지하는 비중이 6%에 불과했다. 그러나 조선으로 유출된 은은 조선에서 유입된 은에 비해 두 배정도 많았다. 조선으로부터 많은 금은이 청으로 유입되었는데 이것은 해관에 등록된 기록에 근거한 총액일 뿐이다. 당시 많은 양의 금은이 밀수를 통해 유출, 유입되었던 것을 감안하면[88] 실제로 유통된 금은은 이보다 훨씬 더 많을 것으로 보인다.

---

88) 『光緒十九年仁川口朝洋貿易情形論畧』, 19쪽. "金者出口者有難核實其實數, 大部分不報海關, 隨同行李攜帶出洋."

특히 금은 조선에서 대량으로 수입된 물품이었다. 그 원인은 주로 세 가지가 있다. 첫째, 조선에서 구입할 수 있는 상품이 많지 않을 경우 상인들은 일반적으로 상품을 대신하여 금을 많이 구입했다.[89] 둘째, 조선에서는 동전(銅錢)으로 거래하였는데 동전의 가치가 떨어지면 상인들은 주로 금을 구입했다.[90] 셋째, 국제 무역 체제에 편입되지 않았던 조선의 금 가격은 다른 국가의 금가보다 저렴한 경우가 많았다.[91]

다음으로, 1894~1904년 사이의 연대항과 조선의 무역에 대해 살펴보자. 1894년 이후 연대항과 조선 사이의 무역이 폭발적으로 증가하였고 조청무역에서 차지하는 비중도 절반 이상의 큰 비중을 차지하게 되었다. 앞의 <그림5-3>에서 나타나듯이 수입의 변동은 매우 큰 반면 수출은 상대적으로 큰 변화가 없었다. 수입액의 증가로 연대의 대조선 무역은 1893년 이전의 무역에 비해 뚜렷한 수입초과 현상을 나타냈다. 1894년 이후의 연대항과 조선 사이의 무역은 중국측에서 보면 수입무역이라 할 수 있다. 따라서 연대항과 조선의 무역에서 연대의 성격이 1894년 이후 수출초과에서 수입초과로 완전히 바뀌었다.

또한 연대항에서 수출되는 중국상품은 5만 냥에서 20여만 냥으로 4~5배 증가하였다. 수출무역의 구조를 구체적으로 검토하면, 중국상품 수출, 중국상품 재수출과 외국 상품 재수출 세 가지로 구성되었다. 1893

---

89) 『光緒十六年仁川口朝洋貿易情形畧』, 18쪽. "……運往中華之金, 則屬今年較多. 華商因無土貨可辦, 故以金寄歸耳.";『光緒十七年仁川口朝洋貿易情形畧』, 17쪽, "今年出口之金大半運往中華, 推原其故, 蓋各有所因焉. 華商之絲綢, 綿布等貨進口者逐年增多, 今尤甚盛. 並無出口貨宜辦, 故以金運歸耳.";『光緒十八年仁川口朝洋貿易情形畧』, 37쪽, "朝鮮土産米豆等谷及諸貨物旣不利於出口, 則商只得購金而歸, 此猶常年之恆事爾."

90) 『光緒十八年仁川口朝洋貿易情形畧』, 37쪽. "朝鮮均以錢作貨値, 今年錢價大壞, 各商貿易之錢惟有兌金爲便. 其金價較五年前貴將兩倍."

91) 『光緒十九年仁川口朝洋貿易情形畧』, 19쪽. "朝鮮之金視同貨物, 較之各國金價稍形便宜……商於朝鮮者, 故多購金出口."

년 이전의 대조선 재수출무역은 무역총액의 50%를 차지하는 반면 1894
년 이후 무역총액에서 차지하는 비중은 10%로 떨어졌다.92) 이것은 재
수출무역액의 감소가 아닌 수입액의 급증 때문이었다. 1894년 청일전쟁
의 발발로 조선의 항구가 막혀 대조선의 재수출무역은 감소세를 보였으
나93) 1896년 이후에는 대체로 성장세를 유지하게 되었다. 수출품을 보
면, 두병, 의류, 계란 견주 등 중국상품과 수입한 외국상품이 큰 비중을
차지했다.94)

〈그림5-4〉 연대항으로 수입된 수입총액에서 조선 인삼의 비중 (1894~1904)

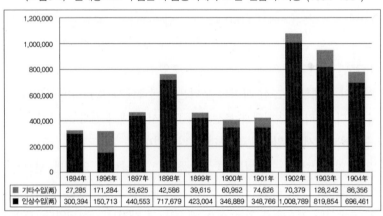

	1894年	1896年	1897年	1898年	1899年	1900年	1901年	1902年	1903年	1904年
■ 기타수입(兩)	27,285	171,284	25,625	42,586	39,615	60,952	74,626	70,379	128,242	86,356
■ 인삼수입(兩)	300,394	150,713	440,553	717,679	423,004	346,889	348,766	1,008,789	819,854	696,461

출전: 『中國舊海關史料』, 22~39권 Chefoo의 내용에 근거하여 작성함.

1894년 이후 연대와 조선의 무역액이 폭발적으로 증가한 원인은 위
의 <그림5-4>와 같이 인삼을95) 대량으로 수입했기 때문이다. 전통조공

---

92) 『中國舊海關史料』, 22~39권, 연대의 대조선 재수출부분을 참조.
93) 『光緒二十年烟台口華洋貿易情形論畧』, 45쪽.
94) 『光緒二十二年烟台口華洋貿易情形論畧』, 108쪽; 「光緒二十九年烟台口華洋貿易情
　　形論畧」, 138쪽.
95) 해관통계에 따르면 高麗蔘(Ginseng)의 등급은 1등부터 4등까지 구분되었는데 주종
　　수입품은 1등 인삼이다. 상품양태에 따르면 高麗蔘(Ginseng, 혹은 Corean Ginseng),

체제 하에서 인삼은 조선의 중요한 수출품이었다. 1797~1894년까지 조선의 대청 수출품에는 은냥과 피혁·잡화 이외에 가공한 홍삼이 추가되었다. 그 중 홍삼은 시간이 지날수록 비중이 높아졌다. 1797~1876년 사이에 조선에서 중국으로 수출된 각종 삼은 219만 근에 달했다.[96] 인천 개항 이후, 특히 1894년 이후 연대는 조공체제 하의 인삼무역을 계승하고 지리적 우세를 이용하여 인삼의 수입항구로 성장했다.

위의 그림에서 보듯이 연대는 1894년부터 인삼을 대량으로 수입하기 시작하였는데 수입액은 변동 폭이 심하긴 해도 대체로 상승세를 보였으며 특히, 1902년에는 100만 냥에 이르렀다. 1896년을 제외하면 인삼의 수입액은 수입총액에서 90%가량의 높은 비중을 차지하여 연대항으로 수입되는 조선 상품의 대부분을 차지하고 있었다. 1899~1901년 사이에 인삼수입액은 감소추세를 나타내고 있다. 이것은 1899년 조청 간에 통상조약을 체결하여 홍삼무역을 엄밀하게 관리했기 때문이었다.[97] 홍삼무역이 어려움을 겪게 되자 한성경방(漢城京幇) 화상(華商)들은 조선 상무총판(朝鮮商務總辦) 오광패(吳廣霈)에게 상주한 적이 있었다.[98] 합법무역은 감소하였지만 인삼의 밀무역은 오히려 성행했다. 청상들은 청의 군함이 인천항을 왕래할 때, 군함을 이용해서 인삼을 몰래 수송했다. 1895년에 작성된 『일한통상협회보고(日韓通商協會報告)』에 따르면 연간 5만 근 정도의 인삼이 밀수 되었던 것으로 추정된다. 당시 청 군함을 통한 밀수가 일반적으로 행해졌다는 것은 공공연한 사실이었다.[99] 이처럼 1894~1903년 사이에 연대항과 조선의 무역은 인삼이 주

蔘髭(Ginseng Beard)과 蔘碎(Ginseng cuttings)로 구분할 수 있다.

96) 張存武, 앞의 책(2001), 155~169쪽.
97) 王鐵崖, 『中外舊約章彙編』, 三聯出版社, 1957, 912쪽.
98) 『駐朝鮮使館檔』, 「華商委覆紅蔘生意利弊案」.
99) 박정현, 「19세기 말(1882~1894) 조선화상의 조직과 상업 활동」(『중국사연구』 66, 2010), 74쪽.

요한 상품이었고 유통 경로는 조선에서 연대항으로 수출하는 것이었다고 할 수 있다.

조선에서 인삼을 대량으로 수입한 것은 중국 사람들이 조선인삼을 신뢰하였기 때문이다. 이전 시기에 조선의 수출금지품이던 인삼은 사행의 중요한 품목이었다.[100] 전근대 동아시아 삼국에서 조선산 인삼은 그 최상의 약효를 인정받아 중국과 일본을 대상으로 한 국제외교에서 매우 중요한 의례물품(儀禮物品)으로 활용되고 있었다. 이 같은 조선산 인삼의 약효와 품질은 이미 고려조에서 원(元)황제의 언급을 통해 확인되고 있으며, 이후 명나라에서도 황실용 수요 인삼은 오로지 조선의 진헌인삼에 의존하고 있었다.[101] 인삼은 청대 전반에 걸쳐 만주황실이 독점적으로 장악한 자원으로서[102] 일반 사람들이 쉽게 구할 수 없는 귀중품이었으나 조선개항 이후에는 세금만 내면 인삼을 중국으로 수출할 수 있게 되었다. 1884년 조선을 여행한 칼스(W. R. Carles)는 중국 사람들의 조선인삼에 대한 선호를 이렇게 기록하였다.

조선인삼의 좋은 점에 관해서는 중국인들도 완전히 신뢰하고 있었다. 나이가 들어 활력을 잃고 오랜 질병으로 기운이 없고 허약한 사람에게는 인삼이 매우 효력이 있었고, 질이 좋은 것은 거의 금의 무게만큼과 같은 값어치가 있었다. 그 효력은 얼마나 오랫동안 정성을 들이고 얼마나 오랫동안 환자가 식이요법을 따르느냐가 문제였다.[103]

이를 통해 알 수 있듯이 중국 사람들은 조선인삼의 약용가치를 절대적으로 신뢰하고 있었다. 1784년 미국 상선 황후호(皇后號)가 12만 불

---

100) 이철성, 「조선후기 연행무역과 수출입 품목」, 『한국실학연구』 20, 2010, 33~36쪽.
101) 박평식, 「朝鮮前期의 人蔘政策과 人蔘流通」, 『한국사연구』 143, 2008, 219쪽.
102) 김성민, 「변경의 인삼을 둘러싼 조선과 후금의 갈등」, 『범월과 이산, 만주로 건너간 조선인들』, 인하대학교출판부, 2010, 49쪽.
103) W.R.칼스 지음, 신복룡 역주, 『조선풍물기』, 집문당, 1999, 18쪽.

어치의 서양인삼을 싣고 광동(廣東)에 도착하였다. 이를 계기로 미국 인
삼이 중국시장에 진출하게 되었다.[104] 그 후 일본 인삼도 중국 시장에
들어와 조선인삼과의 경쟁에 들어갔지만 조선인삼의 명성을 넘어서지는
못하였다. 특히 1840년대 영국산 아편이 대량으로 중국에 들어와 많은
사람들이 손쉽게 아편을 섭취하게 되었는데 중국에서는 조선 홍삼이 아
편 해독에 효과가 있다고 널리 알려져[105] 그 수요가 더욱 늘어났다. 이
렇게 조선인삼은 중국시장에서 서양과 일본 인삼의 추격을 멀리 뿌리치
고 확고한 명성과 지위를 지켰다.

조선개항 이후 조선인삼이 중국으로 대량수출된 또 하나의 원인은 조
선근대공업의 낙후에서 기인된다. 당시 조선은 근대공업이 발전되지 않
아 중국으로 수출할 만한 상품이 없었으므로 이전 시기 중요한 수출품목
인 인삼이 근대에도 조청무역에서 중요한 위치를 차지하였다.

〈표5-16〉 중국의 조선인삼의 재수출상황 (1894~1904)

연도	국외재수출(홍콩 포함)		국내재반출		재반출 총비중
	거래액(兩)	비중	거래액(兩)	비중	
1894	17,904	6.0%	114,612	38.2%	44.1%
1896	27,294	18.1%	191,479	127.0%	145.2%
1897	99,129	22.5%	354,016	80.4%	102.9%
1898	155,990	21.7%	373,828	52.1%	73.8%
1899	343,997	81.3%	265,209	62.7%	144.0%
1900	35,923	10.4%	65,285	18.8%	29.2%
1901	307,554	88.2%	255,151	73.2%	161.3%
1902	221,421	21.9%	304,565	30.2%	52.1%
1903	321,332	39.2%	319,207	38.9%	78.1%
1904	29,227	4.2%	637,318	91.5%	95.7%

---

104) David A. Taylor, *Ginseng, The Divine Root: The Curious History of the Plant That Captivated the World*, Algonquin Books, 2006, pp.131~134.
105) 이철성 앞의 논문, 50~57쪽.

평균		31%		61%	92.6%

출전: 『中國舊海關史料』, 22~39권 Chefoo의 내용에 근거하여 작성함.
비고: 국내외로 재수출한 인삼의 총액은 수입액을 초과한 경우가 있는데 이것은 그해 수입한 것
    을 한꺼번에 재수출하지 않았기 때문이다.

위의 <표5-16>에서 나타나듯이 조선에서 수입한 인삼은 현지에서
판매되는 것 이외에 국내외로 재수출되기도 했다. 1894~1904년 사이에
인삼의 재수출 비중이 92.6%에 달한 것을 보면 대부분의 인삼이 재수출
되었음을 알 수 있다. 인삼의 재수출 경로는 두 가지인데 하나는 홍콩이
나 해외로 수출하는 것이고 다른 하나는 상해를 거쳐 국내외로 재수출하
는 것이다. 국내로 재수출한 물량은 평균적으로 61%의 높은 비중을 차
지하였지만 홍콩과 국외로 수출한 인삼의 비중은 31%에 불과했다.[106]
이처럼 인삼은 연대의 중요 재수출품 중의 하나였다. 상해는 중국을 세
계시장과 연결시키는 개항장이었으므로 상해로 판매된 인삼은 해외로
재수출 되었을 가능성이 매우 높다. 즉, 중국을 통해 다른 나라로 재수출
한 조선인삼은 31%이상이었을 것으로 추측된다.

홍삼은 밭에서 캐낸 수삼을 껍질을 벗기지 않은 상태에서 증기로 쪄
서 익혀 건조시킨 인삼의 가공품이다. 일반적으로 조선에서 수입한 인삼
은 연대에서 건조시킨 후 상해와 홍콩으로 수출했는데 1904년 러일전쟁
이 발발하자 전장과 가까운 연대항 대신 상해항으로 수출되었다. 그러나
상해는 습도가 높기 때문에 위해(威海)에서 건조시키는 경우도 있었
다.[107] 생인삼의 가격은 건조인삼보다 저렴하였는데, 이는 건조시키는

---

106) 『光緒二十九年烟台口華洋貿易情形論畧』, 138쪽. 1903년의 경우를 보면, 홍콩으
    로 수출된 인삼의 중량은 13,923근이고 가치는 321,332냥이었는데 평균 1근당
    23냥에 달했다.

107) 『光緒三十年烟台口華洋貿易情形論畧』, 164쪽. "高麗蔘往年皆先運至烟晒乾, 陸
    續運往香港. 本年因烟台距戰地非遙, 恐有不測, 故進口時隨卽運往上海後, 因上海
    潮濕太重, 復運往威海衛存藏."

과정에서 인삼의 유익한 성분이 농축되기 때문이다.[108] 조선시대에는
홍삼이 청으로 수출되었지만, 인천개항 이후 인삼은 연대에서 건조되었
으므로 청의 인삼가공 이득이 많아졌다.

  다음 칼스의 기록을 통해 해외로 수출된 조선인삼의 판매 경로를 유
추해 볼 수 있다.

> 비록 중국인들이 외국인에게 인삼을 권유했지만 나는 어느 유럽인도 자신을
> 실험 삼아 복용하는 것을 보지 못했다. 대부분 사람들의 약에 대한 지식은 그
> 것이 파낙스 인삼(panax ginseng)의 뿌리이며 흰 독말풀과 같은 모양으로 사
> 람의 형상과도 닮았다는 것이다.[109]

  위의 인용문에서 나타나듯이 1880년대까지 서양 사람들은 조선인삼의
약효를 인식하지 못했던 것으로 보인다. 그들은 조선인삼을 거의 복용하
지 않았고 시장수요가 없으므로 조선인삼이 유럽으로 판매되었을 가능성
은 매우 낮다. 오히려 19세기 말까지 중국인의 동남아로의 이민 증가로
조선인삼에 대한 수요도 높아졌을 가능성이 매우 높다. 따라서 직접적인
해관통계가 없는 상태에서 추론하자면 연대항을 통해 해외로 재수출된
조선인삼의 최종 목적지는 동남아지역이었을 것이라고 생각된다.

  이전시기 조선인삼의 중국수출은 밀무역을 제외하면, 주로 북경으로
가는 사행무역(使行貿易)을 통해 진행되었다. 조선사신은 북경에 들어
간 후 중국이 허락한 범위 내에서 무역을 진행하였는데 북경 해당 관리
의 주관으로 조선 일행(주로 역관)과 중국(주로 남방 상인) 사이에서 교
역이 진행되었다.[110] 그러나 1894년 이후 조선과 연대항 사이에 인삼거
래량이 급성장하면서 점차 이전시기에 만들어진 인삼유통 경로가 바뀌

---

108) David A. Taylor, op.cit, p.73.
109) W.R.칼스 지음, 신복룡 역주, 앞의 책, 18쪽.
110) 今村鞆, 『人蔘史』, 第3卷, 人蔘經濟篇, 朝鮮總督府專賣局, 1938, 199쪽.

게 되었다. 1894년 이후 연대항의 교역이 조청무역에서 큰 비중을 차지하고 인삼이 연대항과 조선무역에서 90% 이상의 절대적인 큰 비중을 차지했다는 것을 보면 대부분의 조선인삼이 연대항을 통해 중국으로 수출되었음을 알 수 있다. 따라서 연대항과 조선무역의 성장은 조선인삼의 중국수출 경로를 조선-북경으로부터 조선-연대로 바꾸게 하였으며 수출대상지역도 북경에서 중국 내지와 해외로 바뀌게 되었다.

　개항 이후, 홍삼을 취급한 상인은 산동상인 외에 동순태를 비롯한 광동상인도 있었다. 동순태는 조청무역을 위해 상해, 연대, 홍콩 등에 지점을 두고 있었는데, 각 지점 사이의 수출입 품목에 인삼이 있었다.[111] 또한, 조선의 공동회사도 외국무역에 관심을 두어 홍삼을 수출하기도 하였다.[112] 이처럼 인삼은 조청 양국 상인 사이에 주요한 교역품이 되었다. 인삼은 상인을 통해 연대항에 도착한 후 건조되어 상해나 홍콩으로 재수출된 다음에 중국시장과 해외시장으로 판매되었다. 이처럼 인삼을 통해 조선 경제권은 중국의 화북 경제권 및 화중 경제권, 화남 경제권 및 동남아 등 해외와 연결되었다. 즉, 연대는 한중무역의 연결체이며, 인삼은 이 연결체의 중요한 구성인자였던 것이다.

---

111) 강진아, 앞의 논문, 66쪽.
112) 이영호, 『한국근대 지세제도와 농민운동』, 서울대학교출판부, 2001, 116쪽.

Ⅵ. 결 론

이상으로 중국 국내와 국제교역망 속의 연대항의 위상, 무역과 연대항의 발전, 연대항 무역의 성격 및 연대항과 조선의 항운과 무역에 대한 고찰을 통해 다음과 같은 결론에 도달하였다.

첫째, 국내교역망에서 연대항의 역할을 파악하였다.

우선, 연대항에서 이루어진 교역은 국내 개항장간 무역을 중심으로 한 외국 상품 수입과 중국상품수출입의 성격을 띠고 있었다. 청일전쟁 이후, 국제정세의 변화로 인해 국제무역이 많이 성장하였지만 그 중 연대항에서 이루어진 교역중 중국 국내무역의 비중은 시종일관 높은 비중을 차지하고 있었다. 연대항이 중국 국내 교역망에서 더욱 큰 역할을 할 수 있었던 것은 상해를 통한 국제무역이 국내무역으로 통계되었기 때문이다.

이 시기 연대항의 역할 중에서 우선, 연대항이 국내 각 경제권에 미친 영향을 확인하였다. 지리적으로 연대는 화북 경제권의 천진, 우장과 제일 가깝지만 연대항과 화북 경제권의 직교역량은 많지 않았다. 그러나 대화북(對華北) 경제권으로의 재반출은 연대항 화물 재반출총액에서 큰 비중을 차지하고 있었다. 특히, 우장으로 재반출된 화물은 연대의 재반출교역에서 큰 비중을 차지했다. 즉, 연대는 중국 남쪽 개항장에서 반입한 화물을 화북 경제권으로 재반출하는 중계항의 역할을 한 것이다.

화중 경제권에는 있는 상해와 영파 두개 항구 중 연대항과 교역이 많았던 항구는 상해항이었다. 상해는 연대항의 가장 큰 수입시장이었으며 특히 연대항으로 들어온 면제품 등 외국 상품수입은 대부분 상해항을 통해서 들어왔다. 동시에, 상해는 연대의 가장 큰 수출시장이었는데 상해는 중국의 가장 큰 국제항으로서 연대항에서 출발한 화물이 상해를 거쳐 해외로 수출되었다. 화중 경제권과 연대의 관계는 제일 밀접했다. 즉, 연대항은 화중 경제권의 외국 상품과 중국상품 교역에서 중계항 역할을 한 것이다.

개항 초기에는 연대항과 화남 경제권의 교역이 빈번하였다. 화남 경제권의 교역액은 대체로 증가하였지만 상해항의 성장과 더불어 연대항 교역에서 화남 경제권이 차지하는 비중은 점차 감소하였다. 그러나 화남 경제권은 연대항의 중국 상품교역에서 중요한 위치를 차지하였다. 연대항으로 화남의 설탕이 반입되었고 산동의 두병과 콩류를 화남으로 반출하였다. 연대항과 화남 경제권의 교역은 연대항이 중국 남북교역망에서 중계항 역할을 하였음을 뚜렷하게 보여준다.

다음으로, 연대항이 산동 내륙 배후지에 미친 영향을 확인하였다. 연대항은 산동 내륙 배후지의 물자가 해외로 수출되고 외국상품이 산동지역으로 유통되는 창구역할을 했다. 개항 이후 연대항에서 교역된 주요상품은 대부분 산동지역의 물산이었고 연대항을 거쳐 수입된 상품의 많은 양이 산동지역에서 소비되었다. 즉, 연대항은 산동 내륙 배후지를 국내외 교역망에 편입시키는 역할을 한 것이다. 그러나 연대에 이르는 내륙 하천이 없기 때문에 상해나 천진 등 큰 항구의 배후지 조건에는 미치지 못하였다. 산동무역의 창구로서 연대항의 발전은 주로 산동지역에 영향을 미치는데 그쳤다. 이는 전국 무역중심지의 성격을 지닌 상해의 역할과 근본적인 차이가 있다.

연대항 교역량의 증가는 연대의 인구 증가를 촉진시켰고 인구의 증가는 연대의 발전을 촉진시켜 개항 이전에 없었던 새로운 직업이 나타나기 시작했다. 연대에서 두병의 대량수출로 채유업(榨油業)에 종사하는 사람이 많이 나타났고 항운업의 발전으로 항구에서 일하는 쿨리와 노동자가 많아졌다. 교역과 관련된 서비스업에 종사하는 사람도 많이 생겨났다. 또한 무역의 발전으로 말미암아 연대의 인구유동을 초래하였다. 즉, 연대항 무역의 발전은 연대 인구증가의 가장 큰 요인이 되었고 인구의 증가는 다시 무역의 발전을 촉진시켰다.

개항 이후 연대항 교역의 발전은 수공업의 성장을 촉진시켰고 수공업의 발전은 또한 연대 중국상품의 수출을 촉진시키는 순환구조를 갖추게 되었다. 연대항의 국내 교역망 중에서 가장 대표적인 거래 상품은 두병이다. 연대 개항 이전 두병을 취급하는 상호가 있었지만 수량이 매우 적었는데 개항 이후 두병의 대량 수출로 인해 연대에 기름집(油房)이 많이 생겼다. 산동지역에서 생산되어 연대항을 거쳐 중국 남방지역에 이르는 두병의 유통 경로는 연대항이 국내항으로서 중국 남북의 무역망에서의 중계항 역할을 하였음을 보여준다. 또한, 연대항 교역량의 증가로 연대에서 금융업과 통신업도 성장하기 시작하였는데 이 또한 연대항 교역의 성장을 촉진시켰다.

마지막으로, 연대 무역의 발전은 산동상인의 성장을 촉진시켰다. 연대 개항 이전 중국의 남방상인(南方商人)의 북진(北進) 양상이 나타나 연대에서 주로 남방상인들이 활동하고 있었으나 개항 이후 산동상인들은 지리적 잇점을 이용하여 각지 상방의 경쟁 속에서 우위를 차지했다. 개항 이후 서양 국가의 상인들이 연대에서 많은 양행을 설립하였지만, 연대에서 산동상인을 중심으로 한 국내 상인들이 만든 무역망이 상품유통에서 더욱 효율적이었다.

둘째, 국제교역망의 측면에서 연대의 역할을 파악하였다. 개항 초기에는 연대항 교역의 국제무역 비중이 적었지만 청일전쟁 이후 일본세력의 성장과 함께 일본 상품의 증가로 급성장하기 시작했다. 청일전쟁 이전 연대의 국제무역에서 교역량이 가장 많았던 상대항구는 홍콩이었다. 홍콩은 연대의 국제무역에서 중계항의 역할을 하고 있었다. 그러나 청일전쟁 이후 일본은 연대의 가장 큰 국제무역 상대가 되었다. 연대항 국제 무역의 주요 방향은 연대-홍콩 사이의 남북무역으로부터 연대-일본 사이의 동서무역으로 바뀌었다. 연대 국제무역의 성격도 홍콩을 통한 간접무역에서 일본과의 직접무역으로 바뀌었다. 연대항의 대홍콩 및 대일본의 무역액이 연대의 국제무역총액에서 차지하는 비중은 크지만, 이 무역액은 중국과 홍콩 및 중국과 일본의 무역총액에서도 크다고는 말할 수 없다. 따라서 연대는 홍콩과 일본에 큰 영향을 끼치지 못하고 있었다.

그러나 연대항과 조선 경제권의 관계는 완전히 다르다. 연대항과 조선의 무역액이 연대항의 무역총액에서 차지하는 비중은 크지 않지만, 조청무역에서 차지하는 비중은 매우 높았다. 연대는 조청무역에서 가장 중요한 항구로서 산동을 조선 경제권과 연결시켰을 뿐만 아니라 중국 남쪽의 화중 경제권과 조선 경제권을 연결하는데도 중요한 역할을 했다.

이와 관련하여 우선, 연대항의 한중항로에서의 중계항 역할을 확인하였다. 전통조공체제 하에서 연대항은 조청 양국교류의 창구였고 1883년 인천이 개항되면서 연대와 조선 사이의 왕래가 확대되었다. 인천개항 이후 청은 상민수륙무역장정에 근거하여 조청 사이에 정기항로를 개설했지만 그 손실로 인해 금방 폐지되었다. 1888년부터 초상국의 기선이 연대와 조선 간의 항해를 담당했는데 그 동안 조청 해운을 담당하고 있는 선박은 주로 일본의 기선이었다. 특히 청일전쟁 이후 일본의 기선은 조청의 항운을 독점하게 되었다. 상해와 인천 간의 직항로를 제외하면 청국과 조선 사이의 거의 모든 정기항로가 연대를 거치기 때문에 연대항은 한·중·일 항로에서 기항지적 역할을 했다.

범선은 연대항과 조선 사이의 항운에서 보조적인 역할을 했다. 연대개항 초기에 정기항로가 없는 상황에서 연대항은 산동상인의 조선시장 진출에 큰 역할을 하고 있었다. 정기항로를 개설한 이후에도 산동범선의 상인과 무역의 왕래에서 보조적인 역할은 지속되었다. 그러나 범선은 운송능력의 한계가 있었기 때문에 연대항과 인천 사이 항운의 주력 선박은 기선이었다.

다음으로, 정기항로의 개설과 여객운송사업의 발달이 산동상인의 조선시장 진출에 큰 도움이 되었다. 인천개항 이후 청군의 비호와 진수당의 노력으로 산동상인들이 끊임없이 조선 시장으로 진출하기 시작했다. 지리적으로 가까운 산동상인은 한성에서 절대적인 큰 비중을 차지하였고 인천개항 초기에 조선 전체에서도 절반 이상의 비중을 차지하였다. 일부 자본이 많은 산동상인들은 점포를 개설하여 경영하였지만 소규모 무역과 야채재배에 종사하는 산동인도 많았다. 이는 산동정세의 불안 및 농민의 계급분화와 밀접한 관계가 있다. 조선에 진출한 산동상인 중 연대 출신이 가장 많은 비중을 차지하고 있었는데 이는 연대 사람들이 해로교통을 이용하여 조선에 쉽게 갈 수 있었기 때문이다. 또한, 소아와 노인이 없는 것을 볼 때 대부분의 산동인이 조선에 진출한 목적은 돈을 벌기 위해서였으며 일부 부유한 상인을 제외하면 대부분의 산동상인은 피난민이라고 간주해도 큰 문제가 없을 것이다.

마지막으로, 연대와 조선의 무역성격을 확인하였다. 1893년을 전후하여 연대와 조선의 무역은 두 시기로 나눌 수 있다. 1883~1893년 사이에는 교역액이 완만하게 증가하였고 중국상품과 외국 상품의 중계수출 성격을 띠고 있었다. 연대항에서 조선으로 수출된 상품은 고철, 성냥, 유리, 면제품과 식품이었고 수입품으로는 종이, 어교(魚膠), 가죽과 황철석(黃鐵石) 등이 있었다. 1894년 이후 연대항과 조선 사이의 무역이 폭발적으로 증가했으며 전체 조청무역에서 차지하는 비중도 40%를 넘었다. 이 시기 양국무역의 급증은 조선에서 인삼을 대량으로 수입하였기 때문인데 연대와 조선 간의 무역품목에는 이전시기의 조공물품이 중심이 되고 근대적 상품도 추가 되었다.

개항 이후 조선인삼의 대중국 수출이 많았던 것은 중국 사람들이 조선

인삼을 신뢰하였기 때문이다. 또한, 당시 조선의 근대공업이 발전되지 않아 중국으로 수출할 만한 근대적 상품이 없었던 것도 인삼이 전체 교역에서 큰 비중을 차지한 원인이었다. 인삼은 양국 상인 모두에게 관심의 대상이었는데 조선의 인삼이 연대항으로 판매되어 연대에서 건조된 후 상해나 홍콩으로 재반출되어 중국시장과 해외시장으로 다시 판매되었다. 해외 시장으로 팔려나간 조선인삼은 중국이민이 증가한 동남아지역이었을 것으로 추측된다. 연대항과 조선간 무역량 증가는 조선인삼의 유통경로를 조선-북경에서 조선-연대로 바꾸어 놓았다. 따라서 연대는 한중무역의 연결체이며, 인삼은 이 연결체의 중요한 구성요소라고 할 수 있다.

국제항으로서의 연대는 조선에 영향을 미쳤을 뿐만 아니라 산동 내륙 배후지에도 영향을 미쳤는데 짚공예품의 해외수출과 산동 내륙 배후지 짚공예업의 성장이 그 대표적인 사례이다. 짚공예업은 국제시장의 수요에 따라 발전하기 시작한 수공업인데 무역량의 증가로 짚공예업에 종사하는 노동자도 크게 증가하였다. 짚공예업에 종사하는 노동자의 증가는 다시 짚공예품의 생산을 늘려 수출을 촉진시키는 결과로 이어졌다. 짚공예업은 산동 연해에서 흥성하여 산동 내륙 배후지로 확산되었다. 짚공예는 연대항의 중요한 국제수출품으로서 산동 내륙 배후지를 국제시장과 연결시켰다. 또한, 국제항으로서의 연대항은 외국상품이 산동으로 유입되는 것에도 영향을 끼쳤다. 청일전쟁 이후 일본의 면사와 성냥이 대량으로 산동에 유입되었고 1895년 이후 미국의 등유도 산동에서 많이 판매되었다. 이처럼 연대는 산동 배후지를 직접적으로 세계시장과 연결시키는 역할을 했다.

결국 연대항은 국내교역망에서 중국 남북무역을 연결하는 중계항 역할을 하면서, 국제교역망에서 조선을 산동과 연결시켜 중국 및 세계무역시장에 편입시키는 역할을 했다. 연대항은 국내 남북무역망과 국제 동서무역망의 교차점에 위치한 중계항으로서 그 특성을 가지고 있다. 그 특징을 다시 간략하게 정리하면, 첫째, 중국 국내교역의 비중이 국제무역의 비중보다 더 컸고, 둘째, 연대항의 배후지 범위는 산동지역으로 한정되었으며 셋째, 국제무역은 국제정세 변화의 영향을 많이 받았고, 넷째로, 조청무역의 중요한 항구로서 조선을 세계 문물과 만나게 하는 창구였다.

참고문헌

1. 사료(史料)

1) 중문사료

(1) 檔案

中央研究院近代史研究所, 『近史所檔案館檔案』.

「咨報現住煙台各國領事姓名並洋商行棧字號由」, 檔案號: 01-15-013-03-011.

「華民王泰等50名由煙台赴琿春海參崴等處備工發給護照由」, 檔案號: 01-17-031-01-001.

「華民初成元等240名由煙台赴琿春前往海參崴等處備工請發護照由」, 檔案號: 01-17-031-02-001.

「煙台號商洪成福等呈報高東春等102名前往海參崴等處備工取結備查由」, 檔案號: 01-17-031-02-002.

「咨報煙台號商洪順等報逢速環等102名往海參崴等處備工取保結備查由」, 檔案號: 01-17-031-02-003.

「咨送光緒十年份在韓華商名冊及關稅數目清摺」, 檔案號: 01-25-018-01-008.

「咨送光緒十七年份朝鮮各口華商淸册」, 檔案號: 01-25-029-02-029.

「咨送朝鮮漢城等處鋪戶人數淸册」, 檔案號: 01-25-031-01-025.

「咨送光緒十九年份朝鮮各口華商總數淸册」, 檔案號: 01-25-032-02-015.

「仁川海關扣留華商和祥號原貨不准出口卷」, 檔案號: 01-41-012-14.

「華商人數淸册: 漢城華商及西, 日人姓名淸册卷」, 檔案號: 01-41-040-19.

「華商人數淸册: 華商戶口名册」, 檔案號: 01-41-056-04.

「卽電煙台領事將所設無線電報迅卽撤去由」, 檔案號: 02-02-008-02-003.

「東海關道送煙台各領事及洋商行棧淸摺由」, 檔案號: 02-08-010-01-005.

「東海關道送三十年冬季煙台各領事姓名並洋商行棧字號摺由」, 檔案號: 02-08-010-02-002.

「東海關造送本年春季分煙台各領姓名並洋商字號淸摺由」, 檔案號: 02-08-010-0
　　　　2-007.
「華商人數淸册 : 各口華商淸册」, 檔案號: 02-35-041-03.
「王益謙, 陸港生, 徐安邦等稟請開設浴堂案」, 檔案號: 01-41-005-01.
「華商水財全等稟請開設信局卷」, 檔案號: 01-41-005-06.
「湯程九等稟請開設磚瓦窯卷」, 檔案號: 01-41-005-05.
「登州二帆船潛入江鏡浦卷」, 檔案號: 01-41-005-12.

『中國第一歷史檔案館檔案』,「奏報沿海稅務歸東海關經征,舊設釐局捐扔由省局
　　　　辦理」, 檔案號: 04-01-35-0384-023.

(2) 해관사료(海關資料)
中國第二歷史檔案館, 中國海關總署辦公廳編, 『中國舊海關史料』(1-170册), 京
　　　　華出版社, 2001.
交通部煙台港務管理局, 『近代山東沿海通商口岸貿易統計資料』, 對外貿易敎育
　　　　出版社, 1986.
靑島市檔案館, 『帝國主義與膠海關』, 檔案出版社, 1986.

(3) 일반사료(史料)(지방지(地方志)·자료집·회고록·일기 등)
故宮博物院明淸檔案部, 『第二次鴉片戰爭』, 上海人民出版社, 1978.
故宮博物院明淸檔案部, 『淸季中外使領年表』, 中華書局, 1985.
郭嵩燾, 『郭嵩燾日記』, 湖南人民出版社, 1981.
胡汶本, 田克深, 『五四運動在山東資料選輯』, 山東人民出版社, 1980.
李祖年, 『文登縣志』(1922)(成文出版社有限公司影印版, 中華民國65年).
彭澤益, 『中國近代手工業史資料』, 中華書局, 1962.
山東省煙台市芝罘區地文史志編纂委員會, 『芝罘區志』, 科學普及出版社, 1994.
山東省政協文史資料委員會, 『山東工商經濟史料集萃』, 山東人民出版社, 1989.
山東師範大學歷史系中國近代史硏究室選編, 『淸實錄山東史料選』, 齊魯書社, 1984.
孫毓棠, 『中國近代工業史資料』, 科學出版社, 1957.
王陵基, 『福山縣誌稿』(1931)(中國國家圖書館 數字方志資源庫).
王鐵崖, 『中外舊約章彙編』, 三聯出版社, 1957.
煙臺市地方史志辦公室, 『煙臺市志』, 科學普及出版社, 1994.

煙臺市福山區政協文史資料研究委員會, 『福山商業漫憶』, 內部口述資料, 1988.

煙臺市交通局史志辦公室, 『煙臺市交通志』, 科學普及出版社, 1993.

煙臺市商業局史志辦公室, 『煙臺市商業志』, 內部印行, 1987.

姚賢鎬, 『中國近代對外貿易史資料』, 中華書局, 1962.

中央研究院近代史研究所, 『淸季中日韓關係史料』, 泰東文化社, 1972.

『山東史志資料』, 第二輯, 山東人民出版社, 1984.

『中國歷史地圖集』電子版, 中國地圖出版社, 1998.

2) 한(韓)·일(日)·영(英)문 사료(史料)

亞細亞問題研究所, 『舊韓國外交文書』, 高麗大學校亞細亞問題研究所, 1965~1983.

韓國學文獻研究所編, 『朝鮮海關年報(1885~1893)』, 亞細亞文化社, 1989.

『중앙일보』, 「華僑」, 1979년 9월 21일.

東亞同文會編纂局, 『支那經濟全書』 第7輯, 東亞同文會編纂局, 1908.

東亞同文會館, 『對華回憶錄』, 商務印書館, 1959.

樂師寺知朧·小川雄三, 『新撰仁川事情』, 朝鮮新報社, 1898.

木村增太郎, 『支那の砂糖貿易』, 糖業研究會, 1914.

靑山好惠, 『仁川事情』, 朝鮮新報社, 1892.

田中舘秀三, 『山東省ノ地質鑛山』, 靑島守備軍民政部, 1922.

外務省通商局, 『淸國事情』 第1輯, 外務省通商局, 1907.

外務省通商局, 『在芝罘日本領事館管內狀況』, 外務省通商局, 1921.

織田一, 『支那貿易』, 東京專門學校出版部, 1899.

小風秀雄, 『帝國主義下の 日本海運－國際競爭と 對外自立』, 山川出版社, 1995.

『日本郵船會社五十年史』(1935).

Irish University Press, Catalogue of British parliamentary papers in the Irish University Press 1000-volume series and area studies series, 1801-1900, Irish University Press, 1977.

John King Fairbank, etc. Letters of Robert Hart, Chinese Maritime Customs, 1868-1907, The Belknap Press of Harvard University Press, 1975.

2. 저서

W.R.칼스 지음, 신복룡 역주, 『조선풍물기』, 집문당, 1999.

나애자, 『韓國近代海運業史硏究』, 국학자료원, 1998.

손정목, 『한국 개항기 도시변화과정연구』, 一志社, 1982.

송규진, 『근대 중국 대외무역을 통해 본 동아시아』, 동북아역사재단, 2008.

유승주, 『조선후기 중국과의 무역사』, 경인문화사, 2002.

이영호, 『한국근대 지세제도와 농민운동』, 서울대학교출판부, 2001.

이옥련, 『인천화교사회의 형성과 전개』, 인천문화재단, 2008.

인하대학교 한국학연구소, 『범월과 이산, 만주로 건너간 조선인들』, 인하대학
　　　교출판부, 2010.

樂師寺知朧·小川雄三 편집, 김석희 옮김, 『신찬인천사정』, 인천대학교 인천학
　　　연구원, 2007.

韓祐劤, 『韓國開港期의 商業硏究』, 一潮閣, 1970.

靑山好惠, 『譯注仁川事情』, 인천광역시 역사자료관 역사문화연구실, 2004.

張存武 지음, 김택중 외 옮김, 『근대한중무역사』, 교문사, 2001.

邊佩全, 『煙臺海關史槪要』, 山東人民出版社, 2005.

陳詩啓, 『中國近代海關史』 晚淸部分, 人民出版社, 1993.

丁抒明, 『煙臺港史』, 古代近部分, 人民交通出版社, 1988.

馬仲可, 『山東華僑硏究』, 新星出版社, 2005.

黃序鵁, 『海關通志』, 共和印刷局, 1921.

劉素芬, 『烟台貿易硏究, 1867-1919』, 臺灣商務印書館, 1990.

逢振鎬·江奔東, 『山東經濟史』, 濟南出版社, 1998.

秦裕光, 『旅韓六十年見聞錄』, 南亞彩色印製公司, 1983.

壽楊賓, 『靑島海港史』(近代部分), 人民交通出版社, 1986.

孫昭民, 『山東省自然災害史』, 地震出版社, 2000.

孫祚民, 『山東通史』, 山東人民出版社, 1992.

譚鴻鑫, 『老煙臺春秋』, 內部資料, 2002.

王林, 『山東近代災荒史』, 齊魯書社, 2004.

王賽時, 『山東沿海開發史』, 齊魯書社, 2005.

王守中, 郭大松, 『近代山東城市變遷史』, 山東敎育出版社, 2001.

隗瀛濤, 『中國近代不同類型城市綜合研究』, 四川大學出版社, 1998.

煙臺市地方史志辦公室, 『煙臺百年大事記』, 煙臺市新聞出版局, 2000.

煙臺市地方史志辦公室, 『煙臺縱覽』, 華齡出版社, 1999.

姚洪卓, 『近代天津對外貿易研究』, 天津古籍出版社, 2011.

葉春墀, 『濟南指南』, 大東亞日報社, 1914.

葉春墀, 『山東草辮業』, 京都華東石印局, 1911.

張存武, 『淸韓宗藩貿易』, 中央研究院近代史研究所, 1978.

張仲禮, 『近代上海城市研究, 1840-1949』, 上海文藝出版社, 2008.

鄭千里, 『烟台要覽』, 立言閣, 1923.

莊維民, 『近代山東市場經濟的變遷』, 中華書局, 2000.

令村鞆, 『人蔘史』, 朝鮮總督府專賣局, 1938.

古田和子 著 王小嘉 譯, 『上海網絡與近代東亞』, 中國社會科學出版會, 2009.

古田和子, 『上海ネットワークと近代東アジア』, 東京大學出版會, 2000.

A.G.Ahmed 著, 陳海濤 譯, 『圖說煙臺』, 齊魯書社, 2007.

David A. Taylor, *Ginseng, The Divine Root: The Curious History of the Plant That Captivated the World*, Algonquin Books of Chapel Hill, 2006.

G.William Skinner, *The City in Late Imperial China*, Stanford University Press, 1977.

Philip A. Kuhn. *Chinese among others: emigration in modern times*, Rowman & Littlefield Publishers, 2009.

3. 논문

강진아, 「근대 동아시아의 초국적 자본의 성장과 한계 -재한화교기업 동순태(同順泰)(1874?~1937)의 사례-」, 『경북사학』 27, 2004.

김영신, 「개항기 인천항의 대외무역과 화교의 역학」, 『인천학연구』 2, 2003.

김원모, 「袁世凱 한반도 안보책(1886)」, 『동양학』 16, 1986.

김종성, 「韓淸通商條約이 양국간 무역에 미친 영향에 관한 연구」, 『사림(성대사림)』 25, 2006.

김종원, 「조·청상민수륙무역장정에 대하여」, 『역사학보』 32, 1966.

김형열, 「청도의 개항과 산동내지 경제구조의 변화」, 『중국사연구』 44, 2006.

나애자, 「개항후 청·일의 항운업침투와 조선의 대응」, 『이화사학연구』 17·18, 1988.

리싱쿤, 「19세기말 조선에서의 淸商 활동 연구-1882~1894년을 중심으로」, 『전북사학』 32, 2008.

박정현, 「1868-1913년 중국 대외무역의 구조와 특징」, 『대구사학』 87, 2007.

_____, 「19세기 말(1882-1894년) 조선화상의 조직과 상업 활동」, 『중국사연구』 66, 2010.

박평식, 「朝鮮前期의 人蔘政策과 人蔘流通」, 『한국사연구』 143, 2008.

박혁순, 「19세기 후반 중국 대지역권의 경제적 동향」, 『근대중국연구』 1, 2000.

_____, 「19세기 후반 중국해관통계자료에 대한 재검토」, 『대구사학』 99, 2010.

유 창, 「옌타이의 개항과 지역사회의 변화」, 『한국학연구』 21, 2009.

이용식, 「청일전쟁전 개항장 인천을 통한 조청무역의 발달」, 『인천학연구』 9, 2008.

이은자, 「淸末 駐韓 商務署 組織과 그 位相」, 『明淸史硏究』 30, 2008.

이철성, 「조선후기 연행무역과 수출입 품목」, 『한국실학연구』 20, 2010.

정혜중, 「개항기 인천화상 네트워크와 화교 정착의 특징」, 『중국근현대사연구』 36, 2007.

차경애, 「의화단운동진압전쟁이 한국의 사회,경제에 미친 영향」, 『중국근현대사연구』 23, 2004.

황은수, 「개항기 한중일 정기 해운망과 조선상인의 활동」, 『역사와 현실』 75, 2010.

이옥련, 『근대 한국화교사회의 형성과 전개』, 인하대학교 박사논문, 2005.

이철성, 『18.19세기 朝鮮의 對淸貿易 展開過程에 관한 硏究: 帽子.人蔘貿易을 둘러싼 譯.商間의 경쟁을 中心으로』, 고려대학교 박사논문, 1996.

정교훈, 「朝鮮後期 以後 人蔘貿易의 發展過程」, 부산대학교 석사논문, 2001.

차수정, 「朝鮮後期 인삼貿易의 展開過程」, 국민대학교 석사논문, 1985.

鄧 雲, 「傳敎士對煙臺近代化發展的意義」, 『魯東大學學報』, 2007-3.

_____, 「近代煙臺的外國敎會與傳敎士的早期布敎活動」, 『赤峰學院學報』, 2010-2.

丁抒明, 「東海關設關考略」, 『近代史硏究』, 1985-2.

李 軍, 「晚淸煙臺東海關稅收及其結構分析」, 『魯東大學學報』, 2006-3.

劉廣實, 「大龍初期的煙臺郵政和鎮江郵政」, 『上海集郵』, 1999-11.

劉 慧, 「外力對近代濟南與煙臺發展影響之比較」, 『泰安教育學院學報』, 2007-3.

劉 玫, 「淺論煙臺的近代商業貿易」, 『魯東大學學報』, 2010-1.

羅澍偉, 「關於開展近代中國城市研究的一些管見」, 『歷史教學』, 1991-2.

索淑婉, 「淺析近代煙臺對外貿易的興衰及其原因」, 『聊城大學學報』, 2008-2.

辛俊玲, 「東海關1876」, 『中國海關』, 2008-2.

煙臺市檔案局, 「煙臺東海關」, 『山東檔案』, 2008-2.

張 思, 「19世紀天津、煙臺的對外貿易與傳統市場網路」, 『史林』, 2004-4.

張仲禮, 「關於中國近代城市發展問題研究的回顧」, 『學術季刊』, 1999-1.

鄭 博・郭偉亮, 「煙臺開埠與西方列強對煙臺的侵略和掠奪」, 『山東檔案』, 2004-1.

支 軍, 「開埠後煙臺城市空間形態變遷探析」, 『煙臺職業學院學報』, 2007-2.

張河清, 「東海關史料札記」, 『煙臺市文史資料』 第一輯, 內部資料, 1982.

莊維民, 「近代山東商人資本地域分佈結構的變動及影響」, 『齊魯學刊』 157, 2000-4.

鄧 雲, 「來華傳教士與近代煙臺社會變遷」, 華中師範大學 碩士論文, 2005.

葛曉茜, 「煙臺城市近代化的歷史考察」, 山東大學 碩士論文, 2008.

李 軍, 「晚清東海關初步研究」, 蘇州大學 碩士論文, 2007.

劉 慧, 「濟南與煙臺城市早期近代化比較研究」, 山東師範大學 碩士論文, 2008.

馬金智, 「近代煙臺教會教育研究」, 山東大學 碩士論文, 2008.

徐雙華, 「晚清煙臺貿易的發展及其衰落原因分析」, 廈門大學 碩士論文, 2009.

趙 彬, 「近代煙臺城鄉關係研究」, 山東師範大學 碩士論文, 2002.

趙海濤, 「美國在煙臺的傳教事業」, 山東師範大學 碩士論文, 2008.

趙樹延, 『清代山東對外貿易研究』, 山東大學博士論文, 2006.

G.William Skinner, "Presidential Address: The Structure of Chinese History", The Journal of Asian Studies, Vol.44, No.2, 1985.

Semple, Rhonda A.(2003) "'The Conversion and Highest Welfare of Each Pupil': The Work of the China Inland Mission at Chefoo", The Journal of Imperial and Commonwealth History, 31:1.

〈부록1〉

〈표 1〉 煙臺 수출입 무역통계표 (1864~1911)

年度	外國品 (洋貨)					國內產品 (土貨)						貿易總額 A+C+E	純貿易額 (A-B)+(C-D)+E
	國外輸入	國內輸入	輸入總額 A	再輸出總額 B	純輸入額 A-B	輸入總額 C	再輸出總額 D	純輸入額 C-D	地元產品 國外輸出	地元產品 國內輸出	地元產品 輸出總額 E		
1864	942,026	1,019,553	1,961,579	381,514	1,580,065	1,550,173	84,643	1,465,530	890,147	1,868,400	2,758,547	6,270,299	5,804,142
1865	863,240	2,577,376	3,440,616	97,708	3,342,908	1,213,408	34,926	1,178,482	535,065	1,993,941	2,529,006	7,183,030	7,050,396
1866	1,378,418	3,073,158	4,451,576	272,628	4,178,948	1,889,927	96,633	1,793,294	774,557	1,871,419	2,645,976	8,987,479	8,618,218
1867	770,656	2,668,811	3,439,467	236,279	3,203,188	1,591,243	97,174	1,494,069	191,294	1,376,475	1,567,769	6,598,479	6,265,026
1868	1,055,225	3,992,726	5,047,951	385,310	4,662,641	2,497,396	144,942	2,352,454	125,701	1,400,116	1,525,817	3,071,104	8,540,912
1869	1,119,671	6,501,618	4,103,014	261,107	4,431,907	1,958,570	80,625	1,877,945	602,911	1,282,625	1,885,536	8,549,120	8,201,388
1870	863,761	3,961,502	4,825,263	293,148	4,532,115	1,339,354	147,962	1,191,392	704,669	1,574,256	2,278,925	8,443,542	8,002,432
1871	822,737	3,760,145	4,582,882	278,984	4,303,898	2,295,184	82,496	2,212,688	149,305	2,161,368	2,310,673	9,188,739	8,827,259
1872	1,084,552	4,103,070	5,187,622	339,554	4,848,068	1,870,916	192,925	1,677,991	130,322	2,477,449	2,607,771	9,666,309	9,133,830
1873	625,617	3,201,781	3,827,398	179,429	3,647,969	1,757,779	133,698	1,624,081	59,767	2,078,745	2,138,512	7,723,689	7,410,562
1874	767,921	3,673,654	4,441,575	280,365	4,161,210	1,832,236	142,287	1,689,949	105,555	1,854,847	1,960,402	8,234,213	7,811,561
1875	896,936	2,857,665	3,754,601	229,507	3,525,094	2,205,868	212,407	1,993,461	138,698	2,129,515	2,268,213	8,228,682	7,786,768
1876	433,067	2,229,284	2,662,351	244,923	2,417,428	1,767,593	242,838	1,524,755	149,829	2,340,260	2,490,089	6,920,033	6,432,272
1877	390,707	2,389,303	2,780,010	201,914	2,578,096	1,722,674	151,688	1,570,986	159,067	1,793,201	1,952,268	6,454,952	6,101,350
1878	492,673	3,935,155	4,427,828	268,438	4,159,390	2,109,555	157,510	1,952,045	129,262	3,076,744	3,206,006	9,743,389	9,317,441
1879	785,611	5,040,355	5,825,966	473,183	5,352,783	2,456,075	93,885	2,362,190	201,365	3,047,160	3,248,525	11,530,566	10,963,498
1880	651,366	3,732,124	4,383,490	220,763	4,162,727	2,511,150	165,739	2,345,411	79,101	3,318,576	3,397,677	10,292,317	9,905,815
1881	662,241	3,499,682	4,161,923	131,565	4,030,358	2,141,262	87,451	2,026,811	149,876	3,368,301	3,518,177	9,794,362	9,575,346
1882	874,744	2,714,671	3,589,415	90,802	3,498,613	1,957,257	87,899	1,869,358	187,552	3,607,084	3,794,636	9,341,308	9,162,607
1883	988,699	2,312,204	3,300,903	71,936	3,228,967	2,199,979	102,884	2,199,979	194,632	3,757,423	3,903,455	9,507,221	9,332,401
1884	859,816	2,713,147	3,572,963	43,868	3,529,095	2,457,990	64,883	2,393,107	168,277	3,970,087	4,138,314	10,169,267	10,060,516
1885	794,519	3,676,531	4,471,050	43,545	4,427,505	2,457,990	64,883	2,079,871	175,102	3,901,008	4,076,110	10,688,722	10,583,486
1886	801,565	3,931,818	4,733,383	57,187	4,676,196	2,257,932	86,971	2,170,961	364,233	4,487,467	4,851,700	11,843,015	11,698,857
1887	958,250	3,742,260	4,700,510	69,974	4,630,536	2,523,973	102,626	2,421,347	596,244	4,931,661	5,527,905	12,752,388	12,579,788
1888	1,016,346	3,567,829	4,584,175	73,182	4,510,993	2,270,792	103,066	2,167,726	408,307	4,788,878	5,197,185	12,871,937	12,666,578
1889	1,340,522	3,176,209	4,516,731	87,595	4,429,136	2,517,986	117,764	2,400,222	401,994	5,435,226	5,837,220	13,105,538	12,862,382
1890	890,993	5,008,236	5,899,229	88,023	5,811,206	2,391,413	155,133	2,236,280	394,801	4,420,095	4,814,896	13,105,538	12,862,382

〈표 2〉 煙臺 수출입 무역통계표 (1864~1911)(續表)

年度	外國品 (洋貨)					國內產品 (土貨)						貿易總額 A+C+E	純貿易額 (A-B)+(C-D)+E
	國外輸入	國內輸入	輸入總額 A	再輸出總額 B	純輸入額 A-B	輸入總額 C	再輸出總額 D	純輸入額 C-D	地元產品 國外輸出	地元產品 國內輸出	地元產品 輸出總額 E		
1890	890,993	5,008,236	5,899,229	88,023	5,811,206	2,391,413	155,133	2,236,280	394,801	4,420,095	4,814,896	13,105,538	12,862,382
1891	1,295,084	4,795,783	6,090,867	102,323	5,988,544	2,653,862	113,472	2,540,390	397,944	3,873,596	4,271,540	13,016,269	12,800,474
1892	1,252,727	4,458,392	5,940,119	66,608	5,873,511	2,390,212	103,716	2,286,496	710,162	4,458,978	5,169,140	13,499,471	13,329,147
1893	1,378,425	3,538,191	4,916,616	76,290	4,840,326	2,792,771	292,660	2,500,111	695,237	5,031,441	5,726,678	13,436,065	13,067,115
1894	1,684,190	4,177,247	5,861,437	64,970	5,796,467	2,916,678	504,207	2,412,471	660,253	5,909,015	6,569,738	15,347,853	14,778,676
1895	2,150,689	5,571,835	7,722,524	405,988	7,316,536	3,056,682	279,154	2,777,528	740,919	6,660,058	7,400,977	18,180,183	17,495,041
1896	3,119,826	6,972,941	10,092,767	312,116	9,780,651	3,612,803	164,481	3,448,322	1,152,720	5,151,730	6,304,980	20,010,550	19,533,953
1897	3,685,050	7,940,014	11,625,064	558,654	11,066,410	3,514,800	246,647	3,268,153	1,347,753	6,369,660	7,717,413	22,857,277	22,051,976
1898	6,283,776	8,923,378	15,212,154	669,331	14,542,823	4,452,100	418,781	4,033,319	1,674,957	5,987,175	7,662,632	27,326,886	26,238,774
1899	6,539,771	6,895,256	13,435,027	1,164,134	12,270,893	5,966,064	378,729	5,587,335	1,996,028	8,299,700	10,295,728	29,696,819	28,153,956
1900	4,737,954	6,948,386	11,686,340	601,582	11,084,758	5,917,932	347,069	5,570,863	1,954,781	8,447,978	10,402,707	28,006,979	27,058,328
1901	9,604,801	11,199,299	20,804,100	1,547,634	19,256,466	7,265,832	732,789	6,533,043	2,383,726	9,487,275	11,871,001	39,940,933	37,660,510
1902	9,572,175	10,290,379	19,862,554	1,565,068	18,297,486	7,110,527	999,480	6,111,047	1,084,660	8,431,220	11,515,880	38,488,961	35,924,413
1903	9,651,793	9,883,854	19,535,647	2,123,667	17,411,980	8,902,907	1,646,372	7,256,535	3,149,347	10,366,050	13,515,397	41,953,951	38,183,912
1904	8,293,354	8,097,165	16,390,519	3,617,377	12,773,142	11,567,970	2,772,091	8,795,879	3,714,214	8,971,940	12,686,154	40,644,643	34,255,175
1905	9,607,561	10,579,320	20,186,881	3,030,110	17,156,771	12,213,579	2,191,091	10,022,488	4,052,192	7,899,933	11,952,125	44,352,585	39,131,384
1906	7,906,839	9,680,645	17,587,484	2,787,706	14,799,778	10,908,772	2,981,682	7,927,090	4,202,603	7,760,796	11,963,399	40,459,655	34,690,267
1907	6,620,215	7,117,450	13,737,665	3,106,968	10,630,697	8,751,760	1,455,016	7,296,744	2,757,142	7,961,930	10,719,072	33,208,497	28,646,513
1908	6,182,640	7,210,163	13,392,803	3,505,163	9,887,640	10,322,537	3,361,398	6,961,139	5,122,906	18,243,071	44,319,824	44,319,824	38,421,625
1909	6,233,513	6,568,005	12,801,518	2,956,023	9,845,495	13,275,235	2,942,176	10,333,059	3,120,165	15,122,906	18,243,071	44,319,824	38,421,625
1910	5,282,963	6,587,354	11,870,317	3,821,503	8,048,814	9,726,992	2,311,647	7,415,345	3,504,107	11,227,517	14,731,624	36,328,933	30,195,783
1911	5,116,754	5,866,884	10,983,638	2,808,150	8,175,488	11,175,601	2,697,063	8,478,538	4,155,307	9,761,211	13,916,518	36,075,757	30,570,544

출전: 中國第二歷史檔案館, 中國海關總署辦公廳編, 『中國舊海關史料』(1~170册)(京華出版社, 2001), 각년도.

비고: 1864~1874년 芝罘兩, 1875~1893년 海關兩(1海關兩 ≈ 1,044芝罘兩).

光緒25年(1899) 山東華商戶口名册

編號	商號	姓名	年齡	本貫	備考
		北 大 街			
1	成記	孫樂亭	24	登州府甯海州	
2	成記	孫蓬山	36	登州府甯海州	
3	成記	孫續鍈	15	登州府甯海州	
4	成記	孫續銘	18	登州府甯海州	
5	成記	于文壽	31	登州府福山縣	浮存
6	成記	于仁鋼	25	登州府福山縣	浮存
7	成記	王家紅	37	登州府福山縣	浮存
8	成記	李樹德	25	登州府甯海州	浮存
9	成記	孔廣俊	27	登州府甯海州	浮存
10	成記	孔廣鏡	22	登州府甯海州	浮存
11	成記	劉煥張	23	登州府甯海州	浮存
12	成記	姜培松	37	登州府甯海州	浮存
13	同和祥	曲逢盆	68	登州府	
14	同和祥	李俊	50	登州府	浮存
15	同和祥	周春祥	29	登州府	浮存
16	同和祥	李和	61	登州府	出外道
17	同和祥	陳厚英	36	登州府福山縣	
18	同和祥	王思發	21	登州府福山縣	
19	連陞東	宋連陞	44	萊州府膠州	
20	連陞東	劉光縉	39	登州府甯海州	
21	連陞東	李德三	26	登州府甯海州	
22	連陞東	劉裕基	20	登州府福山縣	
23	連陞東	宋文玉	29	登州府文登縣	浮存
24	天聚恒	王友琴	27	登州府甯海州	
25	天聚恒	王均	25	登州府甯海州	
26	天聚恒	王墀	26	登州府甯海州	
27	天聚恒	王璽	20	登州府甯海州	浮存
28	天聚恒	孫緒諾	18	登州府甯海州	
29	阜盛號	王家福	27	登州府福山縣	
30	阜盛號	王家善	20	登州府福山縣	
31	仁興利	騰永加	41	登州府福山縣	
32	仁興利	騰夯川	22	登州府福山縣	

33	德聚盛	孔照泰	25	登州府甯海州	
34	德聚盛	孔廣道	27	登州府甯海州	
35	德聚盛	孔廣俶	23	登州府甯海州	
36	恒發祥	李允中	26	登州府甯海州	
37	恒發祥	孫克彬	22	登州府甯海州	
38	恒發祥	李建德	14	登州府甯海州	
39	義盛號	王家緒	33	登州府福山縣	
40	義盛號	王家紳	27	登州府福山縣	
41	義盛號	林景福	20	登州府福山縣	回家
42	義盛號	王文恕	18	登州府福山縣	
43	公源利	牟文欽	56	登州府福山縣	
44	公源利	王文海	37	登州府福山縣	
45	公源利	呂以德	36	登州府福山縣	
46	公源利	陳傳信	20	登州府福山縣	
47	公源利	林鳳書	21	登州府福山縣	
48	公源利	曲樹英	20	登州府甯海州	
49	增盛和	王禎彬	36	登州府甯海州	
50	增盛和	鄒純堂	27	登州府甯海州	
51	增盛和	楊鴻利	24	登州府甯海州	
52	增盛和	楊文華	31	登州府甯海州	
53	增盛和	張金耀	35	登州府黃縣	回家
54	增盛和	鄒立茂	34	登州府黃縣	
55	增盛和	吳恒源	34	登州府黃縣	
56	增盛和	王配洪	19	登州府黃縣	回家
57	增盛和	王維紳	18	登州府黃縣	
58	增盛和	劉士傑	21	登州府黃縣	回家
59	仙鄉居	徐顯庚	50	萊州府平度州	
60	仙鄉居	徐希平	24	萊州府平度州	
61	復合興	初星三	43	登州府福山縣	
62	復合興	孫永翰	25	登州府甯海州	回家
63	復合興	王慶善	21	登州府甯海州	
64	東昌義	于鈞甫	32	登州府甯海州	回家
65	東昌義	曲綿生	35	登州府甯海州	
66	東昌義	季霖芝	15	登州府甯海州	
67	永盛東	姜萬選	42	登州府甯海州	回家
68	永盛東	姜萬寶	37	登州府甯海州	
69	永盛東	孫緒義	26	登州府甯海州	
70	永盛東	郝家祥	23	登州府甯海州	

71	永盛東	孫傑挺	22	登州府寗海州	
72	永盛東	姜萬同	19	登州府寗海州	
73	豐盛永	孫嗣聲	32	登州府寗海州	回家
74	豐盛永	常焜基	22	登州府寗海州	
75	豐盛永	王鴻音	36	登州府福山縣	
76	豐盛永	劉三錫	22	登州府蓬萊縣	
77	豐盛永	葉甫基	20	登州府福山縣	
78	豐盛永	欒璟聲	20	登州府寗海州	
79	豐盛永	蘇建釗	37	登州府福山縣	
80	豐盛永	李春清	31	登州府寗海州	
81	豐盛永	成與厚			號中暫住
82	東昌恒	于鳳州	44	登州府寗海州	
83	東昌恒	梁擧誠	45	登州府榮城縣	
84	東昌恒	李書青	43	登州府寗海州	
85	東昌恒	于澤章	15	登州府寗海州	
86	東昌恒	王存積	20	登州府寗海州	
87	東昌恒	任吉恒	19	登州府寗海州	
88	東昌恒	于溫嘉	21	登州府寗海州	
89	同慶和	宮錫麟	31	登州府寗海州	回家
90	同慶和	周守謙	29	登州府寗海州	
91	同慶和	孫昌言	31	登州府福山縣	
92	同慶和	楊殿之	23	登州府寗海州	
93	同慶和	宮家麟	20	登州府寗海州	
94	同慶和	王香山	24	登州府寗海州	浮存
95	同慶和	王憲溥	21	登州府寗海州	
96	東來號	孫曰峒	35	登州府寗海州	
97	東來號	孫戊寅	20	登州府福山縣	
98	東來號	周運起	18	登州府寗海州	
99	永來當	唐日三	42	登州府福山縣	
100	永來當	唐理亭	38	登州府福山縣	
101	永來當	隋玉奎	26	登州府福山縣	
102	永來當	張泉芳	38	登州府福山縣	
103	永來當	張慶瑞	28	登州府福山縣	
104	永來當	劉兆萃	45	登州府福山縣	
105	雙合成	王寶泰	27	登州府寗海州	
106	雙合成	王寶臣	25	登州府寗海州	回家
107	雙合成	王尚敏	36	登州府寗海州	
108	協昌盛	孫輝文	29	登州府寗海州	

109	協昌盛	孫書田	16	登州府寧海州	
二 宮 街					
110	萬源興	姜文軒	62	登州府福山縣	
111	萬源興	盧嘉山	41	登州府蓬萊縣	
112	萬源興	姜培桂	21	登州府福山縣	
113	萬源興	姜培桐	16	登州府福山縣	
114	萬源興	姜培樑	28	登州府福山縣	
115	萬源興	甯學賢	15	登州府蓬萊縣	
116	萬源興	林鴻莊	19	登州府福山縣	
117	珍香源	孫佰讓	35	登州府蓬萊縣	
118	珍香源	孫叔和	19	登州府蓬萊縣	
119	珍香源	謝作霖	35	登州府蓬萊縣	
120	珍香源	馬苹	43	登州府蓬萊縣	
121	珍香源	樊爲柱	26	登州府蓬萊縣	
122	珍香源	樊爲樑	17	登州府蓬萊縣	
123	珍香源	王鳳儀	16	登州府蓬萊縣	
124	珍香源	李培恒	48	登州府寧海州	
125	珍香源	高殿魁	29	登州府福山縣	
126	水屋子	王樽	47	登州府福山縣	
127	水屋子	王文彩	12	登州府福山縣	
128	水屋子	王滿	29	登州府福山縣	
129	住家	宋金福	44	曹州府	男1,女1
130	聚盛火食鋪	付公盛	35	萊州府	
131	聚盛火食鋪	孔兆月	19	登州府	
132	聚盛火食鋪	付德盛	24	萊州府	浮存
133	聚盛火食鋪	付云昌	40	萊州府	浮存
134	聚盛火食鋪	付官盛	24	萊州府	浮存
135	聚盛火食鋪	張乾義	63	萊州府	浮存
136	洪興館	王文擧	41	登州府福山縣	
137	洪興館	王顯耀	17	登州府福山縣	
138	洪興館	田喜林	19	登州府文登縣	浮存
139	洪興館	徐廣彩	38	登州府福山縣	浮存
140	洪興館	劉玉愷	42	登州府福山縣	浮存
141	誠德號	王修誠	25	登州府蓬萊縣	回家
142	誠德號	王世賢	21	登州府海陽縣	
143	誠德號	曲綿祉	17	登州府寧海州	
144	錦成東	趙成東	34	登州府黃縣	
145	錦成東	陳修亭	21	登州府福山縣	

146	錦成東	于鴻南	25	登州府福山縣	
147	錦成東	王寶貞	19	登州府甯海州	
148	錦成東	劉九如	26	登州府福山縣	
149	錦成東	孫盛官	20	登州府甯海州	
150	錦成東	丁壽山	22	登州府甯海州	
151	錦成東	曲荷慶	17	登州府甯海州	
152	錦成東	林銘信	28	登州府福山縣	
153	義順興	宮子敬	40	登州府蓬萊縣	回家
154	義順興	趙子範	48	登州府蓬萊縣	
155	義順興	茹壬海	33	登州府蓬萊縣	回家
156	義順興	陳月亭	27	登州府福山縣	
157	義順興	宮梅溪	55	登州府蓬萊縣	
158	義順興	蔡重理	34	登州府蓬萊縣	
159	義順興	曲荷清	38	登州府蓬萊縣	
160	義順興	邵子安	23	登州府蓬萊縣	
161	義順興	陶樂亭	20	登州府蓬萊縣	
162	義順興	戰春庭	26	登州府蓬萊縣	回家
163	義順興	紀樹棠	24	登州府黃縣	
164	義順興	王金柱	18	登州府黃縣	
165	義順興	孫殿甲	17	登州府甯海州	
166	義順興	林葆田	35	登州府棲霞	
167	義順興	韓嘉喜	23	登州府蓬萊縣	
168	益盛泰	甯唯之	27	登州府蓬萊縣	
169	益盛泰	劉瑞亭	30	登州府蓬萊縣	
170	益盛泰	林肇寬	20	登州府黃縣	
171	益盛泰	王箴三	34	登州府蓬萊縣	
172	益盛泰	甯煥之	34	登州府蓬萊縣	
173	益盛泰	孫長明	18	登州府蓬萊縣	
174	益盛泰	袁經訓	16	登州府甯海州	
175	和盛泰	杜雲亭	55	登州府福山縣	
176	和盛泰	杜世煜	18	登州府福山縣	
177	和盛泰	曲洪遇	24	登州府甯海州	
178	和盛泰	夏庭芳	18	登州府福山縣	
179	泰生春記	戰春園	54	登州府黃縣	
180	泰生春記	戰聯奎	18	登州府黃縣	
181	泰生春記	劉寶田	19	登州府甯海州	
182	住家	姚廷奎	39	登州府黃縣	
183	住家	姚鎮西	19	登州府黃縣	

184	永福源	馬質東	37	登州府黃縣	
185	永福源	姚習齋	23	登州府蓬萊縣	
186	永福源	王永昌	27	登州府寧海州	
187	永福源	莊維時	21	登州府蓬萊縣	
188	洪泰東	王肇耕	44	登州府福山縣	回家
189	洪泰東	王志庭	37	登州府福山縣	回家
190	洪泰東	王運申	31	登州府寧海州	回家
191	洪泰東	張緒賢	33	登州府福山縣	
192	洪泰東	曹仁寯	24	登州府福山縣	回家
193	洪泰東	王仁祿	22	登州府福山縣	
194	洪泰東	包書彬	24	登州府福山縣	
195	洪泰東	于文泉	45	登州府寧海州	
196	洪泰東	王芝蘭	16	登州府福山縣	
197	洪泰東	夏毓珍	17	登州府福山縣	
198	洪泰東	楊雲慶	17	登州府寧海州	
199	洪泰東	李啓和	25	登州府寧海州	
200	裕成義	王成舜	35	登州府蓬萊縣	
201	裕成義	謝兆豐	42	奉天蓋平縣	
202	裕成義	于文斌	28	登州府寧海州	
203	信局	楊豐年	26	登州府寧海州	
204	信局	孫文禮	52	登州府寧海州	
205	信局	王述堂	26	登州府福山縣	
206	信局	賈玉貴	43	登州府寧海州	在仁川
207	信局	楊同元	25	登州府寧海州	在仁川
208	剃頭鋪	王保清	44	萊州府膠州	
209	剃頭鋪	潘禮祥	30	萊州府膠州	
210	剃頭鋪	張成基	18	登州府蓬萊縣	
211	雙盛泰	王道生	57	登州府黃縣	
212	雙盛泰	孫寶亭	45	登州府福山縣	
213	雙盛泰	欒瑞聲	24	登州府寧海州	
214	雙盛泰	趙其昌	32	登州府寧海州	
215	雙盛泰	徐希淸	37	萊州府	
216	雙盛泰	梅汝?	21	登州府寧海州	回家
217	雙盛泰	呂寶芳	22	登州府福山縣	
218	雙盛泰	陳慶有	22	登州府福山縣	
219	雙盛泰	孔憲儀	16	登州府寧海州	
220	雙盛泰	劉漢福	30	登州府黃縣	
221	同順成	曲殿臣	35	登州府寧海州	

222	同順成	欒兆敏	33	登州府蓬萊縣	
223	同順成	黃守濱	27	登州府甯海州	
224	同順成	曲元恩	20	登州府甯海州	
225	同順成	安承祖	20	登州府福山縣	
226	同順成	邱彪令	20	登州府福山縣	
227	同順成	初宦義	17	登州府福山縣	
228	同順成	張紹房	16	登州府榮城縣	
229	同順成	于培銘	25	登州府蓬萊縣	
230	義成號	曲培模	31	登州府福山縣	
231	義成號	孫衍訥	19	登州府甯海州	
232	義成號	任吉慶	17	登州府甯海州	
233	同盛義磨坊	姜云慶	37	登州府文登縣	
234	同盛義磨坊	周甲和	30	萊州府卽墨縣	
草　洞					
235	和信記	李云和	17	登州府福山縣	
236	和信記	呂克玉	20	登州府甯海州	
237	和信記	于世補	17	登州府甯海州	
238	和信記	林書寶	26	登州府甯海州	
239	和信記	曲磐石	20	登州府甯海州	
240	天興齋	丁鴻熙	42	登州府蓬萊縣	
241	天興齋	丁學海	15	登州府蓬萊縣	
242	天興齋	李廣華	17	登州府蓬萊縣	
243	東昌盛	王如山	29	濟南府齊東縣	
244	東昌盛	王嗣欽	19	登州府甯海州	
245	東昌盛	李秉濤	16	登州府甯海州	
246	東盛福磨坊	王立淸	45	萊州府卽墨縣	
247	東盛福磨坊	王興	24	萊州府卽墨縣	
248	東盛福磨坊	王同	19	萊州府卽墨縣	
249	東盛福磨坊	胡存	26	萊州府卽墨縣	
250	菜園	李延本	36	萊州府膠州	
251	菜園	張說正	34	萊州府卽墨縣	
252	菜園	張義寬	30	萊州府卽墨縣	
253	菜園	王吉雙	40	登州府萊陽縣	
254	菜園	安靑雲	53	靑州府諸城縣	
255	菜園	安丕山	41	靑州府諸城縣	
256	菜園	李茂恭	43	登州府甯海州	
257	菜園	盧寶發	58	萊州府平度州	
258	菜園	盧寶慶	54	萊州府平度州	

259	茱園	盧寶香	28	萊州府平度州	
260	三合興磨坊	董瑞令	41	青州府諸城縣	
261	三合興磨坊	劉文延	25	登州府甯海州	
262	三合興磨坊	紀三	30	萊州府卽墨縣	
263	三合興磨坊	陸寶淸	29	萊州府卽墨縣	
264	三合興磨坊	劉松	30	萊州府平度州	
		南 大 街			
265	永合信	呂信卿	22	登州府甯海州	
266	永合信	孫守慧	21	登州府甯海州	
267	永合信	李文德	26	登州府甯海州	
268	永合信	王德成	22	太原府太古縣	
269	永合信	啜咸池	25	太原府太古縣	
270	裕盛仁	張霽	36	登州府福山縣	
271	裕盛仁	曲英卿	32	登州府甯海州	
272	裕盛仁	劉芳澍	47	登州府福山縣	
273	裕盛仁	欒鎭東	28	登州府甯海州	
274	裕盛仁	孫昌謨	29	登州府福山縣	
275	裕盛仁	于澤顏	21	登州府甯海州	
276	裕盛仁	滿殿文	26	登州府福山縣	
277	裕盛仁	孫建章	18	登州府甯海州	
278	裕盛仁	孫丕霖	29	登州府甯海州	
279	裕盛仁	傅惟信	21	登州府福山縣	
280	裕盛仁	姜遷慶	39	登州府福山縣	回家
281	裕盛仁	傅坤鎔	20	登州府福山縣	回家
282	公源福	欒聿軒	42	登州府福山縣	
283	公源福	王毓周	37	登州府福山縣	
284	公源福	孫春圃	31	登州府福山縣	
285	公源福	欒士剛	22	登州府蓬萊縣	
286	公源福	陳步陞	17	登州府黃縣	
287	公源福	倪世坤	22	登州府甯海州	
288	公源福	陳世*	17	登州府福山縣	
289	公源福	郭光琦	17	登州府福山縣	
290	乾祐興	车俊卿	38	登州府福山縣	
291	乾祐興	陳厚連	29	登州府福山縣	
292	乾祐興	车承敬	15	登州府福山縣	
293	乾祐興	夏毓銘	26	登州府福山縣	
294	公和順	叢寅山	59	登州府蓬萊縣	
295	公和順	張敏業	25	登州府黃縣	

296	公和順	紀芳齡	25	登州府黃縣	
297	公和順	鄒啓榮	25	登州府蓬萊縣	
298	公和順	劉斯敏	20	登州府萊陽縣	
299	公和順	孟憲英	28	登州府蓬萊縣	
300	公盛同	孔廣澡	42	登州府寗海州	
301	公盛同	王家萬	38	登州府福山縣	回家
302	公盛同	王克信	38	登州府寗海州	
303	公盛同	牟承訓	35	登州府福山縣	
304	公盛同	宋吉麟	18	登州府寗海州	
305	公盛同	王咸周	25	登州府福山縣	
306	公盛同	王文發	17	登州府福山縣	
307	公盛同	李殿候	17	登州府寗海州	
308	公盛同	王守眞	30	登州府寗海州	
309	永豐福	張宗漢	38	登州府福山縣	
310	永豐福	沙登雲	27	登州府寗海州	
311	永豐福	牟輝玉	23	登州府福山縣	
312	永豐福	楊文聚	16	登州府寗海州	
313	永豐福	林毓禮	18	登州府棲霞縣	
314	安合號	孫孟卿	33	登州府蓬萊縣	
315	安合號	欒子如	30	登州府蓬萊縣	
316	安合號	孫秀山	32	登州府蓬萊縣	
317	安合號	朱附卿	35	登州府蓬萊縣	
318	安合號	孫伯勛	33	登州府蓬萊縣	
319	東升號	許宗愷	46	登州府寗海州	
320	東升號	李春淇	29	登州府寗海州	
321	東升號	許文蔚	29	登州府寗海州	
322	東升號	杜延訓	22	登州府寗海州	
323	東升號	孫忠謙	18	登州府寗海州	
324	金升泰	許文英	34	登州府寗海州	
325	金升泰	李鏡亭	45	登州府蓬萊縣	
326	金升泰	王承洲	18	登州府寗海州	
327	金升泰	許洪九	27	登州府蓬萊縣	
328	洪順福	欒子功	32	登州府蓬萊縣	
329	洪順福	劉蘭芳	32	登州府福山縣	
330	洪順福	傅坤棟	23	登州府福山縣	
331	洪順福	馬瑛椿	23	登州府海陽縣	
332	洪順福	孫元慧	21	登州府福山縣	
333	洪順福	張智謨	19	登州府黃縣	

334	洪順福	李文俊	18	登州府蓬萊縣	
335	洪順福	岳寶昌	17	登州府福山縣	
336	洪順福	杜書鑑	18	登州府甯海州	
337	洪順福	于福堂	28	登州府甯海州	
338	洪興居	王甫仁	29	登州府福山縣	
339	洪興居	遲延瑞	32	登州府福山縣	浮存
340	洪興居	呂明	17	登州府福山縣	
341	洪興居	呂家齊	38	登州府福山縣	浮存
342	洪興居	李凌福	22	萊州府	
343	洪興居	王樹田	18	登州府昭遠縣	
344	洪興居	田由星	22	登州府文登縣	
345	瑞盛春	宋志菴	39	登州府黃縣	
346	瑞盛春	陳琴軒	37	登州府黃縣	
347	瑞盛春	張春泉	38	登州府福山縣	
348	瑞盛春	曲文書	36	登州府黃縣	
349	瑞盛春	冷玉琳	28	登州府黃縣	
350	瑞盛春	宋慶雲	20	登州府黃縣	
351	瑞盛春	宋惠勤	21	登州府黃縣	
352	瑞盛春	戚慶成	18	登州府黃縣	
353	瑞盛春	孟憲鈺	27	登州府黃縣	
354	瑞盛春	孟繁聲	22	登州府黃縣	
355	瑞盛春	欒子旆	25	登州府福山縣	
356	瑞盛春	宋鏡清	41	登州府黃縣	
357	義和成	智蓮亭	39	登州府黃縣	
358	義和成	史岐山	33	登州府福山縣	
359	義和成	翟健亭	32	萊州府掖縣	
360	義和成	姚厚基	21	登州府蓬萊縣	
361	義和成	郝治均	24	登州府甯海州	
362	義和成	劉洪勳	19	登州府甯海州	
363	義和成	于英亭	39	登州府蓬萊縣	
364	義和成	王永桂	19	登州府甯海州	
365	義和成	李壽正	29	萊州府掖縣	
366	義和成寄居客	邢廣生	29	登州府文登縣	
367	義和成寄居客	林壽山	38	登州府棲霞縣	
368	義和成寄居客	張樹蔭	29	登州府福山縣	
369	義和成寄居客	王灼然	32	登州府黃縣	
370	和豐成	李正義	48	登州府甯海州	回家
371	和豐成	李正泰	32	登州府甯海州	

372	和豐成	李春潮	33	登州府寧海州	
373	和豐成	張繼綸	28	登州府福山縣	
374	和豐成	楊承宗	21	登州府寧海州	
375	和豐成	馬國周	17	登州府海陽縣	
376	和豐成	李樹橋	18	登州府寧海州	
377	和豐成	杜樹新	20	登州府寧海州	
378	東泰興	孫勤堂	33	登州府福山縣	
379	東泰興	盧爵臣	34	登州府蓬萊縣	
380	東泰興	牟文甫	37	登州府福山縣	
381	東泰興	王義昌	35	登州府福山縣	
382	東泰興	陳景春	25	登州府福山縣	
383	東泰興	張叔明	18	登州府福山縣	
384	東泰興	郭衍賢	18	登州府蓬萊縣	
385	東泰興	甯子平	17	登州府蓬萊縣	
386	東泰興	趙星舫	16	登州府蓬萊縣	
387	東泰興	孫紹本	14	登州府福山縣	
388	恒利成	王星文	49	登州府蓬萊縣	
389	恒利成	楊文斌	43	登州府寧海州	
390	恒利成	菖長久	21	登州府蓬萊縣	
391	恒利成	戰恒擧	23	登州府蓬萊縣	
392	合發堂	梁貴山	32	萊州府	
393	合發堂	梁貴馨	28	萊州府	
394	合發堂	梁貴太	24	萊州府	
395	北源棧	姜子山	36	登州府福山縣	
396	北源棧	劉同仁	21	登州府寧海州	
397	北源棧	高仲言	27	登州府蓬萊縣	
398	北源棧	隋振階	23	登州府黃縣	
399	北源棧前屋	葛文奎	45	登州府福山縣	
400	北源棧前屋	唐文彬	22	登州府福山縣	
401	北源棧寄居客	鄧汝明	42	萊州府膠州	
402	北源棧寄居客	王健	34	萊府府卽墨縣	
403	北源棧寄居客	王福順	44	奉天安東縣	
404	北源棧寄居客	孫同慶	28	萊州府掖縣	
405	北源棧寄居客	李坤	31	登州府黃縣	
406	北源棧寄居客	陳蘭堂	28	登州府昭遠縣	
407	北源棧寄居客	王悅	26	吉林敦化縣	
408	北源棧寄居客	封仁素	24	登州府黃縣	
409	餃子鋪	張富喜	44	登州府福山縣	

410	餃子鋪	蕭光玉	20	登州府福山縣	
411	同源興火食鋪	劉同源	30	萊州府濰縣	
412	同源興火食鋪	劉占元	26	萊州府濰縣	
413	同源興火食鋪	紀金福	21	萊州府濰縣	
414	同源興火食鋪	田九思	20	萊州府濰縣	
415	住家	王文譚	40	登州府	女2
416	包子鋪	李培城	50	登州府福山縣	
417	包子鋪	李毓豐	25	登州府福山縣	
418	包子鋪	王行	28	登州府棲霞	
419	火食鋪	姚祥有	50	萊州府濰縣	
420	火食鋪	孫克正	32	登州府甯海州	
421	火食鋪	叢兆起	20	登州府文登縣	
422	德盛興	陳之亭	41	登州府福山縣	
423	德盛興	高德齋	18	登州府福山縣	
424	德盛興	劉昭仁	38	登州府福山縣	
425	廣盛泰	孫由之	25	登州府甯海州	
426	廣盛泰	于鏡淸	32	登州府甯海州	
427	廣盛泰	孫鏡海	33	登州府甯海州	
428	廣盛泰	宋芳洲	25	登州府福山縣	
429	廣盛泰	初仁堂	19	登州府甯海州	
430	義順成	萬文福	49	萊州府	
431	義順成	萬學聖	20	萊州府	
432	義順成	張振聲	26	登州府甯海州	
433	義順成	孫長榮	18	登州府蓬萊縣	
434	住家	高錫慶	44	萊州府濰縣	
435	住家	姜延樹	32	登州府萊陽縣	
436	住家	吳福	49	登州府福山縣	
437	住家	于其順	41	登州府福山縣	
438	住家	王遺模	32	登州府黃縣	
439	住家	于德星	55	登州府福山縣	
440	住家	蔡士元	25	登州府福山縣	
441	住家	王二	18	登州府黃縣	
442	廣順號	王殿卿	53	登州府	
443	廣順號	王治國	21	登州府	
444	廣順號	于傳寶	17	登州府	
445	住廣順後屋	李彩慶	43	登州府甯海州	
446	住廣順後屋	畢永齡	48	登州府甯海州	
447	住廣順後屋	畢三	32	登州府甯海州	

448	三合堂	孫發盛	25	靑州府諸城縣	
449	三合堂	李鳳山	22	靑州府諸城縣	
450	三合堂	劉學田	23	登州府黃縣	
451	三合堂	毛京元	48	萊州府	
452	洪泰興	于忠湖	34	登州府福山縣	
453	洪泰興	于忠河	26	登州府福山縣	
454	洪泰興	于文祥	27	登州府福山縣	
455	洪泰興	劉長慶	19	登州府甯海州	
456	洪泰興	王芝秀	19	登州府福山縣	
457	洪泰興	李永發	18	登州府甯海州	
458	洪泰興	林維棠	28	登州府福山縣	
459	雜貨鋪	王連升	30	登州府甯海州	
460	雜貨鋪	徐文斌	34	登州府福山縣	
461	雜貨鋪	劉金貴	27	登州府甯海州	
462	雜貨鋪	周紹福	15	登州府甯海州	
463	雜貨鋪	徐春亭	22	登州府甯海州	
464	磨房	王書勛	14	萊州府	
465	磨房	王在淸	52	萊州府	
466	磨房	鄭洪玉	34	登州府黃縣	
467	磨房	袁義俊	25	萊州府	
468	滙泉居	孫振才	54	萊州府	
469	滙泉居	李兆裕	42	萊州府	
470	滙泉居	李振遠	19	萊州府	
471	滙泉居	馬兆慶	38	萊州府	
472	滙泉居	吳樹林	19	登州府文登縣	
473	雙興義肉店	湯典英	50	登州府	
474	雙興義肉店	李培信	44	登州府	
475	益興順肉店	姜義明	31	登州府甯海州	
476	益興順肉店	郝貴	22	登州府甯海州	
477	益興順肉店	王存	16	萊州府	
478	益興順肉店	唐作方	48	登州府甯海州	
479	賣花生	于周河	40	登州府黃縣	
480	賣花生	欒秉文	20	登州府福山縣	
481	賣花生	鹿聖堂	30	登州府福山縣	
482	賣花生	鹿丕元	45	登州府福山縣	
483	賣花生	孫丕祿	19	登州府福山縣	
484	賣花生	孫丕壽	30	登州府福山縣	
485	賣花生	于文同	20	登州府福山縣	

486	賣花生	常永令	32	登州府甯海州	
487	賣花生	甄榮芬	26	登州府福山縣	
488	住家	于德海	59	登州府福山縣	
489	住家	于繼三	40	登州府福山縣	
490	住家	舒元興	30	登州府福山縣	
491	住家	劉惠年	20	登州府福山縣	
492	福興居	陳賢義	38	登州府甯海州	
493	福興居	王川德	24	登州府福山縣	
494	住福興居後屋	陳鳴和	47	登州府甯海州	
495	住福興居後屋	陳鳴祿	35	登州府甯海州	
496	住福興居後屋	陳世芳	20	登州府甯海州	
497	住福興居後屋	孫元生	28	登州府甯海州	
498	同和東	孫健候	28	登州府甯海州	
499	同和東	張建功	22	登州府福山縣	
500	同和東	張培樑	16	登州府福山縣	
501	東興隆	陳餘慶	36	登州府福山縣	
502	東興隆	孫建輪	28	登州府甯海州	
503	東興隆	陳鳴韶	38	登州府甯海州	
504	東興隆	陳慶文	19	登州府福山縣	
505	東興隆	陳高祥	18	登州府甯海州	
506	東順興	鍾田圃	41	登州府福山縣	
507	東順興	王紳堂	36	登州府甯海州	
508	東順興	孫雨亭	26	登州府蓬萊縣	
509	東順興	孔廣伊	21	登州府甯海州	
510	東順興	張亨榮	23	登州府黃縣	
511	東順興	包鴻儒	16	登州府福山縣	
512	東順興	鍾培和	19	登州府福山縣	
513	元春盛	王致懷	22	登州府福山縣	
514	元春盛	劉吉樸	21	登州府福山縣	
515	元春盛	孫守昱	27	登州府福山縣	
516	元春盛	邱殿臣	17	登州府福山縣	
517	天興義	于乾正	34	萊州府卽墨縣	
518	天興義	姜淸宣	26	萊州府卽墨縣	
519	天興義	滕德玉	19	萊州府卽墨縣	
520	天興義	王希順	17	登州府文登縣	
521	包子鋪	陳世謙	33	登州府福山縣	
522	包子鋪	高喜重	32	萊州府掖縣	
523	廣興隆	潭景隆	31	登州府萊陽縣	

524	廣興隆	李和聲	17	登州府萊陽縣	
525	廣興隆	劉曰公	25	登州府萊陽縣	
526	廣興隆	李春瀛	19	登州府甯海州	
527	東興順	曹子起	45	登州府福山縣	
528	東興順	王肇謙	35	登州府福山縣	
529	東興順	邱珍令	22	登州府福山縣	
530	東興順	曹仁宏	22	登州府福山縣	
531	東興順	呂其恕	22	登州府甯海州	
532	東興順	曹希孔	20	登州府福山縣	
533	東興順	蘇兆澂	17	登州府福山縣	
534	東興順	陳榮	17	登州府蓬萊縣	
535	天和泰	孫力宣	57	萊州府濰縣	
536	天和泰	姜餘海	37	登州府黃縣	
537	天和泰	孫永慶	36	登州府黃縣	
538	天和泰	孫玉廷	29	萊州府濰縣	
539	天和泰	曲子建	30	登州府甯海州	浮存
540	天和泰	姜天惠	27	登州府黃縣	
541	天和泰	梁桂林	17	萊州府	浮存
542	恒盛興	宋克信	42	登州府文登縣	
543	恒盛興	宋克惠	21	登州府文登縣	
544	恒盛興	宋書文	18	登州府文登縣	
545	福增興	于國琔	53	登州府甯海州	
546	福增興	于世郡	28	登州府甯海州	
547	福增興	于衍召	33	登州府甯海州	
548	福增興	姜作常	20	登州府甯海州	
549	福增興	蔡重雲	21	登州府蓬萊縣	
550	東盛義	冷萬修	49	登州府黃縣	
551	東盛義	張豫庠	27	登州府黃縣	
552	東盛義	于云方	19	登州府黃縣	
553	東盛義	姜培河	19	登州府甯海州	
554	東盛義	張玉相	15	登州府黃縣	浮存
555	磨房	郭福	46	萊州府膠州	
556	磨房	舒恭惠	27	登州府福山縣	
557	磨房	李雲起	26	登州府福山縣	
558	磨房	郭昌	31	登州府福山縣	
559	興茂盛	劉希北	40	登州府文登縣	
560	興茂盛	劉希東	36	登州府文登縣	
561	興茂盛	劉希西	30	登州府文登縣	

562	興茂盛	許萬安	24	登州府甯海州	
563	興茂盛	王長鎭	23	登州府文登縣	
564	興茂盛	王篤思	20	登州府福山縣	
565	同興福	劉雅亭	40	登州府甯海州	
566	同興福	唐英才	27	登州府甯海州	
567	同興福	曲毓椿	25	登州府甯海州	
568	同興福	刑明翰	17	文登府榮城縣	
569	同興福	季大義	19	登州府福山縣	
570	協成號	譚登奎	48	萊州府濰縣	
571	協成號	譚占奎	43	萊州府濰縣	
572	協成號	譚和尙	18	萊州府濰縣	
573	乾順泰	王素齋	28	登州府甯海州	
574	乾順泰	張祺軒	30	登州府福山縣	
575	乾順泰	余振海	28	登州府福山縣	
576	乾順泰	張篤正	22	登州府福山縣	
577	乾順泰	李賢能	28	登州府福山縣	
578	乾順泰	張愼修	40	登州府福山縣	
579	乾順泰	林永昱	18	登州府福山縣	
580	乾順泰	邱仁熙	27	登州府福山縣	
581	天成仁	張魯齋	46	萊州府濰縣	
582	天成仁	杜喬年	33	萊州府濰縣	回家
583	天成仁	于夢禧	44	萊州府濰縣	
584	天成仁	杜瑞年	27	萊州府濰縣	
585	天成仁	于訓	20	萊州府濰縣	
586	天成仁	張石顯	21	萊州府濰縣	
587	天成仁	陳葆厚	30	萊州府濰縣	
588	天成仁	欒郁桐	21	登州府福山縣	
		大 貞 洞			
589	同順昌磨房	曲和宜	51	登州府萊陽縣	
590	同順昌磨房	張同文	29	登州府萊陽縣	
591	恒豐益磨房	李恒靑	38	登州府甯海州	
592	恒豐益磨房	趙省三	43	登州府甯海州	
593	恒豐益磨房	趙文海	25	登州府甯海州	
594	源發順	陳兆祥	45	天津人	
595	源發順	姜彤	39	萊州府	
596	源發順	姜琨	29	萊州府	
597	源發順	姜慶	21	萊州府	
598	住家	孫貞鄰	33	萊州府棲霞縣	

599	住家	曲懷曾	30	登州府黃縣	
600	住家	王悅	20	吉林人	
601	住家	楊洪源	41	萊州府卽墨縣	瓦匠
602	住家	王元	36	登州府寗海州	
603	住家	劉麻子	36	登州府寗海州	
604	住家	李長慶	31	登州府寗海州	
605	住家	王連玉	38	萊州府膠州	女五口
606	裕豐盛	于昭學	47	登州府萊陽縣	
607	裕豐盛	馮化吉	24	登州府萊陽縣	
608	裕豐盛	于寬	14	登州府萊陽縣	
609	合昌	張福生	32	登州府文登縣	
610	合昌	張獨更	26	登州府福山縣	
611	合昌	鄒士功	22	登州府福山縣	
612	住家	劉善	41	登州府黃縣	
613	住家	姜所	18	登州府文登縣	
614	住家	魏殿元	38	萊州府高密縣	男1, 女1
615	住家	徐永隆	44	登州府蓬萊縣	
616	合盛磨房	房秉香	28	登州府萊陽縣	
617	住家	陳方	44	萊州府平度州	男1, 女1
618	雙合成	彥成無	30	萊州府	
619	雙合成	張四子	16	登州府榮城縣	
620	裕盛館	王士玉	25	登州府福山縣	
621	裕盛館	徐詳林	40	登州府福山縣	
622	裕盛館	王士有	19	登州府福山縣	
623	包子鋪	譚廷璵	19	登州府福山縣	
624	包子鋪	王際沂	39	登州府福山縣	
625	包子鋪後屋住	姚啓銘	35	登州府	
626	包子鋪後屋住	張太和	30	萊州府平度州	
627	住家	房注明	50	萊州府卽墨縣	
628	住家	王甫利	30	登州府蓬萊縣	
629	福昌奶鋪	孫光春	33	萊州府	
630	福昌奶鋪	柳花田	23	萊州府	
631	福昌奶鋪	潘希德	23	萊州府	
632	福昌奶鋪	郝文斌	23	萊州府棲霞縣	
633	興盛居	姜元春	28	登州府福山縣	
634	興盛居	王文芝	35	登州府福山縣	
635	興盛居	王福湧	18	登州府福山縣	
636	興盛居	車汝聽	18	登州府福山縣	

637	東興木鋪	張時英	40	登州府蓬萊縣	
638	東興木鋪	唐欽瑞	58	萊州府膠州	
639	東興木鋪	劉廷均	35	登州府黃縣	回家
640	東興木鋪	劉義田	36	登州府黃縣	回家
641	東興木鋪	田宣德	48	登州府黃縣	
642	東興木鋪	王培緒	30	登州府黃縣	
643	東興木鋪	李晉公	27	登州府黃縣	
644	東興木鋪	王汝懷	36	登州府黃縣	
645	東興木鋪	田士适	32	登州府黃縣	
646	東興木鋪	王慶室	34	登州府黃縣	
647	東興木鋪	董雨盛	23	登州府萊陽縣	
648	東興木鋪	唐梅澂	22	萊州府膠州	
649	東興木鋪	王盛義	30	登州府榮城縣	
650	東興木鋪	徐金學	24	登州府黃縣	
651	東興木鋪	李德安	42	登州府黃縣	
652	東興木鋪	解純遠	23	登州府黃縣	
653	東興木鋪	徐金儉	22	登州府黃縣	
654	東興木鋪	王信金	19	登州府黃縣	
655	東興木鋪	方文吉	27	登州府昭遠縣	
656	東興木鋪	張玉洪	54	青州府諸城縣	
657	東興木鋪	姜維曾	52	登州府黃縣	
658	同興順磨房	乾永利	41	萊州府膠州	
659	同興順磨房	乾永林	39	萊州府膠州	
660	同興順磨房	張云卯	21	登州府文登縣	
661	同興順磨房	孫德文	28	萊州府平度州	
662	住家	顏振郊	25	萊州府掖縣	
663	住家	王鴻	26	萊州府掖縣	
664	住家	張景春	45	萊州府膠州	
665	住家	畾厚田	47	登州府蓬萊縣	
666	住家	閆銘福	30	登州府黃縣	
		紅 廈 門			
667	住家	耿玉清	40	登州府	
668	住家	劉樹清	30	濟南府	
669	住家	劉西江	50	曹州府	
670	湧泰磨房	初兆琳	26	登州府甯海州	
671	湧泰磨房	陳恩厚	20	登州府甯海州	
672	湧泰磨房	初兆秀	25	登州府甯海州	浮存
673	湧泰磨房	初福里	24	登州府甯海州	浮存

674	潤發盛	姜潤發	42	登州府文登縣	
675	潤發盛	張月寬	53	萊州府卽墨縣	
676	潤發盛	逄翰至	30	萊州府卽墨縣	
677	潤發盛	孫二	20	登州府甯海州	
678	潤發盛寄居客	于振祿	29	登州府黃縣	
679	潤發盛寄居客	于田佐	23	登州府黃縣	
680	潤發盛寄居客	劉漢云	30	登州府黃縣	
681	潤發盛寄居客	尙學孔	27	登州府黃縣	
682	成衣局住潤發盛	方連發	38	濟南府	
683	成衣局住潤發盛	方連臣	32	濟南府	
684	成衣局住潤發盛	劉茂來	39	登州府昭遠縣	
685	成衣局住潤發盛	張喜增	40	濟南府	
686	增盛同	梁輪臣	48	登州府榮城縣	
687	增盛同	梁芝奎	18	登州府榮城縣	
688	增盛同	初文山	43	登州府甯海州	
689	雙興號	王世彭	29	登州府福山縣	
690	雙興號	王世鳳	26	登州府福山縣	
691	雙興號	楊曙昇	25	登州府蓬萊縣	
692	雙興號	觧天禮	48	登州府黃縣	
693	雙興號	孫良	24	登州府福山縣	
694	住家	王治洛	44	登州府福山縣	
695	住家	呂繼德	30	登州府福山縣	
696	住家	呂寶正	26	登州府福山縣	
697	住家	李永年	30	登州府黃縣	
698	住家	方秉忠	30	萊州府卽墨縣	
699	洗衣鋪	張永生	52	登州府甯海州	
700	洗衣鋪	孫守林	53	登州府甯海州	
701	洗衣鋪	孫和尙	21	登州府甯海州	
702	雙和義	姚振才	43	登州府黃縣	
703	雙和義	孫雲喜	36	登州府文登縣	
704	雙和義	安文田	32	登州府文登縣	
705	雙和義	張克賢	27	登州府榮城縣	
706	雙和義	譚德寬	24	登州府福山縣	
707	雙和義	王春章	26	登州府福山縣	
708	雙和義	孫丕霖	16	登州府文登縣	
709	雙和義	梁秀山	28	登州府榮城縣	浮存
710	雙和義	柳永義	38	登州府甯海州	回家
711	住家	閆煥堂	49	萊州府濰縣	男5, 女6

712	住家	張魯齋	41	萊州府濰縣	男2, 女1
713	住家	陳志寅	38	登州府	女1
714	是亦堂藥局	鍾桐音	32	登州府福山縣	
715	是亦堂藥局	牟祥明	42	登州府福山縣	
716	是亦堂藥局	孫鴻賓	40	登州府福山縣	
717	傅利局	張時英	45	登州府蓬萊縣	
718	傅利局	張逢元	52	登州府蓬萊縣	
719	傅利局	張時勛	22	登州府蓬萊縣	
720	傅利局	張同泰	23	登州府蓬萊縣	
721	傅利局	余連	16	登州府蓬萊縣	
722	九成園	王世久	16	登州府福山縣	
723	九成園	楊三	62	登州府福山縣	
724	九成園	李世名	37	登州府福山縣	
725	九成園	譚所	65	登州府福山縣	
726	九成園	張逢信	28	登州府福山縣	
727	和春園	李福盛	40	登州府蓬萊縣	
728	和春園	杜永亮	28	登州府福山縣	
729	和春園	徐鴻春	21	登州府甯海州	
730	和春園	鍾紫鏡	28	萊州府	
731	和春園	呂克萵	31	登州府甯海州	
732	和春園	牟泰之	19	登州府甯海州	
733	隆福泰磨房	郝叔林	40	登州府甯海州	
734	隆福泰磨房	郝然	24	登州府甯海州	
735	隆福泰磨房	張和正	30	萊州府卽墨縣	
736	住家	姜姚	35	萊州府	男1, 女1
737	瓦匠	趙瑞珍	33	登州府黃縣	
738	瓦匠	張宗仁	38	登州府黃縣	
739	瓦匠	程理全	20	登州府黃縣	
大 西 門					
740	雙興泰	李仲明	26	登州府甯海州	
741	雙興泰	牟少峰	38	登州府甯海州	
742	雙興泰	牟天錄	18	登州府甯海州	
743	源興號	劉兆紱	44	登州府福山縣	
744	源興號	劉兆儀	34	登州府福山縣	

출전: 『中央研究院近代史研究所檔案』01-41-056-04(華商人數清冊 : 華商戶口名冊).

중국 본토사학계의 중국 개항사 연구*

I. 머리말

중국과 서양세력은 근대에 들어서면서 외부세력의 충격으로 인한 조약체제 아래 이전과 전혀 다른 무역을 실시했다. 청은 외부세력의 침략으로 인한 불평등 조약으로 인해 수많은 개항장을 열 수밖에 없었다. 19세기 말에 이르면 일부 관리들이 지방 경제에 이바지하는 개항장의 많은 장점과 동시에 외국 세력의 통제 아래 이익이 줄어들 수도 있다는 단점에 대해 인식하였는데 결과적으로 많은 지역에서는 스스로 개항을 하는 풍조를 보였다.[1]

중국의 개항장은 조약으로 인해 개항한 약개항(約開港)과 스스로 개항한 자개항(自開港) 두 가지로 구분할 수 있다. 약개항의 대표로는 1842년에 체결된 남경조약에 의해 개방된 광주, 하문, 복주, 영파, 상해를 그 예로 들 수 있다. 하지만 이외에도 1922년까지 영국, 러시아, 프랑스, 일본과 미국 등 5개국이 청 정부와 체결한 21개의 조약을 통해 79개의 개항장이 더 생겨났다. 이 약개항의 위치를 살펴보면 연해지역에 19곳, 양자강 유역에 13곳, 동북지역에 23곳, 서남지역에 9곳, 티베트 지역에 3곳, 서북지역에 12곳으로 중국 전역에 걸쳐 있으며, 특히 연해·연강지역의 번성한 도시에서 개항장이 생겨났다는 것을 알 수 있다.[2] 자개항

---

* 이 부분은 『한국학연구』(제37집,2015)에 게재되었다.
1) 復旦大學歷史地理硏究中心·韓國仁荷大學韓國學硏究所 編, 『海洋·港口城市·腹地 ──19世紀以來的東亞交通與社會變遷』(上海人民出版社, 2014), 2쪽.

은 청말부터 북양정부시기까지 모두 30여개가 생겨났는데 청말에 세워진 개항장은 대부분 연해·연강지역에 분포하고 있어 지역사회의 발전에도 큰 영향을 끼쳤다.[3]

대부분의 개항장은 서구열강들의 경제적·군사적인 필요에 의해 생겨났다. 하지만 단순히 외부세력의 요구만으로 설립된 것은 아니었으며, 지역사회발전과 도시근대화를 촉진시키는 순기능도 가지고 있었다. 특히 중국 연해지역의 개항장은 일본과 조선 및 서양과 활발한 대외무역을 통해 다양한 나라와의 무역 네트워크를 구축하고 있었다. 따라서 중국 개항장에 대한 연구는 세계 무역사, 특히 동아시아의 인적·물적 왕래의 연구를 위해서 선행되어야 할 연구이다. 특히 최근 몇 년 동안 한국학계에서는 개항에 대한 연구가 학자들에게 주목을 받으면서 이에 따른 연구성과도 많아지기 시작했다. 그러나 한국의 개항은 고립적인 사건이 아니라 동아시아, 특히 중국의 개항과 밀접한 관계를 가지고 있다. 따라서 중국 개항의 역사를 제대로 파악한다면 한국의 개항장 연구에도 많은 도움이 될 것이라 생각한다.

중국의 개항사 연구는 독립적인 연구 분야가 아니라 도시사 연구의 일환으로 진행되고 있다. 도시사는 새로운 학문 분야로서 1900년대 전후 유럽과 미국에서 일어났다. 서양학계에서는 1920년대부터 근대중국 도시사와 관련된 논저를 출판하였고, 1960년대에 이르기까지 많은 연구방법론과 연구 성과가 나타났지만 정작 중국에 소개된 것은 많지 않다.[4] 이처럼 중국 본토에서의 도시사 연구는 방법론의 결핍이라는 상태에서 시작되었다.

---

2) 隗瀛濤, 『中國近代不同類型城市綜合研究』(成都, 四川大學出版社, 1998), 211~216쪽.
3) 隗瀛濤, 위의 책, 239~241쪽.
4) 何一民, 「20世紀後期中國近代城市史研究的理論探索」(『西南交通大學學報』(社會科學版)01期, 2000), 58쪽.

중국의 개항사 연구의 역사는 1980년대에 본격적으로 시작되었다. 1990년대에 이르면서 연구가 활발해졌으며, 2000년 이후에야 크게 발전한 모습이 나타난다. 이것은 필자가 파악한 개항과 관련된 연대별 논문 편수와도 일치하는 경향을 보여준다. 필자가 개항사 논문을 파악한 바로는 1980년대에는 13편, 1990년대에는 62편, 2000~2012년에는 122편의 논문이 나왔다.[5] 그렇지만 이러한 양적팽창뿐만 아니라 질적 수준을 확보하고 유지하는 일 역시 중요한 일이다.

지면의 한계로 본고에서 지난 30년 동안 이루어진 중국 본토의 개항사 연구를 일일이 소개하기는 어렵다. 이에 본고에서는 중국 학계의 대표적인 개항사 연구 성과를 통해, 1980년대 이후 중국 학계의 개항사 연구의 동향과 그 성과를 분석하고자 한다. 따라서 본고의 주제는 각 시기 중국 개항사 연구의 성격을 파악하는 것이며, 필자 능력의 한계로 소개가 누락된 부분이 있을 수도 있는 점에 대해서는 여러 독자들에게 미리 양해를 구하는 바이다.

II. 중국 개항사연구의 배경과
1980년대 상해 연구의 시작

중국 개항사에 대한 최초의 연구는 해외학자들에 의한 연구를 들 수 있다. 로즈머피(Rhoads Murphey)의 『상해: 근대중국의 열쇠(上海: 近代中國的鑰匙)』와 『약개항과 중국의 현대화(條約港和中國的現代化)』, 페어뱅크(John K. Fairbank)의 『중국 연해의 무역과 외교(中國沿海的貿易與外交)』는 중국 개항사에 대한 최초의 연구라고 할 수 있다.[6] 특히 페

---

5) 中國知網(CNKI)에서 "개항"이라는 키워드로 논문제목을 검색한 결과임.

6) Rhoads Murphey, **Shanghai, Key to Modern China**, Cambridge, Harvard University Press, 1953; The Treaty Ports and Chinas Modernization: What went Wrong?

어뱅크는 중국과 서양 각국의 무역교류 과정에서의 근대성을 검토하였고 서양 각국의 도전이 중국에게 발전의 기회를 주었다는 설을 주장했다. 이 "서양중심설"은 향후 미국계 중국연구자의 이론적 기초가 되었다. 그리고 모스(H.B.Morse)의 『중화제국 대외관계사』는[7] 아편전쟁 이후 중국의 대외관계를 연구한 저서인데 상해, 영파, 복주, 하문과 광주 등 개항장의 양상을 고찰하였다. 그 후 미국 학자 스키너(G.W.Skinner)는 『중국 봉건 사회말기 도시연구』[8] 등을 편찬하여 많은 학자들의 연구 성과를 실었다. 이는 중국 개항장에 대한 연구의 "스키너 패러다임"을 형성하게 하였다. 즉, "충격-대응", "전통-현대"와 "제국주의" 모델이 제시된 것이다. 1970년대 이후 중국 개항사 연구의 중심은 대만으로 이동하였다. 유취용(劉翠溶), 임만홍(林滿紅), 온진화(溫振華), 사세분(謝世芬), 범의군(範毅軍) 등 학자들은 한구, 대만, 구강, 산두, 연태, 천진, 사천 및 동북의 개항장과 지역근대화의 관계에 대해 연구했다. 그들은 항구무역, 무역의 영향, 배후지의 변화 등의 요소에 대해 깊이 있게 탐구하였다.[9]

중국 본토 학계의 개항사 연구는 1980년대부터 시작되었다. 특히 1986년 이후 상해에 대한 연구 성과가 많아졌는데, 필자가 소개할 1980년대 논문은 모두 상해를 주제로 삼은 것이다. 상해에 대한 연구가 활성화되기 시작한 주요 원인은 국가의 지원에서 기인한다. 1979년 성도(成都)에서 전국 역사학 계획회의를 개최되었는데 이 회의에서는 상해를 근대 도시사 연구의 중심에 두었다. 이에 따라 상해사회과학원 역사연구소

University Standford, 1970; Fairbank John King, Trade and Diplomacy on the China Coast: The Opening of the Treaty Ports, 1842-1854, Harvard University Press, 1956.

7) 馬士著, 張匯文 외 漢譯, 『中華帝國對外關係史』(三聯出版社, 1963).

8) 施堅雅(G.W.Skinner)著, 王旭 漢譯, 『中國封建社會晚期城市研究: 施堅雅模式』(吉林敎育出版社, 1991).

9) 林滿紅, 「中國區域史硏究論文集」(臺灣中央硏究院 近代史硏究所, 1986), 869~915쪽.

에서 연구를 위탁받고, 10년 후인 1989년에는 『상해사』가 출판되었다.[10] 또한 1986년 전국 철학사회과학 계획회의 중국근대사학과팀은 7차5년계획을 검토하면서 근대도시사의 연구를 매우 중시한 결과 상해, 천진, 중경, 무한 네 개 개항장에 대한 연구가 향후 연구의 중심이 되었다.[11]

그러면 이제 직접적으로 상해 개항과 관련된 연구논문을 구체적으로 살펴보겠다. 최초로 나온 연구는 상해 개항에 관한 개설서적인 글이다.[12] 노한초의 글은 상해사회과학원 6차5년계획의 과제로서 개항 초기 상해를 고찰하였으며, 주로 각국 조계지의 설정과 영사관의 설립을 조명하였다. 그러나 이 글은 『상해약사』의 일부였지 본격적인 연구 논문은 아니었다.

노한초의 연구 이후로는 사회와 문화의 변화를 주제로 삼은 연구도 나타나기 시작했다.[13] 이천강은 지방지와 각종 향토자료를 이용하여 개항 이후 상해에서 현대적인 경제생활 방식의 수용과 중상주의의 강화, 구질서의 파괴, 지식인의 각성과 새로운 사상의 흥기를 분석하였다. 이를 통해 개항이후 사회생활의 변화는 사상의 변화에 큰 영향을 미친다는 결론을 도출하였다. 그러나 이 논문은 상해 조계 안에서 사회생활과 사상문화의 관계를 깊이 있게 탐구하지 않았다는 점에서 다소 아쉬운 부분이 있다.

또한 이 시기에는 개항 이전의 상해의 모습을 연구한 논문도 나타났다.[14] 이영창은 상해 개항 이전 서양 상인들의 상해에 대한 인식과 무역활동을 검토하였다. 이 연구는 상해 개항에 대한 연구가 개항 이후에만 한정된 것이 아니라 개항 이전까지 확대시켰다는 점에서 인상적이었다.

---

10) 唐振常, 『上海史』(上海人民出版社, 1989).
11) 熊月之·張生, 「中國城市史研究綜述(1986~2006)」『史林』01(2008), 28쪽.
12) 盧漢超, 「開埠初期的上海」『史林』01(1986).
13) 李天綱, 「簡論上海開埠後的社會與文化變遷」『史林』02(1987).
14) 李榮昌, 「上海開埠前西方商人對上海的瞭解與貿易往來」『史林』03(1987).

더불어 이영창의 연구는 그간 상해사 연구애서 부진한 부분이었던 개항 이전 상해와 서양의 상호인식에 대한 부분을 다루었다는 점에서 큰 의의가 있으며, 상해 개항사 연구주제의 확대를 촉진시키는 중요한 역할을 하였다.

이상의 연구는 상해의 개항을 사회, 문화, 상인과 무역 등 각 방면과 연결시켜 다룬 것이다. 1980년대 상해 개항장에 대한 연구는 연구방법 및 방향에 대한 모색을 하면서 다양성을 꾀했던 단계였다고 할 수 있다. 그러나 연구논문의 양과 수준을 고려하면 1980년대에 이루어진 상해를 비롯한 중국 개항사에 대한 연구는 미진한 실정이다.

Ⅲ. 1990년대 상해 연구의 심화와 기타 개항장 연구의 등장

1990년대 이후 중국 개항사에 대한 연구는 계속 발전했다. 1980년대의 미진한 연구 실정과 달리 1990년대의 연구논문은 일정한 연구 성과를 보여 주었다. 특히 상해에 대한 연구가 심화되었는데, 연구주제가 다양해졌고 관련논문을 게재한 등재지도 다양해졌다. 다른 한편으로는 상해뿐만 아니라 연해·연강 개항장도 학자들에게 중요한 연구주제가 되었는데, 이로써 개항장에 대한 연구대상이 점차 확대되었다.

이렇게 연구대상이 확대된 것은 국가차원의 지원에서 기인하였다고 할 수 있다. 연구기관인 국가철학 및 사회과학 계획사무실은 유형이 서로 다른 도시에 대한 연구와 지역연구를 중시했고 해당 지역의 연구소와 대학교도 이 분야의 연구 인력을 양성하기 시작했다.[15] 상해 연구의 심화는 두 가지 측면에서 바라볼 수 있다. 우선『근대 상해 도시연구』라는

---

15) 熊月之·張生, 앞의 논문, 30쪽.

단행본을 통해 살펴보자. 1990년대 상해와 관련된 연구 성과 중에서 국가 7차5년계획 연구 성과인『근대 상해 도시연구』는 매우 중요하다.16) 이 책은 총론, 경제편, 정치사회편과 문화편 네 부분으로 나뉘어 총 20장으로 구성되었으며, 상해가 근대도시로 형성되는 과정 및 성장 원인을 체계적으로 분석하여 중국 근대 도시발전의 법칙과 특징을 소개하였다. 책에서는 상해에 대해 서양의 영향을 많이 받은 도시, 중국최초의 근대화도시, 중국최대의 항구도시, 중국최대의 경제중심도시, 전국의 문화중심, 이민도시, 민족주의의 전통을 가진 도시 및 기형발전의 도시라는 결론을 도출하였다.

다음으로 상해에 관한 연구논문들을 살펴보면, 개항 이후 경제무역과 관련된 논문으로 상해 개항과 지역경제의 변화를 분석한 대안강의 글을 들 수 있다.17) 대안강은 개항 전후 강소지역 중심도시였던 소주의 쇠퇴와 상해의 성장, 상해 개항으로 인한 주종상품 유통구조의 변화, 전통적인 농촌시진의 쇠퇴와 상해 개항과 더불어 일어난 시진의 양상에 대해 공들여 분석했다. 특히 원전을 대량으로 인용하여 결론을 착실하게 도출한 것이 이 글의 큰 장점이라 할 수 있겠다. 다만 한 가지 아쉬운 점이 있다면 상품유통 구조를 분석하는 데 해관사료를 이용했다. 신빙성이 더욱 높지 않을까 생각한다.

또한, 왕경성은 영국도서관에서 소장된 상호의 장부에 근거하여 자료를 소개하면서 상해 개항 초기 화상무역의 실태를 고찰하였고 무역제도와 무역액의 개수를 검토하였다.18) 중국근대사 분야 가장 유명한 학술지인『근대사연구』에 게재된 이 논문은 새롭게 발견된 자료를 이용하여

---

16) 張仲禮,『近代上海城市研究(1840~1949)』(上海文藝出版社, 1990).

17) 戴鞍鋼,「上海開埠與蘇南地區經濟格局的變化」『史林』02(1990).

18) 王慶成,「上海開埠初期的華商外貿業――英國收藏的敦利商棧等簿册文書並考釋(上)」『近代史研究』01(1997); 王慶成,「開埠初期上海外貿業的制度和概數――英國收藏的敦利商棧等簿册文書並考釋(下)」『近代史研究』02(1997).

학계의 미개척 분야를 다루었다는 점에서 높이 평가할 만하다.

1990년대에 들어서면 이처럼 경제적 측면에서의 고찰뿐만 아니라 상해 개항 이후 지역사회 분야에서의 검토도 활발하게 진행되었다. 지역사회 분야에서는 유민, 교민, 통사, 매판 등 다양한 논고가 발표되었다. 상해 개항과 유민계층을 연관시켜 다룬 연구로는 주육민의 연구를 들 수 있다.[19] 그는 논문에서 개항전후 상해유민의 숫자를 검토하였고 직업, 조직, 활동의 특징, 회관과의 관계를 조명하였다. 특히 상해소도회(上海小刀會)가 상해의 정치권을 탈취한 이후 상해유민계층의 양상을 분석했고 유민계층이 나타난 요인을 찾아내면서 마무리하였다. 당시 유민계층은 근대전환기에 전통사회에서 동떨어져 있는 사람들이며 장시간 실업 혹은 반실업 상대에 처했으므로 비정상적인 방법을 통해 생계를 꾸렸다. 하지만 유민계층은 상해지역의 경제발전으로 나타난 특수계층이기 때문에 상해 유민에 대한 연구는 지역사회의 발전을 이해하는데 중요한 의미가 있다고 생각한다.

상해조계 안의 외국교민에 대한 연구로는 정조안의 글을 들 수 있다.[20] 이 연구는 영국 국가당안관의 사료 및 외국인 묘지와 관련된 저서에 근거하여 교민의 국적, 직업, 혼인과 사망에 대해 서술하였다. 외국교민은 중외교류의 연결체이며 중국 근대화를 촉진시키는 중요한 요소임에도 이 분야의 연구는 매우 부진한 실정이었다. 하지만 정조안은 상해 개항 초기에 외국교민의 양상을 분석하여 외국교민의 모습을 그려냄으로 이 분야 연구의 심화에 도움을 주었다. 특히 자료의 수집과 이용에서 높이 평가할 만한 것이라고 생각한다.

또한, 오계룡은 상해 개항 초기 통사와 매판에 대한 연구를 하였다.[21]

---

19) 周育民, 「開埠初期上海遊民階層研究」『近代史研究』05(1992).

20) 鄭祖安, 「開埠初期上海英美租界外僑的一些情況」『史林』03(1996).

21) 吳桂龍, 「論上海開埠初期的通事和買辦」『史林』04(1996).

그는 논문에서 통사와 매판을 비교하면서 그들의 신분, 지위, 역할과 중국초기 근대화 간의 관계를 포착하였다. 개항 이후 상해는 당시 최대의 개항장이었기 때문에 통사와 매판은 주로 이곳에 집중해 있었다. 그러므로 이 주제에 대한 연구는 개항장의 지역사회를 깊이 있게 이해하는 데 도움이 되었다.

마지막으로 상해 개항 이후, 교회와 교도에 대한 연구가 있다.[22] 중국 근대 기독교 연구에서 근대 초기 기독교 교도의 성명과 신분 등 영세문제에 대한 연구가 많이 쌓이지 않은 상황에서 엽빈은 상해 선교사의 편지에 근거하여 1843~1860년 사이에 기독교의 교도를 초빙교도, 지식인 교도, 상인교도와 기타 교도로 나누어 분석하였다.

1990년대 상해 개항장에 대한 연구는 지난 10년의 성과에 비해 양적인 팽창 못지않게 질적 수준의 향상을 확보, 유지했다. 이 시기 대부분의 연구논문은 해외에서 새롭게 발견된 사료를 이용하였는데 이는 상해 개항장 연구의 미개척 분야를 연구대상으로 삼게 되는 중요한 일이었다. 또한 1980년대의 연구경향에 비해 이 시기의 연구는 개항 이후 지역사회의 변화에 대해 관심을 갖기 시작했다고 할 수 있다. 그러나 이 시기의 연구는 주로 상해의 무역경제와 지역사회의 특수계층과 관련된 것이었으며 연구의 시기는 보통 개항 초기로 한정되었다.

1990년대에 들어서면 상해뿐만 아니라 중국 연해·연강의 다른 개항장에 대한 연구 역시 활발하게 진행되었다.『근대 중경도시사』는 근대 중국 도시연구의 목적, 의의, 내용과 분류 등을 이론적으로 분석하였고, 중경의 발전 원인과 특징, 근대화 등을 고찰하였다.[23]『근대 무한도시사』에서는 무한의 지리위치, 도시의 구조와 기능, 중국 정세의 변화와 무한의 관계를 분석하였다.[24]『근대 천진도시사』는 시기와 주제로 편장을 나

---

22) 葉斌,「上海開埠初期倫敎會發展的基督敎徒分析」『史林』04(1998).
23) 隗瀛濤,『近代重慶城市史』(四川大學出版社, 1991).

누어 도시성장의 특징을 분석하였다.[25) 그 내용으로는 천진의 16개국 조계의 설립을 검토하여 도시의 특징을 설명했고, 개항 이후 경제가 성장하기 시작하여 1930년대에 이르러 중국의 중요한 대도시가 된 천진과 북경 간의 관계를 천진의 정체성을 중심으로 살펴보았다. 위의 3권은 『근대 상해도시연구』와 함께 중국 개항사연구의 필독서라 할 수 있다.

연구서 중에서 더 소개할 만한 것으로 외영도가 편찬한 『중국 근대도시 유형별 종합연구』가 있다.[26) 이 저서는 국가철학사회과학 8차5년계획의 과제 아래 집필된 것으로, 도시의 근대화를 중심으로 중국 도시의 유형을 구분했고 유형이 서로 다른 도시의 성장원인과 원동력 등의 내용을 분석했다. 제2편에서는 개항도시에 대하여 집중적으로 검토했다. 이 책의 출판은 중국 근대도시의 연구가 단일도시와 지역도시에 대한 연구에서 벗어나 도시의 종합적인 연구단계로 발전한 것을 상징한다. 그리고 이 책의 인용사료는 신빙성이 높고 결론의 도출이 논리적이므로 1990년대 중국 개항사 연구의 대표작이라고 해도 과언이 아니다.

1990년대에 중국 연해·연강지역에 대한 연구논문은 한구, 영파, 무호, 홍콩과 마카오의 연구를 들 수 있다. 피명마와 이책은 연구를 통해 한구의 개항, 강한관(江漢關)의 설립과 근대 무한 도시구조의 형성을 고찰하였다.[27) 이를 통해 한구의 개항과 해관의 설립이 무한의 발전에 큰 영향을 미쳤으며, 무한이 세계 자본주의 시장에 편입되면서 근대화의 이행 역시 가속되었다는 결론을 내렸다. 위의 연구는 개설서적인 성격이 강하지만 기존 연구가 부족한 상황에서 새로운 연구 분야를 개척했다는 것에 큰 학술적 의의가 있다. 이 연구에서는 『한구해관십년보고』 등 1차 사료

---

24) 皮明庥, 『近代武漢城市史』(中國社會科學出版社, 1993).

25) 羅澍偉, 『近代天津城市史』(中國社會科學出版社, 1993).

26) 隗瀛濤, 앞의 책.

27) 皮明庥·李策, 「漢口開埠設關與武漢城市格局的形成」 『近代史研究』04(1991).

를 이용했지만 논지 전개에서는 일부 사료 근거가 빠진 곳도 존재한다. 따라서 모든 내용의 근거 사료를 정확하게 밝혀준다면 학계에 더 큰 도움이 될 것이라고 생각한다.

또 왕학명은 무호개항 이후의 무역추이, 상품구조, 무역방식, 무역시장과 무역위계를 분석하였으며 제국주의 침략과 도시근대화라는 두 가지 측면에서 개항의 역할을 고찰하였다.[28] 이를 통해 개항은 전통경제에 심한 충격을 준 반면에 상업의 발전을 촉진시켰다는 결론을 도출하였다. 저자는 연구기관인 안휘(安徽)지방사편찬사무실의 연구원이었던 덕분에 무호지역의 지방지와 해관사료에 대한 접근이 용이하여 이것을 손쉽게 이용할 수 있었다. 신빙성이 높은 사료를 활용하는 것은 높이 평가할 만하다. 하지만 무호에 관한 선행연구가 너무 부족하기 때문에 이에 대한 연구는 더욱 깊이 있게 탐구할 여지가 있다.

1990년대 말기에는 홍콩과 마카오의 반환을 맞이하여 두 지역에 대한 연구가 많아졌다. 홍콩이 반환되었던 1997년에 이일평은 시기를 구별하여 홍콩 개항 150년간 각 시기 영국인 경제와 중국인 경제의 성장을 비교하면서 각 시기의 양상을 고찰하였다.[29] 이 연구는 홍콩개항에 대한 최초의 시도로서 홍콩 개항 이후 경제발전을 이해하는 데 큰 도움이 되었다. 그러나 1차사료의 부족과 개설서적인 성격이 강한 편이라는 아쉬움도 있다. 또한, 곽위동은 『호문조약』의 제13관을 중심으로 홍콩 개항 초기 내지와의 무역을 고찰하였다.[30] 곽위동의 이 논문은 신빙성이 높은 사료에 근거하여 외국학자들의 지적에 대해 논리적으로 답변하였다는 점에서 높이 평가할 만한 논문이라고 생각한다. 마지막으로 황경

---

28) 王鶴鳴, 「蕪湖開埠與安徽近代經濟的發展」『安徽史學』03(1995).

29) 李一平, 「香港開埠以來英人經濟與華人經濟的對比研究」『世界歷史』02(1997).

30) 郭衛東, 「香港開埠初期與內地貿易研究——以《虎門條約》第十三款爲案例」『中國經濟史研究』02(1997).

화는 대량의 사료를 이용하여 포르투갈인의 마카오 발견, 명나라로의 사신파견, 중국과의 무장충돌과 마카오의 조차 등을 조명하였다.[31] 이 논문은 마카오와 관련되어 기존에 연구되지 않았던 많은 부분에 대해 언급하고 있다는 점에 그 의의를 가지고 있다. 특히, 이 논문은 모두 103개 각주를 달았는데 대부분 인용사료가 1차 사료이기 때문에 인증사료에 있어서 높이 평가할 만할 글이라고 생각한다.

이상에서 1990년대의 연구는 강한 시대의식을 가지고 있었으며 학자들이 연구주제를 선택하는 데 역사적 학술가치와 현실적 역할의 결합을 중시하는 경향을 보였다. 바꾸어 말하면 개항사에 대한 연구는 역사와 사회발전을 결합시키는 방식으로 발전했다. 그뿐만 아니라 국가의 7차·8차·9차5년세획에서 중국 개항사연구와 관린된 인구 과세를 지원함으로써 1990년대부터 개항사에 대한 연구가 학자들에게 관심을 끌기 시작하였다.

IV. 2000년 이후 개항사연구의 활성화

2000년 이후 개항사와 관련된 연구가 계속 발전하였다. 이 시기의 연구 성과는 지난 20년 동안의 것을 능가하는 것이었다. 2000년대에 들어서면 개항과 관련된 학위논문도 나타나기 시작했다. 학위논문은 모두 33편이 발표되었는데 그 중에서 박사논문이 6편, 석사논문이 27편이었다. 발표연도를 살펴보면 2000~2005년 사이에 6편, 2006~2010년 사이에 15편, 2011~2012년에 8편이 발표되었다. 이처럼 2000년 이후 중국 개항에 대한 연구가 활성화되기 시작하였는데, 특히 최근 몇 년 동안 그 연구가 더욱 활성화되었다고 할 수 있다.

---

31) 黃慶華, 「早期中葡關係與澳門開埠」『史學集刊』04(1997).

또 지난 20년 동안 상해를 중심으로 한 연구가 이루어졌던 것과는 달리 연구주제 역시 다양화 되었다. 상해와 관련된 연구에서도 손꼽을만한 연구 몇 가지가 있었다. 우선 호파의 글을 들 수 있다.[32] 호파는 상해에서 향산 매판(香山 買辦)의 형성과 활동, 그 특징을 분석했다. 주지하다시피 근대 중국의 대외무역에 있어서 매판은 중요한 역할을 하였고, 특히 아편전쟁 이후 매판은 동서양 문화교류를 촉진시키면서 중국 근대화의 선구가 되었다. 하지만 매판과 관련된 기왕의 연구들은 주로 어느 한 향산 매판에 대한 개인적 연구를 주로 했다. 반면에 호파는 향산 매판의 총체적인 성격에 대해 다루어 기왕의 연구들과 다른 면모를 보여주었다.

두 번째로는 상해 조계의 물 환경과 관련된 모진우의 글이 소개할 만하다.[33] 기존의 학계에서는 상해 조계의 수자원 처리에 대해 "전빈축로(塡浜築路)"의 견해를 가지고 있었다. 모진우는 당안자료를 이용하여 개항 초기의 물 환경 문제, 서양인의 하수 처리방법, 서양식 하수법의 응용과 서양식 치수방법에 대한 평가를 하고, 그것을 통해 조계 관리 당국의 물 환경의 처리방법에 대해 조명했다.

세 번째로는 상해와 영파, 두 개항장의 비교연구가 있다.[34] 왕렬휘는 대량의 1차 사료에 근거하여 개항 전후 상해와 영파에서 나타난 서로 다른 성장 양상을 비교했는데, 이 연구를 통해 중국 무역 네트워크의 큰 변화를 찾아냈다. 기존에는 광주를 중심으로 한 'V'자형의 구조가 중국 국내무역의 네트워크라고 인식 되어왔다. 하지만 왕렬휘는 국내무역 네트워크가 상해를 중심으로 한 'T'자형으로 바뀌었다는 점을 밝혀냈다. 더불어 다중심적이었던 조공무역 네트워크가 상해와 홍콩을 중심으로 한 2개 중심 국제무역 네트워크로 대체되었다는 결론을 도출했다. 개항

---

32) 胡波, 「香山買辦與開埠後的上海社會」『史林』04(2004).
33) 车振宇, 「開埠初期上海租界的水環境治理」『史學集刊』02(2010).
34) 王列輝, 「內向化與外向化――開埠前後上海, 寧波兩港不同的發展態勢」『史林』03(2009).

장에 대한 비교연구가 많지 않다는 실정을 고려할 때 왕렬휘의 연구는
학계에 큰 의의가 있다. 이상의 상해와 관련된 논문 세 편의 저자는 대
부분 대학교 교수가 아니지만 논문의 문제의식과 연구방법은 높이 평가
할 만한 것이었다. 다음으로 여타 지역의 연구에 대해 살펴보자.

이 시기에는 상해 못지않게 천진에 대한 연구 역시 학자들에게 많은
주목을 받았다. 천진 연구의 사례로는 번여삼의 글을 들 수 있다.[35] 그
는 천진의 해관사료 등 자료에 근거하여 개항 이후 대외무역의 발전과
배후지 운송수단의 발달에 따른 피모의 운송시스템을 고찰하였다.

더불어 천진에 관한 또 다른 연구로는 오송제와 번여삼의 공동연구를
들 수 있다.[36] 이 논문은 천진 개항이 배후지 경제에 미친 영향을 주제
로 천진 개항 이전 북방지역의 경제 상황, 개항 이후 배후지 경제의 변
화, 천진개항과 중국 근대화 등에 대해 분석했다. 주지하다시피 천진의
개항은 제국주의의 침략으로 비롯된 것이었다. 하지만 이 연구는 천진의
개항에 대해 새로운 시각으로 접근하고 있다. 연구의 주된 논지는 개항
이후 무역량의 증가로 천진항과 그 배후지가 세계시장과 결합되어 현지
산업의 발전이 촉진되었다는 방식으로 진행된다. 따라서 이 연구의 시각
은 천진의 개항에 대해 분석하는 객관적인 시각을 지녔다고 할 수 있다.

상해와 천진 두 개항장에 대한 연구 외에도 양민소는 복건성에 위치
한 자개항인 삼도오를 비롯한 자개항에 대한 연구를 선보였다.[37] 양민
소는 연구를 통해 자개항의 무역발전에 제약요소들을 분석, 개항의 양면
성 대해 검토하였다. 또 중국근대사회에 있어서 자개항의 역사적 지위와
역할에 대해서도 조명했다. 양민소의 이 연구는 학계의 연구 방향에 있

---

35) 樊如森,「天津開埠後的皮毛運銷系統」『中國歷史地理論叢』01(2001).

36) 吳松弟·樊如森,「天津開埠對腹地經濟變遷的影響」『史學月刊』01(2004).

37) 梁民愫,「試論三都澳主動開埠後閩東北區域社會經濟發展的動力因素－－兼論近代
中國自開商埠體系的歷史地位與歷史效用」『中國社會經濟史研究』01(2004).

어서도 전기가 되었다. 이전까지 학계에서는 주로 중국의 약개항을 연구했는데 이때부터 자개항에 대한 연구가 증가했다.

구강에 대한 연구는 진효명의 글을 들 수 있다.[38] 진효명은 연구에서 유통로의 변천과 물류의 역전(逆轉), 상업 중심의 이동과 시진구조의 변화 그리고 대외무역과 산업구조의 조정에 대해 언급하였다. 이를 통해 구강의 개항이 강서지역사회에 미친 경제영향을 분석했다. 이 연구에서 진효명이 내린 결론은 비록 구강이 개항을 했지만 강서지역은 경제적으로 주류가 되지 못했다고 이야기했다.

마카오에 대한 연구로는 나소문의 논문이 있다.[39] 이 논문은 선행연구 결과와 당안문헌을 이용하여 마카오의 개항에 대해 분석하였는데, 특히 동아시아와 동남아 개항장의 변화와 마카오의 개항을 연결시켜 고찰했다. 나소문은 이를 통해 마카오의 근대화 이행이 중국 근대도시발전에 미친 영향에 대해 분석했고, 마카오가 유럽문화를 흡수하는 창구였음을 논증했다. 나소문이 내린 결론은 마카오에 있던 포르투갈인들이 근대 중국도시의 화양공처분치(華洋共處分治)를 처음부터 만들었다는 것이었다.

그 밖에 개항 자체에 초점을 맞춘 연구는 아니지만 소개할 만한 두 가지 연구가 있다. 첫 번째로는 해적에 관한 연구로 특히 연구주제가 참신하다. 해적은 본래 연해지역의 역사 현상으로서 시기에 따라 서로 다른 양상을 나타냈다. 강수헌과 왕렬휘의 공동연구는[40] 개항초기 복건과 절강연해 지역의 해적에 대해 분석했다. 그들은 도광(道光)·함풍(咸豊) 시기 해적의 활동, 피랍대상의 변화, 해적의 인원구성과 해적활동 성행의 원인, 위해와 대책에 대한 분석을 통해 외국 아편 판매가 당시 해적활동의 근본원인이라고 결론 내렸다.

---

38) 陳曉鳴, 「九江開埠與近代江西社會經濟的變遷」『史林』04(2004).

39) 羅蘇文, 「澳門開埠的文化遺産」『史林』02(2005).

40) 姜修憲·王列輝, 「開埠初期閩浙沿海的海盜活動初探」『安徽史學』02(2006).

두 번째로는 개항 이후 자선사업에 대한 연구이다. 이 분야에 대한 연구는 다른 분야의 연구들에 비해 미진한 면이 있지만, 청도개항과 자선사업을 연결시킨 연구가 있다. 채근우와 후덕동의 공동연구는 청도의 당안사료를 이용하여, 개항 이후 청도의 사회문제와 당국의 대책에 대해 고찰했고, 선교사와 기타 조직의 자선사업에 대해서도 언급하고 있다.[41]

2000년 이후부터 연구논문의 문제의식과 참고자료는 물론, 논문의 전개과정이 상세하게 논리적으로 진행되었다. 특히 복단대학역사지리연구중심(復旦大學歷史地理研究中心)을 비롯한 연구소 및 대학교의 대학원생과 박사후연구원들이 중국개항연구의 발전에 심혈을 기울였다는 것은 칭찬할 만한 일이다.

이러한 노력에 힘입어 개항 연구는 인기 있는 학위논문 주제가 되었으며, 주제 및 방식의 다각화도 꾸준히 모색되고 있다. 대학원생들의 학위논문에서도 해당지역의 개항장에 관심을 갖기 시작하는 경향이 나타나고 있는 추세이다.

학위논문에 대해서 소개를 하자면 먼저 박사학위 논문으로 육원권[42], 섭가화[43], 강수헌[44], 최봉비[45], 장가여[46]와 장영수[47]의 연구가 있다. 1891년 조약에 근거하여 개항된 중경은 중국 서남지역의 상업중심지이자 양자강 상류 최대의 화물집산시장이다. 그 후 프랑스, 미국, 독일과 일본 등이 연이어 들어오면서 중경은 세계시장에 편입된 동시에 제국주

---

41) 蔡勤禹·侯德彤, 「靑島開埠與慈善公益事業興起」, 『史林』06(2010).

42) 陸遠權, 『重慶開埠與四川社會變遷(1891~1911年)』(華東師范大學, 博士學位論文, 2003).

43) 聶家華, 『開埠與濟南早期城市現代化(1904~1937)』(浙江大學, 博士學位論文, 2005).

44) 姜修憲, 『環境·制度·政府-晚淸福州開埠與閩江流域經濟變遷』(復旦大學, 博士學位論文, 2006).

45) 崔鵬飛, 『秦皇島開埠與區域經濟的近代變遷』(河北師范大學, 博士學位論文, 2008).

46) 張佳余, 『近代東北開埠問題硏究』(首都師范大學, 博士學位論文, 2008).

47) 張永帥, 『近代雲南的開埠與口岸貿易硏究(1889-1937)』(復旦大學, 博士學位論文, 2011).

의 국가의 '식민지'가 되었다. 육원권의 연구에서는 해관사료 등 대량의
사료를 이용하여 중경 개항과 무역시장, 대외무역과 지역경제의 발전,
사회조직의 변화, 사회계층의 형성과 '속학(屬學)'의 진흥에 대한 고찰을
주요한 내용으로 다루었다. 중경의 개항은 사천지역사회의 근대화를 일
정 정도 촉진하였다는 데에 의의가 있으나 근대화 이행과정 전체에서 볼
때에는 미미한 진보뿐이라는 결론을 내렸다.

또한 2000년 이후 산동의 개항장에 대한 섭가화의 연구는 자개항인
제남(濟南)을 중심으로 하여 개항과 근대화, 전통시장의 변화, 금융, 무
역, 공업, 근대교육, 도시문화와 사회생활, 도시건설과 계획 등 많은 문
제를 고찰하고 개항과 제남 간의 근대화 관계를 조명했다.

강수헌의 연구는 개항이후 복주의 무역성장과 주변 경제 배후지의 관
계를 골지로 하고 있는데, 특히 민강 유역(閩江 流域) 근대화의 역사와
제약요소를 분석했다. 복주는 중국 최초의 개항장이었지만 지금까지 이
지역에 대한 연구는 많지 않은 실정이다. 따라서 1차 사료를 이용한 강
수헌의 연구는 학계에 큰 의의가 있다고 평가하고 싶다.

최봉비는 자개항인 진황도(秦皇島)의 개항과 경제변화에 대한 고찰을
통해 무역의 기형적인 성장, 진황도와 천진, 당산(唐山)의 관계를 분석했
다. 자개항에 대한 연구는 중국 학계에서 심도있게 다루지 못하고 있는
실정이며, 진황도에 대한 연구는 더욱 미진했다. 따라서 최봉비의 논문
은 중국 개항사 연구의 발전에 큰 역할을 했다고 할 수 있다.

장가여의 연구는 동북의 전 지역을 연구대상으로 삼아 체계적으로 각
개항장의 형성과정을 고찰하고 그 특징을 분석하여 개항이 근대 동북지
역사회에 미친 영향을 조명하였다. 이 연구는 개별 개항장이 아니라 동
북의 모든 개항장을 다루고 있다는 점에서 높이 평가할 만하다.

장영수는 해관 사료와 운남(雲南)의 지방지에 근거하여 개항 이전 운
남 지역 대외무역의 상황, 개항과 해관 통계 체계의 형성, 개항이후 무역

의 추이와 무역 구조, 운남 지역의 자연환경과 시장 네트워크 등의 문제를 검토함으로써 1899년부터 1937년까지의 운남 대외무역 상황에 대해 다각적으로 분석하였다. 장영수의 연구는 운남 지역 각 항구에 대해 최초로 연구를 시도했다는 점에서 학술적 의의가 있으며, 해관 사료의 이용 역시 높이 평가될 만한 것이다. 그러나 한 가지 아쉬운 점은 결론 부분에서 운남의 개항이 오늘날 운남 지역의 대외무역과 지역경제의 발전에 미친 영향을 언급한 것은 본론에서 깊이 있게 검토하지 않았던 부분이라 결론 도출에 실패하였다고 생각한다.

2000년 이후 제출된 20여 편의 석사학위논문은 연구대상이 다양하다. 청도, 무호, 영구(營口), 사시(沙市), 복주, 제남, 주촌(周村), 구강, 천진 등 개항장이 연구자들의 시선을 사로잡았다. 특히 연구의의가 높음에도 불구하고 학계의 냉대를 받아온 중소 개항도시에 대한 연구가 많아지기 시작했다.[48] 개항과 관련된 학위논문의 증가추세는 향후 이 분야 연구

---

48) 2000년 이후 개항과 관련된 대표적인 석사논문은 아래와 같다. 李萬榮, 『膠澳開埠與青島城市的早期現代化(1898~1914)』(東北師范大學, 2002); 吳小玲, 『從開埠到開放: 一百年間廣西北部灣地區對外通商透視』(廣西師范大學, 2003); 周琳, 『重慶開埠前川東地區的市場體系)』(吉林大學, 2005); 陳金勇, 『蕪湖開埠與近代皖江地區社會經濟的變遷(1876~1937年)』(蘇州大學, 2005); 王春艶, 『營口開埠前的清代遼東商人』(吉林大學, 2006); 雷蕾, 『近代開埠城市文化背景下的建築創作手法研究』(天津大學, 2006); 吳麒, 『開埠後福州商業街區及建築研究』(華僑大學, 2007); 周涵, 『沙市開埠與社會經濟形態的變革』(華東師範大學, 2007); 許明, 『近代營口港的開埠及歷史變遷研究』(大連理工大學, 2008); 王本成, 『論周村開埠與絲綢業的興衰』(華中師範大學, 2009); 劉賀彬, 『清開埠前天津港貿易販運的政策環境與實態』(廈門大學, 2008); 賴日新, 『九江開埠設關及其對外貿易(1861~1938年)』(廈門大學, 2008); 黃志强, 『濟南, 濰縣, 周村三地主動開埠與山東區域社會變遷』(江西師範大學, 2008); 李忠, 『濟南開埠以來典型建築研究』(山東大學, 2008); 王曉靜, 『從「竹枝詞」看開埠前上海地區的社會風貌』(上海師大學, 2008); 尹紅寶, 『周村開埠與近代周村商業發展研究』(山東大學, 2008); 劉定, 『長沙開埠以來的城市規劃和城市發展研究』(陝西師范大學, 2009); 涂賢蘭, 『九江開埠與江西近代工礦業的轉型(1858~1937)』(江西師範大學, 2011); 李學忠, 『開埠通商与城市空間結構的演變』(江西師范大學, 2011); 王曉萍, 『基于GIS与VR技術的近代開埠城市空間形態研究框架構建』(天津大學, 2012); 閆茂輝, 『開埠後福州借據地建築研究』(華僑大學,

인력의 증가를 의미함은 물론, 개항사 연구의 밝은 미래를 보여준다.

자료집 가운데 특기할 만한 것은 중국제이력사당안관(中國第二歷史檔案館)과 중국해관총서판공청(中國海關總署辦公廳)이 공동 편찬한『중국구해관사료(中國舊海關史料)』이다.49) 이 사료는 1859~1948년 간행된『무역년간(貿易年刊)』,『십년보고(十年報告)』와『만주국외국무역통계(滿洲國外國貿易統計)』를 수록한 것이다. 이 책들은 출판 이래 중국학계의 주목을 받았으나 사료의 많은 부분이 영어로 되어 있는데다 편집체제가 일관적이지 않아 쉽게 이용되지 못하였다.『중국구해관사료』의 경우는 두 부분으로 구성되어 있는데 첫 번째 부분은 무역 통계이고 두 번째 부분은 무역 보고이다. 이 사료가 다루고 있는 내용은 흑룡강(黑龍江), 길림(吉林), 요녕(遼寧), 하북(河北), 천진, 산동(山東), 강소, 절강(浙江), 복건, 광동(廣東), 광서(廣西), 운남, 서장(西藏), 호남(湖南), 호북(湖北), 강서, 안휘(安徽), 대만(臺灣), 해남(海南), 사천, 신강(新疆), 감숙(甘肅) 등 60여 개의 지역이다. 2005년부터 한국 사학계에서 본격적으로 이 사료를 이용하기 시작하였으며, 한국 학자 박기수가 중국 근대 무역사와 개항사 연구에서 빈번히 이용되는『중국구해관사료』에 대하여 이미 전반적인 소개와 내용 분석을 한 바 있다.50)

VI. 맺음말

지난 30년간 중국 개항사 분야에서 두드러진 성과를 낸 연구를 본문에서 정리하였으나, 여타 분야 연구에 비하면 아직 초기 단계에 있는 실

2012); 張楠卿,『周村開埠研究——邁向近代化的歷程』(中央美術學院, 2012); 陳俊梁,『開埠以來重慶城市街道變遷研究(1891年-1945年)』(西南大學,2012).

49) 中國第二歷史檔案館, 中國海關總署辦公廳編,『中國舊海關史料』(1~170冊)(北京, 京華出版社, 2001), 1권 Ⅳ쪽.

50) 박기수,「근대 중국의 海關과『中國舊海關史料』(1859~1948)」,『사림』37, 2010, 49~91쪽.

정임을 명확히 인식해야 한다. 향후 중국 개항사 연구의 성장을 도모하기 위해서는 다음의 몇 가지 사항이 선결되어야 할 것이다.

첫째, 개항 특히 해관자료에 대한 충분한 수집과 정리가 이루어져야 한다. 개항 사료는 각지의 도서관에 분산 소장되어 있는데다 체계적으로 정리되지 않아 일반 연구자들이 쉽게 접근하지 못하기 때문이나. 내부분의 개항과 관련된 연구논문이 중문사회과학인문색인(中文社會科學引文索引(CSSCI))에 실려 있지 못한 원인 중의 하나가 바로 새로운 사료를 발굴하지 못하고 선행 연구를 정리하는 데 그쳤다는 점이다. 또 아쉬운 점은 2002년에 『중국구해관사료』가 간행되었지만 각지의 당안관이나 도서관에 소장만 된 채 공개되지 않는 경우도 매우 많다는 것이다. 또한 당시 각 개항장에 주재하는 외국영사관이나 외국기구의 보고에도 개항장과 관련된 내용이 많은데, 이 자료들에 대한 수집과 해독이 제대로 이루어지지 않았다. 그 중에서도 특히 일본과 영국 사료의 발굴, 수집과 해독이 급선무라 해도 과언이 아니다.

둘째, 다양한 해관 사료에 대한 연구도 활발하게 이루어져야 한다. 해관 사료는 개항장의 무역에 대해 연구하는 데에도 무척 중요하지만, 개항 도시의 정치, 경제, 문화 등 다각적인 분석에도 쓰일 수 있다. 『중국구해관사료』에는 당시의 정치, 경제, 군사, 사법, 문화교육, 종교, 교통, 지방행정, 사회상황 등이 기록되어 있는데 내용이 매우 풍부하고 많은 정사와 지방사에 없는 조사 보고가 포함되어 있다. 특히 『십년보고』에는 해관 소재지를 중심으로 한, 도시와 주변지역의 다양한 정보가 수록되어 있다. 따라서 새로운 사료에 의존한 연구주제의 다각화 작업이 필요하다.

셋째, 기존의 연구는 개별 개항장을 중심으로 하여 고찰한 것이다. 하지만 최근 몇 년 동안에는 지역 전체를 다룬 연구와 각 지역 간 비교 연구가 다양하게 나타나고 있다. 연구할 주제는 아직도 많다. 이에 개항

장 간의 비교연구와 여러 개항장을 중심으로 한 지역연구가 확대될 필요
가 있다. 하지만 당시 중국의 개항은 서양국가 및 동아시아 각국의 개항
장과 밀접한 관계를 맺었던 만큼 외국 개항장과 연관시켜 연구하는 것
역시 매우 중요한 작업이다. 특히 연태, 청도, 천진, 우장, 대련 등 환황
해권(環黃海圈)의 개항장은 지정학적인 우세로 조선이나 일본과의 교류
가 매우 활발하였다. 그러나 이 분야의 연구가 아직 미진한 실정이기에
동아시아적인 시각을 가지고 개항장에 대한 연구를 거시적으로 진행하
는 일이 매우 중요하고도 시급한 과제라고 생각한다.

참고문헌

1. 난행몬

馬士著, 張匯文 외 漢譯, 『中華帝國對外關係史』, 三聯出版社, 1963.

唐振常, 『上海史』, 上海人民出版社, 1989.

張仲禮, 『近代上海城市研究(1840~1949)』, 上海文藝出版社, 1990.

施堅雅(G.W.Skinner)著, 王旭 漢譯, 『中國封建社會晚期城市研究: 施堅雅模式』, 吉林教育出版社, 1991.

隗瀛濤, 『近代重慶城市史』, 四川大學出版社, 1991.

羅澍偉, 『近代天津城市史』, 中國社會科學出版社, 1993.

皮明庥, 『近代武漢城市史』, 中國社會科學出版社, 1993.

隗瀛濤, 『中國近代不同類型城市綜合研究』, 四川大學出版社, 1998.

中國第二歷史檔案館, 中國海關總署辦公廳編, 『中國舊海關史料』, 京華出版社, 2001.

復旦大學歷史地理研究中心·韓國仁荷大學韓國學研究所 編, 『海洋·港口城市·腹地－－19世紀以來的東亞交通與社會變遷』(上海人民出版社, 2014).

Fairbank John King, *Trade and Diplomacy on the China Coast: The Opening of the Treaty Ports, 1842-1854*, Harvard University Press, 1956.

Rhoads Murphey, *Shanghai, Key to Modern China, Cambridge*, Harvard University Press, 1953.

Rhoads Murphey, *The Treaty Ports and Chinas Modernization: What went Wrong?* University Standford, 1970.

2. 학술지논문

盧漢超, 「開埠初期的上海」, 『史林』01, 1986.

李榮昌, 「上海開埠前西方商人對上海的瞭解與貿易往來」, 『史林』03, 1987.

李天綱, 「簡論上海開埠後的社會與文化變遷」, 『史林』02, 1987.

戴鞍鋼,「上海開埠與蘇南地區經濟格局的變化」,『史林』02, 1990.

黃逸平,「近代上海城市演變規律探索-評價『近代上海城市研究』)」,『社會科學』
　　　08, 1991.

皮明庥·李策,「漢口開埠設關與武漢城市格局的形成」,『近代史研究』04, 1991.

周育民,「開埠初期上海遊民階層研究」,『近代史研究』05, 1992.

王鶴鳴,「蕪湖開埠與安徽近代經濟的發展」,『安徽史學』03, 1995.

吳桂龍,「論上海開埠初期的通事和買辦」,『史林』04, 1996.

鄭祖安,「開埠初期上海英美租界外僑的一些情況」,『史林』03, 1996.

郭衛東,「香港開埠初期與內地貿易研究──以《虎門條約》第十三款爲案例」,
　　　『中國經濟史研究』02, 1997.

黃慶華,「早期中葡關係與澳門開埠」,『史學集刊』04, 1997.

李一平,「香港開埠以來英人經濟與華人經濟的對比研究」,『世界歷史』02, 1997.

王慶成　「上海開埠初期的華商外貿業－－英國收藏的敦利商棧等簿册文書並考
　　　釋(上)」,『近代史研究』01, 1997.

王慶成,「開埠初期上海外貿業的制度和概數－－英國收藏的敦利商棧等簿册文
　　　書並考釋(下)」,『近代史研究』02, 1997.

葉斌,「上海開埠初期倫敦會發展的基督教徒分析」,『史林』04, 1998.

何一民,「20世紀後期中國近代城市史研究的理論探索」,『西南交通大學學報』(社
　　　會科學版)01, 2000.

樊如森,「天津開埠後的皮毛運銷系統」,『中國歷史地理論叢』01, 2001.

胡波,「香山買辦與開埠後的上海社會」,『史林』04, 2004.

梁民愫,「試論三都澳主動開埠後閩東北區域社會經濟發展的動力因素－－兼論近
　　　代中國自開商埠體系的歷史地位與歷史效用」,『中國社會經濟史研究』01,
　　　2004.

吳松弟; 樊如森,「天津開埠對腹地經濟變遷的影響」,『史學月刊』01, 2004.

陳曉鳴,「九江開埠與近代江西社會經濟的變遷」,『史林』04, 2004.

羅蘇文,「澳門開埠的文化遺產」,『史林』02, 2005.

姜修憲·王列輝,「開埠初期閩浙沿海的海盜活動初探」,『安徽史學』02, 2006.

熊月之·張生,「中國城市史研究綜述(1986-2006)」,『史林』01, 2008.

王列輝,「內向化與外向化－－開埠前後上海、寧波兩港不同的發展態勢」,『史
　　　林』03, 2009.

牟振宇,「開埠初期上海租界的水環境治理」,『史學集刊』02, 2010.

蔡勤禹·侯德彤, 「靑島開埠與慈善公益事業興起」, 『史林』06, 2010.
박기수, 「근대 중국의 海關과 『中國舊海關史料』(1859-1948)」, 『사림』37, 2010.

3. 박사학위논문
陸遠權, 『重慶開埠與四川社會變遷(1891~1911年)』, 華東師范大學, 2003.
聶家華, 『開埠與濟南早期城市現代化(1904~1937)』, 浙江大學, 2005.
姜修憲, 『環境·制度·政府-晚清福州開埠與閩江流域經濟變遷』, 復旦大學, 2006.
崔鵬飛, 『秦皇島開埠與區域經濟的近代變遷』, 河北師范大學, 2008.
張佳余, 『近代東北開埠問題研究』, 首都師范大學, 2008.
張永帥, 『近代雲南的開埠與口岸貿易研究(1889-1937)』, 復旦大學, 2011.

4. 석사학위논문
李萬榮, 『膠澳開埠與靑島城市的早期現代化(1898~1914)』, 東北師范大學, 2002.
吳小玲, 『從開埠到開放: 一百年間廣西北部灣地區對外通商透視』, 廣西師范大學, 2003.
周琳, 『重慶開埠前川東地區的市場體系)』, 吉林大學, 2005.
陳金勇, 『蕪湖開埠與近代皖江地區社會經濟的變遷(1876~1937年)』, 蘇州大學, 2005.
王春艶, 『營口開埠前的淸代遼東商人』, 吉林大學, 2006.
雷蕾, 『近代開埠城市文化背景下的建築創作手法研究』, 天津大學, 2006.
吳麒, 『開埠後福州商業街區及建築研究』, 華僑大學, 2007.
周涵, 『沙市開埠與社會經濟形態的變革』, 華東師范大學, 2007.
許明, 『近代營口港的開埠及歷史變遷研究』, 大連理工大學, 2008.
王本成, 『論周村開埠與絲綢業的興衰』, 華中師范大學, 2009.
劉賀彬, 『淸開埠前天津港貿易販運的政策環境與實態』, 廈門大學, 2008.
賴日新, 『九江開埠設關及其對外貿易(1861-1938年)』, 廈門大學, 2008.
黃志强, 『濟南, 濰縣, 周村三地主動開埠與山東區域社會變遷』, 江西師范大學, 2008.
李忠, 『濟南開埠以來典型建築研究』, 山東大學, 2008.
王曉靜, 『從「竹枝詞」看開埠前上海地區的社會風貌』, 上海師范大學, 2008.

尹紅寶, 『周村開埠與近代周村商業發展研究』, 山東大學, 2008.

劉定, 『長沙開埠以來的城市規劃和城市發展研究』, 陝西師范大學, 2009.

涂賢蘭, 『九江開埠與江西近代工礦業的轉型(1858~1937)』, 江西師范大學, 2011.

李學忠, 『開埠通商与城市空間結構的演變』, 江西師范大學, 2011.

王曉萍, 『基于GIS与VR技術的近代開埠城市空間形態研究框架構建』, 天津大學, 2012.

閆茂輝, 『開埠後福州借據地建築研究』, 華僑大學, 2012.

張楠卿, 『周村開埠研究－－邁向近代化的歷程』, 中央美術學院, 2012.

陳俊梁, 『開埠以來重慶城市街道變遷研究(1891年~1945年)』, 西南大學, 2012.